YINGKE® 盈科

盈科全国业务指导委员会系列丛书

# 刑事实务与大数据分析指引

盈科律师事务所 / 编
张文明 / 著

# GUIDELINES FOR
## CRIMINAL PRACTICE AND BIG DATA ANALYSIS

法律出版社 LAW PRESS · CHINA
北京

**图书在版编目(CIP)数据**

刑事实务与大数据分析指引 / 盈科律师事务所编 ；张文明著. -- 北京 ：法律出版社，2024
ISBN 978 - 7 - 5197 - 8630 - 4

Ⅰ. ①刑… Ⅱ. ①盈… ②张… Ⅲ. ①刑事诉讼－辩护－案例－中国 Ⅳ. ①D925.210.5

中国国家版本馆 CIP 数据核字(2023)第 251592 号

**刑事实务与大数据分析指引**
**XINGSHI SHIWU YU DASHUJU FENXI ZHIYIN**

盈科律师事务所 编
张文明 著

策划编辑 朱海波
责任编辑 朱海波
装帧设计 汪奇峰 臧晓飞

**出版发行** 法律出版社
**编辑统筹** 法律应用出版分社
**责任校对** 邢艳萍
**责任印制** 刘晓伟
**经　　销** 新华书店

**开本** 710 毫米×1000 毫米 1/16
**印张** 20.5 **字数** 360 千
**版本** 2024 年 1 月第 1 版
**印次** 2024 年 1 月第 1 次印刷
**印刷** 天津嘉恒印务有限公司

地址：北京市丰台区莲花池西里 7 号(100073)
网址：www.lawpress.com.cn
投稿邮箱：info@lawpress.com.cn
举报盗版邮箱：jbwq@lawpress.com.cn

销售电话：010 - 83938349
客服电话：010 - 83938350
咨询电话：010 - 63939796



**书号**：ISBN 978 - 7 - 5197 - 8630 - 4
**定价**：78.00 元

凡购买本社图书，如有印装错误，我社负责退换。电话：010 - 83938349

**本书编著者**

张文明 著

YINGKE® 盈科

# 序　言

初识张文明律师是在2016年中国政法大学首届刑事辩护高级研修班，当时全国有200多名刑辩律师到北京来参加学习，对张律师印象并不深刻，只记得是来自广州的一个小老乡。此后多次在国内高等院校、律师事务所举办的培训班、研讨会等不同的场合见到过张律师的身影，给人的印象是张律师很爱学习，很爱思考，很爱提问题。记得他曾向我请教过庭审程序中单独讯问、发问的合理性和必要性，认为此环节浪费了庭审的太多时间，但对查明案件事实效果有限。

2017年，张文明律师所在的盈科广州举办盈科律师学院（现盈科国际律师学院）的刑事诉讼业务培训活动，邀请我讲授《认罪认罚制度的建构》。张律师作为主持人，主持了整个的会议议程，对张律师有了更深的印象，喜欢开玩笑，讲话风趣、幽默，还略带点河南口音。

2019年张文明律师办理的一个疑难复杂刑事案件需要论证，专程到北京邀请我和陈瑞华教授、卢建平教授对案件进行分析论证。论证之余的闲聊话语间，对张文明律师“三位一体”的法律人生有了更深一步的了解。张文明律师先是在海军部队服役20余年，后转业到某市公安局工作10余年，出来后又做了10多年的专职刑事律师。张文明读的是军事院校，其法律大专、法律本科文凭以及律师资格都是通过自学统考而取得的，对于一个没有法学科班背景的人来讲，从一名普通战士成长为副团级军官，再到一个知名的刑事律师确实不易。但基于其在军队和公安机关长期从事侦查、司法、法制、预审等法律工作的底子，张文明律师做起刑事业务可谓是得心应手，游刃有余。除了刑事辩护等常规业务外，他带领团队积极开拓刑事控告（自诉）等刑事业务新领域，专门办理一些疑难复杂的刑民行交叉业务，经常发表些典型案例和研究文章，在华南刑辩领域小有名气。军人的正直、警察的果敢、刑辩的睿智，成就了一个知名的律师。

疫情期间少有联系，逢年过节也只是电话微信问候一下。直到最近，张律师邀请我为他的专著《刑事实务与大数据分析指引》作序。知道了张律师一路走来的艰辛和不易,我爽快答应为此书作序,并仔细阅读了本书 60 余篇书稿。

本书凝聚了张文明从事法律工作数十年来的办案心得,收录了其办理的数十件刑事控告、刑事辩护及刑民交叉案件的经典案例,并对取保候审、撤销案件、不起诉、缓刑、免刑、罚金刑、司法鉴定、单位犯罪、自首立功、刑事二审等裁判大数据进行分析,提炼实务操作技巧。力图从实战出发,为读者办理刑事案件提供实务技术指引。

【刑事控告】是本书的特色之一,刑事控告的目标与刑事辩护正好相反,难度比刑事辩护还要大,但探讨其实务技术的文章、书籍尚不多见。该板块的第一篇文章对经济犯罪立案难原因进行了详尽的分析,认为立案前后办案人员的思维模式截然相反,立案后是"有罪推定",而立案前,办案人员在接受报案、控告时的惯性思维却是"无罪推定"。在分析了立案难原因的基础上,该文总结出了极具操作性的十余条实务技术。比如,犯罪分子不会"依法作案",要准确定性;要选择证据标准要求较低的罪名进行控告,先通过立案这道"门槛";等等,实用性很强,读者拿来就可以直接使用。

【无罪辩护】【缓刑辩护】【罪轻辩护】是诸多刑事辩护业务书籍的标配,该板块收录了二十三个有效辩护的成功案例,其辩护实务技术中有不少都是张文明律师独特的思考和做法。比如,取保候审是刑事强制措施,并不适用于不构成犯罪的情形,犯罪嫌疑人不构成犯罪的坚决不申请取保候审,给司法机关留下坚决抗争的印象,为撤销案件等无罪辩护奠定基础;早在几年前一个单位犯罪案件的缓刑辩护中,作为辩护人的张文明律师就曾呼吁将刑事合规制度引入法院审理阶段,提高免刑和缓刑的判决率。2023 年 3 月,法院审理阶段已经开始引入刑事合规制度。还有,在办理醉酒危险驾驶罪的刑事辩护中,张文明律师多次呼吁要统一全国的不起诉及免予刑事处罚标准,避免各地标准不一造成司法不公。2023 年 12 月 13 日,最高人民法院、最高人民检察院、公安部、司法部联合下发《关于办理醉酒危险驾驶刑事案件的意见》,终于统一了上述标准。不得不说张律师的很多呼吁和建议具有一定的前瞻性;再如,"一个犯罪嫌疑人(被告人)可以有四名律师会见和出庭辩护"的司法实务创新和总结,张文明律师以个案促进了某地看守所会见和法庭审理的司法进步。

【刑民交叉】属疑难杂症,作为盈科全国刑民交叉法律专业委员会副主任的张文明律师,近年来带领团队对刑民行交叉案件进行了深入的探讨和研究。该板块收录的六个案例均属于刑民行交叉复杂疑难案件，应当能对律师办理此类案件起到一定的借鉴作用。

【无效辩护】是本书的特色之二，收录的二个案例均是不成功或者说没有达到预期辩护目标的无效辩护案例，每个案例或多或少都有一些失败的教训和反思。律师写文章、出书总结的都是自己成功的经验和体会，敢于展示自己失败的教训让别人引以为戒，实属难能可贵。

【裁判大数据及实务技术指引】是本书的重要特色，十四篇文章的选题都是刑事律师比较关注的裁判类别和司法实践中的热门话题，有些分析出来的大数据还真是出人意料甚至不可思议。比如，司法鉴定意见被刑事判决采纳的比率竟然高达99.5%；法院判决免予刑事处罚的比率仅有0.2%，定罪免刑的法律条款在司法实践中基本处于“冬眠”状态；“醉驾”的刑事案件数量占全国所有刑事案件数量的近五分之一，各地“醉驾”不起诉标准相差巨大，人为造成司法不公；律师犯罪高发的年龄段并非初出茅庐的年轻律师，反而是执业多年、40周岁以上律师群体，令人意想不到。对裁判大数据梳理之后，张文明律师均有针对性地提出了解决问题的建议和办法，对读者开阔视野及办理类似案件具有一定的指导意义！

本人年事已高，耄耋之年，少写书序，但仍被本书的部分独特观点和见解所吸引，为鼓励作者著书立说，欣然命笔写就此文，是以为序。

樊崇义

2023年12月25日

# 目录

## 刑事控告



## 无罪辩护

## 缓刑辩护

## 罪轻辩护



## 刑民交叉

# 刑事控告

# 经济犯罪立案难原因分析及刑事控告实务技术指引

所谓经济犯罪，是指在商品经济的运行领域中，为谋取不法利益，违反国家法律规定，严重侵犯国家经济管理制度，破坏社会主义市场经济秩序，依照《刑法》应受刑罚处罚的行为。经济犯罪并不是单指某一个罪名，而是对满足上述条件的一类罪名的总称。近年来，盗窃、抢劫、抢夺等普通涉财刑事案件的数量大幅下降。与之相反，经济领域的犯罪数量却大幅上升，诸如合同诈骗、传销、"套路贷"、集资诈骗、非法吸收公众存款、证券期货、侵犯知识产权以及互联网金融等领域的犯罪层出不穷。其中，跨区域涉众型经济犯罪案件的规模也日益扩大。以笔者团队参与辩护的由广州中院审理的"云付通非法集资案"为例，全国有600多万人参与集资，集资规模达600多亿元。再以由河南许昌中院审理的"村镇银行非法集资案"为例，该案的集资规模更是达到创纪录的1300多亿元。这些经济犯罪严重破坏社会主义市场经济秩序，侵害人民群众的合法权益，其危害不可谓之不大。但与这些犯罪的数量和规模不相适应的是，司法层面上对经济犯罪的规制却显得较为乏力，具体体现在经济犯罪的"立案难"问题上，尤其是对于普通的经济犯罪案件。究其原因，主要包括以下几点：

一是侦查机关接案人员在接受报案、控告时存在"无罪推定"的惯性思维。一般而言，侦查机关立案抓获犯罪嫌疑人后的办案思路大多是"有罪推定"，唯此，才能推动侦查活动的开展，但其在接受报案、控告时秉持的却是"无罪推定"的惯性思维，而这在客观上导致经济犯罪"立案难"的境况。

二是经济犯罪情况复杂，罪与非罪的边界往往难以区分。经济犯罪案件大都较为复杂，罪与非罪的界限难以把握，有时很难分清是经济犯罪还是经济纠纷。司法实践中，接案人员只要见到控告人提供的控告材料中有合同、借条之类的文书材料，就容易想当然地认为是经济纠纷，然后建议控告人选择去法院起诉，并以此为由拒绝予以刑事立案。

三是接案人员担心介入经济纠纷被追责。公安部发布的《公安机关不得非法越权干预经济纠纷案件》《关于严禁公安机关插手经济纠纷违法抓人的通知》等规范性文件明确对办案人员插手经济纠纷案件的行为予以禁止，因此，个别公安机关的接案人员担心因为“接错案”“立错案”被追责而存在不作为心态，甚至出现推诿扯皮现象。

四是经济犯罪侦查部门人手少、案件多、压力大。上述“云付通非法集资案”和“村镇银行非法集资案”，在侦查阶段都需要投入大量人力、物力，广州主城区的公安机关在办理类似的涉众型经济犯罪案件时，经常出现被害群众排长队进行报案的壮观情景。在人手少、案件多的情况下，部分办案人员往往倾向于采取“能不立案就不立案，能少立案就少立案”的态度。更为甚者，某地分局的经侦大队还曾出现过连保险诈骗的同案犯来自首都不愿受理的情况。

五是窗口接案人员业务水平不高。公安机关接案窗口的工作人员一般都没有取得法律职业资格，没有经过系统的法律学习，对于一些经济类犯罪，缺少基本的认知能力，无法判断是否构成犯罪，继而贪图省事，一推了之。

六是受案审查制度没有得到认真落实。早在 2005 年，公安部就颁布了《公安机关办理经济犯罪案件的若干规定》(已失效)。2015 年公安部又印发了《关于改革完善受案立案制度的意见》。2017 年最高人民检察院、公安部联合下发的《关于公安机关办理经济犯罪案件的若干规定》第 14 条第 1 款规定，公安机关对涉嫌经济犯罪线索的报案、控告、举报、自动投案，不论是否有管辖权，都应当接受并登记，由最初受理的公安机关依照法定程序办理，不得以管辖权为由推诿或者拒绝；第 15 条规定，公安机关接受涉嫌经济犯罪线索的报案、控告、举报、自动投案后，应当立即进行审查，并在 7 日以内决定是否立案；重大、疑难、复杂线索，经县级以上公安机关负责人批准，立案审查期限可以延长至 30 日；特别重大、疑难、复杂或者跨区域性的线索，经上一级公安机关负责人批准，立案审查期限可以再延长 30 日。

前两部旧规是由公安部单独制定的部门规章，而新规是由最高人民检察院和公安部联合发布，旧规是部门规章，新规则是具有司法解释性质的规范性文件，在法律效力上更具有刚性和权威性。但上述规定在司法实践中并没有得到很好的落实，甚至还带来了一些意料之外的负面作用：有的立案机关担心超过审查期限，连报案材料都不愿接收了。

所谓刑事控告，是指被害人及其近亲属或其诉讼代理人，对侵犯被害人合法权益的违法犯罪行为，依法向司法机关告发，要求予以惩处的行为。司法实践中，经济犯罪的刑事控告极为复杂和困难。要克服困难、成功立案，就需要灵活的战略战术和丰富的实务技术。笔者结合近年来开展经济犯罪刑事控告的成功经验和失败教训，总结如下几点实务技术与大家共享：

一是弄清楚到什么地方的什么部门进行控告。《刑事诉讼法》第 110 条第 3 款规定，公安机关、人民检察院或者人民法院对于报案、控告、举报，都应当接受。对于不属于自己管辖的，应当移送主管机关处理，并且通知报案人、控告人、举报人；对于不属于自己管辖而又必须采取紧急措施的，应当先采取紧急措施，然后移送主管机关。尽管法律明确规定公安机关、检察院、法院对于报案、控告、举报，都应当接受，但在司法实践中，检察院和法院基本不会受理对于相关经济犯罪的控告。原因在于：其一，检察院和法院并没有受理经济犯罪控告的职能部门；其二，其受理后再移送的操作在程序上比让当事人直接去公安机关报案更加麻烦。而且公安机关内部受理案件的部门也很多，派出所、治安部门、刑侦部门、经侦部门都是受案单位，所以搞清楚去什么地方的什么部门报案是有效进行经济犯罪刑事控告的前提。

首先，要明白去什么地点报案，这就涉及公安机关的地域管辖问题。《公安机关办理刑事案件程序规定》第 15 条规定，刑事案件由犯罪地的公安机关管辖。如果由犯罪嫌疑人居住地的公安机关管辖更为适宜的，可以由犯罪嫌疑人居住地的公安机关管辖。法律、司法解释或者其他规范性文件对有关犯罪案件的管辖作出特别规定的，从其规定。第 16 条规定，犯罪地包括犯罪行为发生地和犯罪结果发生地。犯罪行为发生地，包括犯罪行为的实施地以及预备地、开始地、途经地、结束地等与犯罪行为有关的地点；犯罪行为有连续、持续或者继续状态的，犯罪行为连续、持续或者继续实施的地方都属于犯罪行为发生地。犯罪结果发生地，包括犯罪对象被侵害地、犯罪所得的实际取得地、藏匿地、转移地、使用地、销售地。居住地包括户籍所在地、经常居住地。经常居住地是指公民离开户籍所在地最后连续居住 1 年以上的地方，但住院就医的除外。单位登记的住所地为其居住地。主要营业地或者主要办事机构所在地与登记的住所地不一致的，主要营业地或者主要办事机构所在地为其居住地。

其次，要知道去什么部门报案，这就涉及公安机关部门的职能管辖问题。根据《公安部刑事案件管辖分工规定》及其补充规定，公安机关经侦部门目前管辖涉及市场秩序、公司管理秩序、金融管理秩序的经济犯罪，如非法经营、合同诈骗、职务侵占、挪用资金、集资诈骗和贷款诈骗等犯罪案件。其余案件大多是公安机关刑侦部门管辖的案件。

最后，要清楚立案的标准，这就涉及公安机关的级别管辖问题。不同案件有不同的立案标准，最高人民检察院、公安部联合发布的《关于公安机关管辖的刑事案件立案追诉标准的规定（二）》对包括经济犯罪等案件的立案标准都有明确的规定。省以下公安机关的经济犯罪侦查部门还分为经侦局（总队）、经侦支队、经侦大队和派出所，其受理案件标准也不尽相同。广州市公安局经济犯罪案件的管辖分为以下几个层次：(1)证券类犯罪、侵犯商业秘密等19种案件由经侦支队管辖；(2)派出所管辖5类13种（发票、制售假、持有金额较小的假币、捡拾型信用卡诈骗罪等）；(3)集资诈骗、非吸案件原则上由分局管辖；(4)合同诈骗、挪用侵占类经济犯罪则以1000万元为界，以上由经侦支队管辖，以下则由分局大队管辖。

二是准确定性，精准控告。由于犯罪分子不会依据《刑法》规定的犯罪构成犯案，每个现实中的案件几乎都不会有规范的犯罪构成。经济犯罪案件则更为复杂，罪与非罪的界限难以把握，有时很难分清是经济犯罪还是经济纠纷；即使构成犯罪，还有可能涉嫌多项罪名。所以首先要厘清法律关系，准确界定是否构成犯罪，构成什么犯罪？我们曾经代理过一个案件，原代理律师以涉嫌合同诈骗罪为由进行控告，公安机关不予立案，我方在厘清案件事实后将行为定性为职务侵占罪，最后在同一个公安机关获得成功立案。可见，准确定性、找准罪名、精准控告是成功进行刑事控告的前提和基础。

三是选择容易证明的罪名进行控告。有些犯罪会涉嫌多个事实，每一个事实都可能构成犯罪，因此，有人认为可以多个罪名一起控告，越多越好，提供多项选择让警方自己去选择，多管齐下，确保成功。但失败的教训证明此做法不可取，控告罪名越多越乱，“眉毛胡子一把抓”，什么都难抓住。刑事控告不宜贪多求全、罪无巨细，相反，选择一至两个容易证明的犯罪尤为重要。先选择证据要求相对较低、证据收集相对容易的罪名。比如挪用资金罪比职务侵占罪更容易证明，前者不需要证明有非法占有的目的；侵占罪和职务侵占罪比诈骗罪和合同诈骗罪收集证据更容易些；伪造公司、企业印章罪比隐藏会计凭证、会计账簿、财务会计报告等罪更容易证明。诈骗犯罪和经济纠纷容易混淆,民事欺诈行为和诈骗犯罪难以区分,实践中,以诈骗罪和合同诈骗罪进行控告的案件最多,但这两个罪名尤其难以证明,成功控告的难度也最大。

四是选择主要犯罪嫌疑人进行控告。有的案件会涉及团伙犯罪,涉案人员较多,刑事控告切忌主从不分、人人俱到,要集中火力选择一至两个主要犯罪嫌疑人,而这也更容易让警方接受。笔者曾见过有的刑事控告将几十个涉案人员列为被控告对象,凭空增加了控告难度。

五是选择一至两宗犯罪行为进行控告。有的犯罪行为持续时间长、宗数多,如曾有一个公司控告几名员工职务侵占,历数五六年来上百起的犯罪事实,刑事控告书及证据材料甚至有几百页之多,而当事人多次去公安机关报案也未见成效。究其原因,在于公安机关人少案多,这样的控告难以起到应有的效果。刑事控告首先要解决的问题是受理、立案而不是罪多、罪重。案件初查时间有限,上百宗犯罪事实不可能全部查清,只能先厘清一至两宗犯罪的基本事实,所以应提供详尽的证据证实这些犯罪的客观存在,先通过受理、立案这道门槛。

六是更换受理单位继续控告。按照公安机关地域管辖规定,经济犯罪案件可以由犯罪地包括犯罪行为发生地、犯罪行为实施地、犯罪结果发生地和实际财产取得地等多个公安机关受理。如果这些地点不在同一地方,那么对一些连控告材料都不愿接收或者接收材料后不给回执的单位,控告人可以根据地域管辖的规定,更换受理单位继续控告。

七是要制作专业的刑事控告书并附证据清单。刑事控告书的规范制作十分重要和关键,公安机关一般是根据控告书的描述,审查相关证据,对当事人进行询问后,才决定是否受理。因此,刑事控告书一定要逻辑清晰,简明扼要,并附上证据清单以及证据的说明。

八是司法审计报告对立案有较大的帮助作用。犯罪数额,是指犯罪所涉及的公私财物的价值,数额是犯罪的数量因素。在我国《刑法》中,有些犯罪是以一定的数额作为构成犯罪要件的,也因此被称为数额犯。“数额较大”“数额巨大”“数额特别巨大”是《刑法》分则条文中规定的量刑轻重的依据。经济犯罪的犯罪金额比较复杂,办案人员并非会计、审计方面的专业人士,进行刑事控告时,如果能有一份专业的司法审计报告,无疑会对推动公安机关审查立案发挥较大的作用。

九是当好办案人员的辅助人员。控告人去报案经常遇到的另一个不予受理的理由是证据不足，要求当事人补充这个补充那个，控告人和代理律师对此多有抱怨：如果我们能查清楚，还要公安机关干什么？公安机关警力紧张，案多人少是个不争的事实，要想控告成功就要停止抱怨，协助警方多做工作，当好办案人员的辅助人员。其实控告人准备刑事控告书及调取证据已经是在协助警察做工作了，案件初查时更要积极配合警方调查取证。比如控告人公司财物被侵占的客观证据，如银行流水、邮件、短信、微信聊天记录等。如果证人愿意配合还可以协助证人调取上述客观证据提供给警方，减少警方的工作量，增加成功控告的概率。

十是适时祭出刑事控告的"尚方宝剑"——刑事控告法规依据。遇到接案人员不愿受理材料或者接收材料不给出具回执时，可适时祭出刑事控告的"尚方宝剑"——刑事控告法规依据。当我们拿出公安部《关于改革完善受案立案制度的意见》等"尚方宝剑"时，接警人员看到"公安部"字样往往会暂停争论，立即向领导汇报，并严肃认真地对待控告事宜。成功的经验是，只要控告人手执"尚方宝剑"，依法有据、坚持不懈、锲而不舍地进行交涉，最终是能够顺利地拿到受案回执，启动刑事案件的初查程序的。

十一是不服不予立案决定的可向公安机关申请复议、复核。《公安机关办理刑事案件程序规定》第 179 条规定，控告人对不予立案决定不服的，可以在收到不予立案通知书后 7 日以内向作出决定的公安机关申请复议；公安机关应当在收到复议申请后 30 日以内作出决定，并将决定书送达控告人。控告人对不予立案的复议决定不服的，可以在收到复议决定书后 7 日以内向上一级公安机关申请复核；上一级公安机关应当在收到复核申请后 30 日以内作出决定。对上级公安机关撤销不予立案决定的，下级公安机关应当执行。案情重大、复杂的，公安机关可以延长复议、复核时限，但延长时限不得超过 30 日，并书面告知申请人。据此，对公安机关不予立案的决定可以向公安机关申请复议、复核。

十二是请求人民检察院予以立案监督。《刑事诉讼法》第 113 条规定，人民检察院认为公安机关对应当立案侦查的案件而不立案侦查的，或者被害人认为公安机关对应当立案侦查的案件而不立案侦查，向人民检察院提出的，人民检察院应当要求公安机关说明不立案的理由。人民检察院认为公安机关不立案理由不能成立的，应当通知公安机关立案，公安机关接到通知后应当立案。最高人民检察院、公安部《关于公安机关办理经济犯罪案件的若干规定》第 26 条规定，公安机关接报案件后，报案人、控告人、举报人、被害人及其法定代理人、近亲属查询立案情况的，应当在 3 日以内告知立案情况并记录在案。对已经立案的，应当告知立案时间、涉嫌罪名、办案单位等情况。第 27 条规定，对报案、控告、举报、移送的经济犯罪案件，公安机关作出不予立案决定、撤销案件决定或者逾期未作出是否立案决定有异议的，报案人、控告人、举报人可以申请人民检察院进行立案监督，移送案件的行政执法机关可以建议人民检察院进行立案监督。人民检察院认为需要公安机关说明不予立案、撤销案件或者逾期未作出是否立案决定的理由的，应当要求公安机关在 7 日以内说明理由。公安机关应当书面说明理由，连同有关证据材料回复人民检察院。人民检察院认为不予立案或者撤销案件的理由不能成立的，应当通知公安机关立案。人民检察院要求公安机关说明逾期未作出是否立案决定的理由后，公安机关在 7 日以内既不说明理由又不作出是否立案的决定的，人民检察院应当发出纠正违法通知书予以纠正，经审查案件有关证据材料，认为符合立案条件的，应当通知公安机关立案。因此，对公安机关应当立案而不予立案侦查的，可以依据上述法律请求人民检察院予以立案监督。

# 刑事案件被害人代理实务技术指引

刑事案件中被害人的代理，是指律师或其他公民接受公诉案件中被害人及其法定代理人或者近亲属的委托，担任被害人的代理人参加诉讼。

《刑事诉讼法》第46条规定，公诉案件的被害人及其法定代理人或者近亲属，附带民事诉讼的当事人及其法定代理人，自案件移送审查起诉之日起，有权委托诉讼代理人。自诉案件的自诉人及其法定代理人，附带民事诉讼的当事人及其法定代理人，有权随时委托诉讼代理人。人民检察院自收到移送审查起诉的案件材料之日起3日以内，应当告知被害人及其法定代理人或者其近亲属、附带民事诉讼的当事人及其法定代理人有权委托诉讼代理人。人民法院自受理自诉案件之日起3日以内，应当告知自诉人及其法定代理人、附带民事诉讼的当事人及其法定代理人有权委托诉讼代理人。

《刑事诉讼法》"辩护与代理"一章中与刑事案件被害人代理相关的规定有且仅有上述一条，而司法实际中更是很少有律师接受被害人及其亲属委托担任诉讼代理人，以致被害人甚至代理人都不太清楚如何在刑事诉讼中维护被害人的合法权益。比如，诈骗犯罪案件的被害人在公安机关不立案时能否提起刑事自诉；被害人对检察机关作出的不捕不诉决定不服时应当如何救济；等等。

近年来，笔者团队在进行刑事辩护的同时，专注于刑事控告、刑事自诉、被害人代理、刑民交叉案件处理等特色业务，现将刑事案件被害人代理的一些实务体会归纳如下。

## 一、刑事控告太难，对于公安机关或者人民检察院不予追究被告人刑事责任的可径行选择刑事自诉

《刑事诉讼法》第210条规定，自诉案件包括下列案件：(1)告诉才处理的案件；(2)被害人有证据证明的轻微刑事案件；(3)被害人有证据证明对被告人侵

犯自己人身、财产权利的行为应当依法追究刑事责任，而公安机关或者人民检察院不予追究被告人刑事责任的案件。

讲到刑事自诉，大家的印象一定是可以直接到法院进行自诉的轻微刑事案件，比如侮辱罪、诽谤罪、侵占罪等告诉才处理的案件和被害人有证据证明的故意伤害罪、重婚罪、遗弃等罪。这里笔者要告诉大家的是，可以自诉的案件绝不仅限于上述几种，依据《刑事诉讼法》第 210 条第 3 项之规定，刑事自诉案件有海量的范围：包括《刑法》分则第三章第一节规定的生产、销售伪劣商品类罪的 9 个罪名和第三章第七节规定的侵犯知识产权类罪的 6 个罪名，甚至包括《刑法》分则第四章（侵犯公民人身权利、民主权利罪）、第五章（侵犯财产罪）规定的对被告人可能判处 3 年以下有期徒刑的所有 55 类罪名。对诈骗、抢劫、抢夺、故意伤害、强奸、职务侵占、挪用资金等这些犯罪，公安机关或人民检察院不予追究被告人刑事责任，被告人可能判处 3 年以下有期徒刑的，被害人均可以直接向人民法院进行自诉。

## 二、立案后，推动司法机关进行刑事追诉

立案后犯罪嫌疑人并不一定能及时到案，作为被害人的诉讼代理人，主要的诉讼目标是及时提供线索、协助公安机关缉拿犯罪嫌疑人，推动侦查机关呈捕、检察机关批捕、侦查机关移送审查起诉、检察机关提起公诉、法院作出有罪判决，使得被告受到刑事追诉。

## 三、协助公安机关查扣涉案财物，要求法院优先判令退赔

作为被害人的诉讼代理人，应收集被控告人的财产线索并提交给公安机关，协助公安机关查扣涉案财物；在涉案财物被查扣之后，提醒司法机关特别是法院采取对被害人退赔优先的原则，使得被害人所受到的经济损失尽可能得到优先补偿，在此基础上才能考虑追缴、没收或罚金的部分。

## 四、当好“第二公诉人”，代表被害人对被告人进行控诉

于 2018 年修改后的《刑事诉讼法》增加了许多被害人的权利保障。《刑事

诉讼法》第 173 条第 1 款规定，人民检察院审查案件，应当讯问犯罪嫌疑人，听取辩护人或者值班律师、被害人及其诉讼代理人的意见，并记录在案。辩护人或者值班律师、被害人及其诉讼代理人提出书面意见的，应当附卷。第 198 条规定，法庭审理过程中，对与定罪、量刑有关的事实、证据都应当进行调查、辩论。经审判长许可，公诉人、当事人和辩护人、诉讼代理人可以对证据和案件情况发表意见并且可以互相辩论。审判长在宣布辩论终结后，被告人有最后陈述的权利。据此，审查起诉期间，被害人代理人应当主动与检察机关沟通，陈述犯罪嫌疑人应当受到追究的事实和理由；被告人认罪认罚案件中，提出对量刑建议的意见和看法供检察机关参考；开庭时当好"第二公诉人"，公诉人宣读完起诉书后，可以就指控的犯罪进行陈述，经审判长许可向被告人发问，对庭审中的证据进行质证，参与法庭辩论，从被害人的角度对犯罪进行揭露。

## 五、对不捕、不诉决定进行申诉或直接起诉

《刑事诉讼法》第 180 条规定，对于有被害人的案件，决定不起诉的，人民检察院应当将不起诉决定书送达被害人。被害人如果不服，可以自收到决定书后 7 日以内向上一级人民检察院申诉，请求提起公诉。人民检察院应当将复查决定告知被害人。对人民检察院维持不起诉决定的，被害人可以向人民法院起诉。被害人也可以不经申诉，直接向人民法院起诉。人民法院受理案件后，人民检察院应当将有关案件材料移送至人民法院。

但在司法实务中，这些规定基本处于休眠状态，不做刑事案件、不研究刑诉法的律师也不一定知道这些规定。激活这些休眠条款以保护被害人之合法权益，需要大家共同努力。

## 六、尽量不要提起附带民事诉讼，可通过另行起诉或协商、调解等途径为被害人争取更多的赔偿

《刑事诉讼法》第 101 条第 1 款规定，被害人由于被告人的犯罪行为而遭受物质损失的，在刑事诉讼过程中，有权提起附带民事诉讼。被害人死亡或者丧失行为能力的，被害人的法定代理人、近亲属有权提起附带民事诉讼。《刑法》第

36 条规定,由于犯罪行为而使被害人遭受经济损失的,对犯罪分子除依法给予刑事处罚外,并应根据情况判处赔偿经济损失。承担民事赔偿责任的犯罪分子,同时被判处罚金,其财产不足以全部支付的,或者被判处没收财产的,应当先承担对被害人的民事赔偿责任。最高人民法院《关于适用〈中华人民共和国刑事诉讼法〉的解释》第 192 条规定,对附带民事诉讼作出判决,应当根据犯罪行为造成的物质损失,结合案件具体情况,确定被告人应当赔偿的数额。犯罪行为造成被害人人身损害的,应当赔偿医疗费、护理费、交通费等为治疗和康复支付的合理费用,以及因误工减少的收入。造成被害人残疾的,还应当赔偿残疾生活辅助器具费等费用;造成被害人死亡的,还应当赔偿丧葬费等费用。驾驶机动车致人伤亡或者造成公私财产重大损失,构成犯罪的,依照《道路交通安全法》第 76 条的规定确定赔偿责任。附带民事诉讼当事人就民事赔偿问题达成调解、和解协议的,赔偿范围、数额不受第 2 款、第 3 款规定的限制。

从上述规定可以看出,被害人通过附带民事诉讼可能获得的赔偿极少,并不包括赔偿数额较高的伤残赔偿金、死亡赔偿金以及精神损害抚慰金。我们的做法是,不要轻易提起附带民事诉讼,可以利用被告人想要获得刑事谅解减轻处罚的心态,通过协商、调解为被害人争取更多的赔偿。早些年团队办理了一起故意伤害、强制猥亵妇女致人死亡的抢劫案件,一个 19 岁女孩被凶手伤害猥亵致死,手机还被抢走,死者亲属对被告的犯罪行为坚决不予谅解。作为死者亲属的代理人,我们没有轻易提起刑事附带民事诉讼,因为附带民事诉讼只能得到 10 多万元的赔偿,而我们另行起诉要求人身损害赔偿最终得到了上百万元的赔偿。还有一起偶发、多因一果的故意伤害致死案件,我们通过调解促使被告人亲属主动赔偿死者亲属 150 万元,死者亲属由此得到了莫大的精神抚慰,并对被告的犯罪行为给予了谅解。作为律师,真心希望死者亲属能够得到最大的精神抚慰,被告能够得到最大幅度的减轻处罚,这才是和谐社会精神在刑事案件上的具体体现。

## 七、申请补充鉴定或重新鉴定

以前的《刑事诉讼法》仅规定,用作证据的鉴定结论应当告知被告人。如果被告人提出申请,可以补充鉴定或重新鉴定。后来的《刑事诉讼法》弥补了这个缺陷，赋予了被害人与被告人相同的权利，即有权得知鉴定结论，并可以申请补充鉴定和重新鉴定。司法鉴定意见在刑事诉讼中的作用极为重要，我们团队曾作过司法鉴定裁判大数据分析报告，含有司法鉴定的刑事判决书占比达64.06%，而司法鉴定意见被判决书采信的比例更是高达99.5%（详见本书《司法鉴定裁判大数据分析及辩护实务技术指引》一文）。所以被害人代理人一定不要忘了被害人的这项权利。

## 八、督促强制执行，协助被害人获得判决书确定的财产利益

前面讲过，被害人代理人要提醒法院采取对被害人退赔优先的原则，将被害人应当获得的财产权益写进判决书，就是为了判决书生效后可以强制执行获得赔偿。

最高人民法院《关于刑事裁判涉财产部分执行的若干规定》第7条第1款规定："由人民法院执行机构负责执行的刑事裁判涉财产部分，刑事审判部门应当及时移送立案部门审查立案。"按照上述规定，刑事案件判决书生效后，涉及退赔及财产刑的部分，法院刑庭会将判决书移交立案庭立案后转执行部门强制执行，但事实上多数刑事判决书中财产刑的强制执行均没有下文。团队代理的一起轻伤害刑事附带民事诉讼赔偿案件中，判决生效后代理人即要求法院刑庭将判决书确定的财产部分移交法院执行局强制执行，被告刑满释放后，代理人及时向执行法官通报信息要求执行，但数额仅1万多元的刑事附带民事判决拖延了几年都无法得到执行。

司法实务中，一些被告对判罚金额少的刑事退赔和财产刑还是有能力并愿意主动履行的，因为如果不履行就不能获得减刑假释，而且出狱后还可能会被列为被失信人，工作、生活各个方面都会受到极大的限制。有的被判缓刑和出狱后的被告还会主动联系法官要求履行判决书确定的财产义务。但与此不协调的是，被告人被判刑后一些被害人往往忽略了判决书确定的财产利益，有的根本就不知道退赔还可以申请法院强制执行，执行法官也不清楚被告人减刑后出狱的时间，导致被害人这项由判决书确定的财产权利多数得不到维护。作为被害人的代理律师，有义务提醒被害人，有责任督促法院强制执行，应尽可能最大限度地维护被害人的合法财产权益。

# 公安机关已经作出不予立案决定，重复控告是否违反“一事不再理”原则

## 基本案情

2013年10月，12名控告人与被控告人王某某签订了某某投资管理有限公司股东合作协议，约定共同出资5000万元作为公司实际运营资本。协议签订后，所有股东均按照协议将出资款转入被控告人的个人账户，公司向各位股东出具了出资证明书。被控告人出资1700万元，是第一大股东，被选为董事长，负责公司的日常运作。2014年7月中旬，被控告人告知控告人，公司有900余万元的利润可以分配，并召开股东会对其中的400万元利润进行了分配。2014年8月，被控告人称其家乡有房地产项目可以投资赚大钱，2014年12月，被控告人称房地产项目需要增加投资。由于此前分配过利润，大家相信了被控告人的谎言并同意增资1600万元(其中被控告人本人承诺增资的700万元并未实际增资)，此次增资款仍旧是转入被控告人的个人账户，但公司没有向股东出具出资证明。本次增资及新股东投资后，公司总股本达6900万元，后由于个别股东退股和股本抵债的原因减少1375万元。截至2015年9月30日公司账上的股本总额为5525万元，加上未分配的利润925万元，公司的资本总额已经达到了6450万元。公司在运作过程中，有支付凭据的投资金额为2030万元，借出款项金额为2187万元，支出的总金额为4217万元。资本总额6450万元减去支出总额4217万元，公司有2233万元巨额资金去向不明。另，2014年11月，被控告人未告知其他股东私自将公司300万元的资金转借他人，至今未还。

## 案件焦点

被控告人是否构罪,构成何罪?同一公安机关已经作出不予立案决定,重复控告是否违反“一事不再理”原则?被控告人涉嫌多项犯罪时,如何控告容易取得成功?

## 处理结果

2016 年 12 月 26 日,公安机关正式告知,职务侵占犯罪案件已经正式立案,犯罪嫌疑人王某某已被抓获。

## 实务技术指引

### 一、被控告人是否构罪,构成何罪,是刑事控告的基础和前提

刑事控告非常困难,而本案更为困难的是,此前控告人已经聘请律师向广州市公安局经济犯罪侦查支队进行过控告,经侦支队已经作出了不予立案的决定:“经我局审查,认为没有犯罪事实,根据《刑事诉讼法》第 110 条之规定,决定不予立案。”不予立案通知书上鲜红的市公安局印章,让控告人一片迷茫:被控告人隐瞒事实真相,编造投资谎言造成公司 2000 余万元的巨额损失,难道不构成犯罪?

控告人接到公安机关不予立案通知后很是无奈,知道申请复议也无济于事,正当“山穷水尽疑无路”之时,无意中在网上看到张文明律师的原创文章《经济犯罪刑事立案难原因及对策》及张文明律师团队代理经济纠纷刑事立案的成功案例,随即委托张文明律师处理此案。张文明律师团队研究认为,被控告人王某某尽管存在隐瞒真相、虚构事实的行为,但仅仅是民事欺诈行为,并不构成合同诈骗罪。民事欺诈和诈骗犯罪的根本区别在于,欺骗手段是否达到了使他人产生认识错误并处分财物的程度。民事欺诈和诈骗犯罪,虽然都具有欺骗性,但两种欺骗的内容是有所不同的。民事欺诈是个别事实或者局部事实的欺骗,诈骗罪则是整体事实或者全部事实的欺骗。在考察民事欺诈和诈骗犯罪区分的时

候,需要分析欺骗的具体内容。在民刑交叉的案件中,如果行为人采用的欺骗手段达到了使他人产生认识错误并处分财物的程度,则构成诈骗罪。如果行为人虽然采用欺骗手段,但并没有达到使他人无对价交付财物的程度,则只是民事欺诈,尚不构成诈骗罪。本案中控告人按股东合作协议约定出资,不存在被欺骗出资,原律师以合同诈骗罪进行刑事控告,自然不能成功。继而分析认为,被控告人以非法占有为目的,利用职务之便侵占公司资金 2233 万元,数额特别巨大,其行为已构成职务侵占犯罪;被控告人私自将公司资金 300 万元转借他人的行为已经构成挪用资金犯罪。厘清了案件性质就明确了思路,张文明律师决定变更罪名为职务侵占罪后再次进行刑事控告。

## 二、变更罪名重新控告不违反"一事不再理"原则

尽管预计到了再次向同一公安机关进行刑事控告的困难,但还是没有料到立案会如此曲折和艰辛。一看被控告人的姓名,立案窗口工作人员就问:"怎么又来报案?"继而查询电脑得知该案已经作出了不予立案决定并通知了控告人后,更是指责律师不懂法律和无事生非,还认为再次控告违反了"一事不再理"诉讼原则。对于律师变更罪名的说辞,工作人员告知即使原来控告的罪名不准确,但如果公安机关认为构成其他犯罪,也会主动变更罪名予以追究的,不需要律师予以提醒和重新报案。工作人员还认为,被控告人"自己转走自己账户的钱"怎么会构成职务侵占罪?

既然窗口工作人员认为我们再次控告违反"一事不再理"原则,那么我们首先就要给他们讲清楚什么是"一事不再理"原则。"一事不再理"是诉讼原则之一,指已经发生法律效力的判决、裁定的案件,除法律另有规定外,不得就同一事实再行起诉和受理。该原则最早是罗马共和国时期民事诉讼的一项原则,也适用于刑事诉讼。我国刑事诉讼中"一事不再理"原则最早出现在最高人民法院《关于执行〈中华人民共和国刑事诉讼法〉若干问题的解释》(已失效)之中,该解释第 177 条规定,在宣告判决前,人民检察院要求撤回起诉的,人民法院应当审查人民检察院撤回起诉的理由,并作出是否准许的裁定。第 117 条第 4 项规定,依照本解释第 177 条规定,人民法院裁定准许人民检察院撤诉的案件,没有新的事实、证据,人民检察院重新起诉的,人民法院不予受理。据此,公安机关的说法

不能成立,刑事控告还没有进入刑事诉讼阶段,显然不能提前适用诉讼原则,而且再次控告变更了罪名,不能认为和第一次的控告是同一个法律事实和法律关系。在此基础上,代理律师撰写了法律意见书《变更罪名重新控告不违反“一事不再理”原则,公安机关应当重新审查立案》,指出公安机关经侦支队不同罪名的犯罪由不同的大队负责侦查,受案大队并无审查其他罪名是否成立和主动移送其他大队的机制和做法;指出尽管控告人资金是转入被控告人私人账户,但大家都是公司的隐名股东,股东协议明确约定被控告人私人账户里的资金是公司专用资金,故被控告人私自转走自己账户中资金的行为即构成利用职务之便侵占公司资金。

张文明律师曾在公安机关工作多年,知道公安机关内部由下到上都设置了法制人员和部门,其中专职法制人员的法律水平相对较高。因此,再次控告时我们直接将上述法律意见书交给了该支队法制部门,引起了法制部门领导的重视,事实证明这是一个正确的途径。

## 三、选择一个证据充分的罪名进行精准控告

前文《经济犯罪立案难原因分析及刑事控告实务技术指引》中“选择容易证明的罪名进行控告”的内容,就是此案例成功经验之总结。本案被控告人涉嫌合同诈骗、职务侵占和挪用资金三个罪名,如果三个罪名一起控告,势必使案情变得异常复杂,控告成功率也会大幅下降。经分析研究认为,合同诈骗可能不成立,除此之外还剩下职务侵占和挪用资金两个罪名。公司财务由被控告人控制,控告人要获取其挪用资金的证据比较困难,在此情况下,我们只选择了证据比较充分的职务侵占罪单一罪名进行控告,并取得了较好效果。

# 利用法规汇编和审计报告助力刑事控告

## 基本案情

2018年9月,被控告人叶某某入职广州某某有限公司(以下简称广州某公司),担任生产采购部跟单经理。2018年11月,被控告人宋某某入职广州某公司,担任生产采购部跟单员。

叶某某负责代表广州某公司与供应商协商采购价格并订立合同,宋某某负责办理采购的具体事宜。具体业务操作流程:生产采购部从公司取得采购任务订单后,生产采购部叶某某先与供应商协商采购价格,再由宋某某负责具体下单、结算、对账、申请付款工作,供应商结算通过宋某某对接后,提交叶某某审批,再报公司批准,完成采购付款的业务流程。

在职期间,叶某某、宋某某在广州某公司从广州市某服装有限公司(以下简称服装公司)、广州某纺织有限公司(以下简称纺织公司)、深圳市某服饰有限公司(以下简称服饰公司)、广州市某服装厂(以下简称服装厂)等四家公司采购商品及支付加工费的过程中,虚增采购合同的价格,将虚增部分货款据为己有,给广州某公司造成损失合计432.54万元,具体情况如下:

叶某某、宋某某在广州某公司委托服装公司加工服装过程中侵占广州某公司货款66万余元。根据服装公司人员举报,在叶某某的要求下,服装公司与广州某公司签订了价格虚高的《服装委托加工合同》,每件服装的价格比实际高出8元。叶某某用其姐夫冯某某的名义开设由自己控制的平安银行账户作为服装公司的指定收款账户,由其先收取广州某公司支付给服装公司的货款,扣除虚增部分后再支付给服装公司。2019年广州某公司共向叶某某控制的冯某某账户支付280.89万元,服装公司实际收到的货款为214.89万元,其中66万元的差额款项被叶某某等据为己有。

叶某某、宋某某在广州某公司从纺织公司采购商品过程中侵占广州某公司的货款251万余元。与上述情况相似,叶某某要求纺织公司与广州某公司签订价格虚高的《成品订购合同》,并将其控制的纺织公司老板李某某的工商银行账号、农业银行账号作为纺织公司的指定收款账户。由其先收取广州某公司支付给纺织公司的货款,扣除虚增部分后再支付给纺织公司。2019年,广州某公司向《成品定购合同》中指定的纺织公司收款账户支付货款1486.5万元。根据叶某某侵占支付给服装公司货款的比例计算,叶某某等侵占广州某公司支付给纺织公司货款的金额为251万余元。

叶某某、宋某某侵占广州某公司支付给服饰公司和服装厂货款的作案手法与上面相同,分别侵占广州某公司13.2万元和47.3万元。此外还有侵占数额较小的几十宗违法犯罪行为。

## 案件焦点

此案叶某某、宋某某构成职务侵占犯罪无疑,但为何广州某公司多次去报案都未能受理?问题的关键在于控告的程序层面而非实体层面:一是刑事控告书写得不规范;二是提交的证据比较杂乱。正是在此情况下,公安机关建议广州某公司委托律师进行刑事控告。

## 处理结果

2020年4月17日,广州市公安局白云分局出具立案告知书:"叶某某等人涉嫌职务侵占一案,有犯罪事实发生,需要追究刑事责任,且属我局管辖范围,现立为叶某某涉嫌职务侵占案侦查,特此告知。"

## 实务技术指引

### 一、汇编刑事立案法律法规,要求公安机关依法接受材料

当事人在委托律师进行刑事控告之前已经自行前去报案多次,然而,因为报案材料不规范,公安机关连报案材料都没有接收。我们理解公安机关案多人少,

工作繁忙,但不接收报案材料肯定是不妥当的,也是没有法律依据的。要求公安机关接收材料并出具书面的接收材料证据清单非常重要,因为这是刑事控告立案的前提和基础,不接收材料就无法对案件进行初查,也就不可能刑事立案了。对此,律师团队在去控告之前作了认真细致的准备工作,详细梳理了历年来发布的要求各级公安机关接受报案、必须受理报案材料的文件、法律规定,并将其摘要打印出来,持这些明确的法律规定与公安机关进行交涉,效果非常明显。在此一并摘录如下供大家在做刑事控告业务时参阅。

## 刑事立案相关法规摘要

《刑事诉讼法》(2018)

第一百一十条第三款:公安机关、人民检察院或者人民法院对于报案、控告、举报,都应当接受。对于不属于自己管辖的,应当移送主管机关处理,并且通知报案人、控告人、举报人;对于不属于自己管辖而又必须采取紧急措施的,应当先采取紧急措施,然后移送主管机关。

第一百一十三条:人民检察院认为公安机关对应当立案侦查的案件而不立案侦查的,或者被害人认为公安机关对应当立案侦查的案件而不立案侦查,向人民检察院提出的,人民检察院应当要求公安机关说明不立案的理由。人民检察院认为公安机关不立案理由不能成立的,应当通知公安机关立案,公安机关接到通知后应当立案。

《最高人民检察院、公安部关于公安机关办理经济犯罪案件的若干规定》(公通字〔2017〕25 号)

第十五条第一款:公安机关接受涉嫌经济犯罪线索的报案、控告、举报、自动投案后,应当立即进行审查,并在七日以内决定是否立案;重大、疑难、复杂线索,经县级以上公安机关负责人批准,立案审查期限可以延长至三十日;特别重大、疑难、复杂或者跨区域性的线索,经上一级公安机关负责人批准,立案审查期限可以再延长三十日。

《公安部关于改革完善受案立案制度的意见》(公通字〔2015〕32 号)

第二部分"主要内容"中"(一)规范工作流程":

1. 健全接报案登记。……对于群众报案、控告、举报、扭送,违法犯罪嫌疑人投案……属于公安机关管辖的,各办案警种、部门都必须接受并依照有关规定办理,不得推诿。……群众上门报案的,应当当场进行接报案登记,当场接受证据材料,当场出具接报案回执并告知查询案件进展情况的方式和途径……

2. 及时审查办理。接报案件后,应当立即进行受案立案审查。……行政案件受案审查期限原则上不超过24小时,疑难复杂案件受案审查期限不超过3日。刑事案件立案审查期限原则上不超过3日;涉嫌犯罪线索需要查证的,立案审查期限不超过7日;重大疑难复杂案件,经县级以上公安机关负责人批准,立案审查期限可以延长至30日……

…………

《公安机关办理刑事案件程序规定》(公安部令〔2020〕第159号)

第一百六十九条:公安机关对于公民扭送、报案、控告、举报或者犯罪嫌疑人自动投案的,都应当立即接受,问明情况,并制作笔录,经核对无误后,由扭送人、报案人、控告人、举报人、投案人签名、捺指印。必要时,应当对接受过程录音录像。

《公安部关于刑事案件如实立案的通知》(公通字〔2000〕40号)

一、各地公安机关的刑警队、派出所、110报警服务台等部门对于公民扭送、报案、控告、举报或者犯罪嫌疑人自首的,都应当立即给予认真的接待,无条件接受,如实登记。

二、接受案件的民警应当向扭送人、报案人、控告人、举报人(以下统称报案人)问明案件的有关情况,制作询问笔录,同时填写《接受案件回执单》(式样附后)一式四份,一份由受案单位存档,一份报主管部门(由县、市级公安机关根据本地实际情况明确主管部门),一份交给案件主办部门,一份交报案人收执。回执中必须填明受案单位名称、受案民警姓名以及相关电话号码,以便报案人了解立案情况,监督受案单位的工作进展情况。

…………

《公安派出所执法执勤工作规范》(公通字〔2002〕13号)

第四十八条:公安派出所值班民警接受报案、控告、举报及扭送违法犯罪嫌疑人和投案自首人员时,应当做到:

(一)询问基本情况,制作询问笔录,填写《接受案件回执单》,并根据公安派出所所长意见交有关民警处理;

(二)对紧急案(事)件,应当立即依法采取紧急处理措施,并向公安派出所所长报告。

## 二、选择主要犯罪事实进行控告

叶某某、宋某某在职期间利用同样手法几十次侵占公司财产,被害公司报案时事无巨细地列举了几十次侵占行为,证据很多但事实不清,公安机关接案人员在短时间内很难厘清案件脉络。张文明律师团队介入控告案件后,重新梳理了案件证据,去掉了数额较小的几十宗违法犯罪行为,重点列举了四宗数额较大的侵占行为,并用如图 1 所示的方式呈现出来,图文并茂,一目了然。

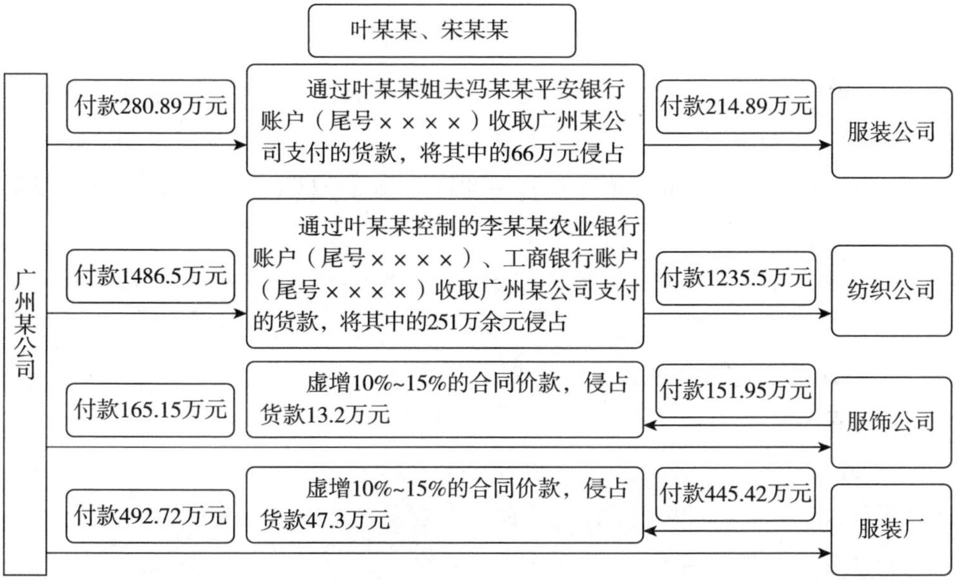


**图 1 叶某某、宋某某职务侵占广州某公司财产流程**

## 三、对侵占行为进行审计,助力刑事控告

对报案事项进行财务审计并出具报告十分重要,可以帮助被害人成功进行刑事控告。应公安机关要求,本案被害人及时委托某会计师事务所出具了审计报告,现将审计报告摘要如下,让大家对审计报告有个直观的印象:

广州某公司支付采购服务款其他专项审计报告

**审计情况：**

根据委托审计事项和委托方提供的审计材料，我们从广州某公司支付采购服务款与服装公司收取服务款等方面进行专项审计。

（一）广州某公司支付采购服务款的情况

1. 应付采购服务款的情况

自2019年4月22日开始，至2019年11月24日止，广州某公司向服装公司采购服务（计件数量113,413件），应付采购服务款及代垫款2,308,839.70元。

应付采购服务款的《服务委托加工合同》上的经办人或联系人是宋某某，审核人是叶某某。

2. 已付采购服务款的情况

自2019年4月24日开始，至2019年12月3日止，广州某公司向冯某某平安银行6230－5800－0019－9574××××账户支付采购服务款及代垫款2,308,839.70元。付款账号是李某某工商银行6222－0815－0200－2838××××，根据广州某公司的说明，该账户是其支付货款的账户。

收款账户冯某某平安银行6230－5800－0019－9574××××，根据服装公司的《情况说明》，该账户不是其收款账户。

（二）服装公司收取服务款的情况

1. 应收服务款的情况

自2019年4月22日开始，至2019年11月24日止，服装公司向广州某公司提供服务（计件数量113,413件），应收服务款及代垫款1,815,952.90元。

2. 已收服务款的情况

自2019年4月24日开始，至2019年12月6日止，服装公司收到李某某农业银行6228－4800－8478－6049××××账户支付服务款及代垫款1,752,760.70元。

收款账号是谢某某农业银行6228－4800－8628－897××××，根据服装公司的《情况说明》，该账户是其收款账户。

尚有63,192.20元服务款未收到。

**审计意见**

根据委托人所提供的会计审计资料，经审计：

（一）广州某公司应付采购服务款

广州某公司员工叶某某和宋某某经办了从服装公司采购服务的《服装委托加工合同》的签订，合同上约定的收款账号为冯某某平安银行6230－5800－0019－9574××××，两人也经办了广州某公司的付款手续，广州某公司应付采购服务款及代垫款共2,308,839.70元；

广州某公司确认其支付货款的账户李某某工商银行账户6222－0815－0200－2838××××向冯某某平安银行6230－5800－0019－9574××××账户支付了采购服务款及代垫款2,308,839.70元。

（二）服装公司应收服务款

服装公司实际控制人商某确认向广州某公司提供服务应收的服务款总额为1,815,952.90元，比上述广州某公司应付的服务款总额2,308,839.70元少492,886.80元；

服装公司实际控制人商某确认公司的实际收款账户为谢某某农业银行6228－4800－8628－897××××，已收广州某公司服务款总额为1,752,760.70元，比上述广州某公司已付的服务总额2,308,839.70元少556,079.00元；

服装公司应收广州某公司欠付的服务款为63,192.20元。

审计报告仅仅对广州某公司与服装公司的商品及款项往来进行了会计核算。结果证实，广州某公司已经支付了采购服务款及代垫款2,308,839.70元，而服装公司实际收到的款项为1,752,760.70元，宋某某、叶某某实际侵占的数额为556,079.00元。

尽管审计报告与辩护律师先前提交的刑事控告书显示的该宗犯罪涉及的金额有差别（当然，应当以后面提交的审计报告为准），但二者完全能够互相印证，即宋某某、叶某某利用职务之便侵占公司财产的犯罪行为事实清楚，证据确凿。需要说明的是，审计报告仅仅对其中一起侵占行为进行了审计，目的是证明侵占行为达到立案标准即只要能通过立案这道门槛就可以了。这样不仅事实单一，证据充分，还能为控告人节省审计经费。至于被控告的犯罪嫌疑人的其他犯罪行为，立案后由公安机关进行调查取证就可以了。

# 派出所不受理，法院驳回起诉，被骗百万元如何救济

## ——刑事控告要找准职能、级别管辖及并案侦查的突破口

### 案件基本信息

1. 裁判文书号：广州市天河区人民法院（2017）粤0106刑初字39号
2. 案由：诈骗、合同诈骗

### 基本案情

2014年9月，两名被害人刘某、尹某通过朋友认识了一个自称是某监狱监狱长的严某，严某谎称该监狱服刑犯人的日常生活用品供应项目可以对外发包，并表示愿意与被害人就此项目进行合作。随后双方签订了《生活用品承包合同》，合同约定该监狱服刑犯人的日用品全部由被害人供应，期限为2015年1月1日至2016年12月31日。

为促成合同“落实”，从2014年12月到2015年6月，严某利用各种借口骗取两名被害人100多万元。因严某在合同上加盖有广东省某监狱的印章，曾开车带两名被害人到某监狱生活区考察服务部项目，车上还放着监狱干警的帽子和衣服，故被害人对严某的身份深信不疑，继而多次“自愿”支付现金给严某用于落实服务部项目，后因项目迟迟落实不了才怀疑被骗。

### 案件焦点

此案系刑民交叉案件，不仅涉及经济纠纷和刑事犯罪的界定问题，涉及司法机关的职能管辖和级别管辖，还涉及公安机关并案侦查问题。

## 裁判结果

某区法院审理认为,被告人严某以非法占有为目的,虚构事实,隐瞒真相,多次骗取他人财物,数额特别巨大,其行为已经构成诈骗罪;被告人严某以非法占有为目的,在履行合同过程中,骗取对方当事人财物,数额巨大,其行为已构成合同诈骗罪;被告人严某一人犯数罪,应当数罪并罚;被告人严某是累犯,应当从重处罚;追缴本案的违法所得发还被害人。综上,根据被告人严某的犯罪事实、性质、情节、社会危害程度、认罪态度及未退赃等情况,依照相关法律规定,判决如下:

(1)被告人严某犯诈骗罪,判处有期徒刑12年,并处罚金人民币15万元;犯合同诈骗罪,判处有期徒刑3年6个月,并处罚金人民币5万元。数罪并罚,决定执行有期徒刑13年6个月,并处罚金人民币20万元。

(2)追缴被告人严某的违法所得发还被害人;不足以弥补的损失部分,责令被告人严某退赔。

## 实务技术指引

### 一、主动调查取证,获取严某诈骗的直接证据

"此案属于疑难复杂的刑民交叉案件,光怀疑猜测被诈骗不行,关键是要找到证据,弄清案情,然后才能对症下药,找到解决问题的办法和途径。"被害人辗转找到张文明律师后,张文明律师在了解基本案情后迅速作出了上述判断。

接受委托后,张文明律师持律所介绍信和委托书亲自带被害人到某监狱调查取证。进展很是顺利,监狱领导听说有人冒充监狱长签订合同进行诈骗很是气愤,当即安排人配合调查,经比对确认承包合同上加盖的监狱印章系伪造的假章,监狱为此出具了情况说明。通过辨认照片还查清楚了严某系曾在该监狱服刑的犯人,出狱后不思悔改,利用熟悉该监狱环境继续进行诈骗活动。

### 二、弄清楚不同司法机关的职能管辖,规劝当事人放弃民事案件的上诉

之前两名被害人到辖区派出所报案,接警人员一看他们提供有《生活用品

承包合同》,就认为是经济纠纷并建议去法院起诉。到法院起诉,法院则认为被诈骗属于刑事案件,随后一纸裁定驳回了受害人的起诉。受害人顿时陷入找不到法律救济途径的尴尬境地,准备上诉到中级法院要求撤销一审法院驳回起诉的裁定。

找到严某进行诈骗的证据后,张文明律师向被害人解释了我国司法机关的职能管辖问题,民事、行政案件和刑事自诉案件可以直接到法院起诉,诈骗属于由公安机关管辖的公诉案件,法院驳回起诉的理由成立,进行上诉只会浪费时间,没有什么用处。既然是诈骗案件,便只能从公安机关这边来寻找解决问题的途径。

## 三、弄清刑事案件的性质,确定公安机关内部的管辖部门

公安机关对案件有明确的级别管辖规定,此案诈骗数额上百万元,且被害人辖区派出所已经对案件作出不予受理的决定,张文明律师团队决定向其上级公安分局进行刑事控告。但此案的刑事控告还涉及公安机关内部的职能管辖问题,我国公安机关内部分工具体,不同性质的案件需要不同的部门管辖,所以还要判断此案属于什么性质的诈骗行为,具体就是此案究竟是合同诈骗还是普通诈骗?普通诈骗属于分局刑警大队管辖,合同诈骗则属于分局经侦大队管辖。

那么,此案中严某的行为到底是普通诈骗还是合同诈骗呢?先看一下概念:诈骗是指以非法占有为目的,用虚构事实或者隐瞒真相的方法,骗取数额较大的公私财物的行为。合同诈骗则是指以非法占有为目的,在签订、履行合同过程中,通过虚构事实、隐瞒真相、设定陷阱等手段骗取对方财产的行为;或者是合同一方当事人故意隐瞒真实情况,或故意告知对方虚假情况,诱使对方当事人作出错误的意思表示,从而与之签订或履行合同的行为。本案中,严某的非法占有目的昭然若揭,没有任何争议。但其编造情节、虚构事实诱骗被害人签订承包合同,继而又借口履行合同需要一些特别支出对受害人进行诈骗的行为,究竟属于何种诈骗,公安机关存在争议。

因为存在争议,本案的刑事控告颇费周折,经侦大队认为是普通诈骗犯罪、刑警大队则认为是合同诈骗犯罪,都不愿意立案。张文明律师团队经研究认为,尽管严某虚构事实、冒充监狱领导与被害人签订了承包合同,但其并没有诱骗被

害人交付合同项下商品，而是将签订的合同当作进行诈骗的一个工具或者借口，因此本案应为普通的诈骗犯罪。在此基础上经与分局的刑警大队多次交涉，终于取得刑事控告成功，警方立案抓人的良好效果。

## 四、公安机关的并案侦查问题

细心的读者可能会发现，此案我们向公安机关控告严某涉嫌的罪名为诈骗罪，但判决书认定的罪名却有两个，即诈骗罪和合同诈骗罪，并对被告人严某适用数罪并罚。其实这还涉及公安机关的并案侦查问题。并案侦查是把一个或一伙犯罪分子在不同时间、地点多次作案的案件串联起来统一组织侦查的措施。并案主要依据是各起案件在痕迹物证、作案目标、作案手段、犯罪体貌特征等方面的内在联系。并案侦查便于综合利用证据、合理部署侦查力量，避免了分别侦查、各自为战的弊病，是侦破惯犯、累犯所作案件的重要措施。本案中，被告人严某是一个屡教不改的诈骗累犯，前后实施了多种犯罪行为，侵犯了多个被害人的法益，犯罪行为地也不在同一个地方，被害人发现被骗及报案的时间也不尽相同，因此，不同的公安机关受理报案后可以合并侦查，这有利于侦查行为的高效和司法资源的节约。此案就是侦查机关将严某的多个犯罪行为并案侦查终结后，移送至检察机关提起公诉，最后由法院作出数罪并罚、从重处罚的判决。

# 无罪辩护

# 申请排除非法证据的时间节点如何把握

——靳某等销售假冒注册商标商品案无罪辩护

## 案件基本信息

1. 裁判文书号:广州市白云区检察院穗云检公诉刑不诉(2016)72 号

2. 案由:销售假冒注册商标商品罪

## 基本案情

自 2015 年 11 月始,被不起诉人靳某伙同同案人刘某、黄某为非法牟利,在未经注册商标所有人的授权或者许可的情况,销售假冒丰田、宝马注册商标的汽车配件。2016 年 3 月 11 日 12 时许,靳某、刘某被公安人员抓获,后分别在犯罪嫌疑人租赁的三个仓库缴获宝马汽车皮带 38 条、宝马空调格 298 个、宝马油格 108 个、宝马刹车片 463 片、宝马撑杆 104 条、宝马防冻液 29 瓶、宝马机油 87 瓶、丰田刹车片 1057 副。经鉴定,上述汽车配件均是假冒注册商标的产品,价值达人民币 1,100,593 元。黄某事后主动到公安机关自首,因其怀孕,公安机关对其取保候审。

## 案件焦点

本案销售假冒注册商标商品鉴定价值 100 多万元,三名犯罪嫌疑人构成犯罪无疑。侦辩双方争议的焦点并非是否构罪,而是在案证据是否确实充分?非法证据是否需要排除以及申请排除非法证据的时间节点,也是案件的焦点。

## 裁判结果

广州市白云区人民检察院认为,经本院审查并退回补充侦查,本院仍然认为广州市公安局白云分局认定的犯罪事实不清、证据不足,不符合起诉条件。依照《刑事诉讼法》第 177 条的规定,决定对靳某、刘某、黄某不起诉。

## 实务技术指引

这起由盈科(广州)律师事务所张文明律师、谢冰蓉律师、许胜利律师担任辩护人的涉嫌销售假冒注册商标商品案历时数月,辩护过程异常艰难。审查起诉阶段辩护律师坚持程序正义原则,坚决要求非法证据排除,终于令案件绝处逢生。广州市白云区人民检察院两次退查,两次延期,两次组织侦、检、辩三方亲临公物仓库清点被扣押物品,检察机关穷尽一切调查手段仍未能弥补在案主要证据的重大瑕疵,最终依法作出不起诉决定,全案三名犯罪嫌疑人均获释放。

本案无罪辩护的成功,重点在于辩护律师正确把握了申请排除非法证据的时间节点。

### 一、侦查阶段发现证据瑕疵不用着急提出“排非”

本案侦查机关现场查获大批假冒商品,可谓人赃俱获,铁证如山。犯罪嫌疑人也感到无可辩驳,愿意认罪。但律师接受委托后却依然保持一贯的严谨态度,详细了解情况、梳理证据,以便寻求案件的突破口。果然,会见时嫌疑人提及的一个不起眼的小细节引起了律师的高度重视,嫌疑人称因为被扣押物品实在太多,现场有举报本案的专业打假公司人员帮忙对被扣押物品进行清点。律师瞬间意识到控告方人员清点扣押物品严重违法,该案极有可能存在重大的程序瑕疵,扣押物品清单也可能因此存在错误。

按照法律规定,辩护律师在侦查阶段可以向检察机关申请排除非法证据,最高人民法院、最高人民检察院、公安部、国家安全部、司法部《关于办理刑事案件严格排除非法证据若干问题的规定》(法发〔2017〕15 号)第 14 条第 1 款、第 2 款规定,犯罪嫌疑人及其辩护人在侦查期间可以向人民检察院申请排除非法证据。对犯罪嫌疑人及其辩护人提供相关线索或者材料的,人民检察院应当调查核实。

调查结论应当书面告知犯罪嫌疑人及其辩护人。对确有以非法方法收集证据情形的,人民检察院应当向侦查机关提出纠正意见。侦查机关对审查认定的非法证据,应当予以排除,不得作为提请批准逮捕、移送审查起诉的根据。

由于侦查阶段律师不能阅卷,无法掌握案件的全面情况,同时也为了避免警方补强证据瑕疵,辩护律师决定暂时不申请“排非”,向侦查机关提交的法律意见也有意回避了扣押物品清单可能存在的问题。捕前捕后3个多月的侦查期极为漫长,犯罪嫌疑人备受煎熬,辩护律师也只能耐心等待。

## 二、审查起诉阶段申请“排非”,并要求实际清点赃物核对扣押物品清单

最高人民法院、最高人民检察院、公安部、国家安全部、司法部《关于办理刑事案件严格排除非法证据若干问题的规定》第17条规定,审查逮捕、审查起诉期间,犯罪嫌疑人及其辩护人申请排除非法证据,并提供相关线索或者材料的,人民检察院应当调查核实。调查结论应当书面告知犯罪嫌疑人及其辩护人。人民检察院在审查起诉期间发现侦查人员以刑讯逼供等非法方法收集证据的,应当依法排除相关证据并提出纠正意见,必要时人民检察院可以自行调查取证。人民检察院对审查认定的非法证据,应当予以排除,不得作为批准或者决定逮捕、提起公诉的根据。被排除的非法证据应当随案移送,并写明为依法排除的非法证据。

这些规定明确审查起诉阶段律师有申请排除非法证据的权利。辩护律师时时关注案件进展,在得知案件侦查终结移送审查起诉后便第一时间申请阅卷,拿到卷宗材料后立即认真阅卷,经仔细分析果然找到侦查机关的重大程序漏洞:扣押物品清单上载明的物品与实际扣押的物品竟然多处不一致,甚至还有代替见证人签名的情况。由是,犯罪嫌疑人的说法得到了印证。律师紧紧抓住这一重大的程序违法和证据瑕疵,依据上述法律规定,在审查起诉阶段果断向广州市白云区检察机关提出排除非法证据的申请。非法证据如果被排除,在案证据将严重不足,辩护律师据此及时向检察机关递交了不予起诉的法律意见书。

辩护律师的“排非”申请大多在案件进入审理阶段后向法院提出,且很难被采纳,排除非法证据十分困难。非法证据的排除在审查起诉阶段会更困难,但辩护律师迎难而上,坚持原则,案件经两次退查都没能弥补证据上的瑕疵。在此情

况下,检察机关应辩方律师请求,亲自组织侦辩双方二次前往涉案物品保管仓库进行复查盘点。复查盘点的结果更是证实了律师之前的大胆推测,侦查机关在办案过程中确实存在不可逆、不可补正的程序违法事实,律师成功利用非法证据排除规则推翻了侦查机关赖以定案的所谓"铁证"——扣押物品清单,检察机关最终对全案作出不起诉决定。

## 三、办案中的两点教训值得吸取

所谓的实务技术指引并非全是指引别人的经验之总结,讲些自己在办案中的缺憾和不足让他人避免教训重复或许更为重要。

本案的教训之一是没有安排律师陪同犯罪嫌疑人去自首,导致犯罪嫌疑人实施了干扰侦查的行为。本案中的黄某系老板,案发时不在公司,没有被公安机关当场抓获。两名员工被抓后,黄某咨询律师如何应对,经分析我们认为,犯罪嫌疑人销售假冒注册商标商品的行为可能构成犯罪,明确告知其只能到公安机关自首争取宽大处理,否则,可能会被公安机关上网通缉。黄某称自己怀孕,律师给出的意见是,如果怀孕,自首到案后公安机关一般会对其作取保候审处理。然而黄某很讲义气,认为涉嫌犯罪的行为应由自己负责,与自己的两名员工无关,两名员工一名是自己的亲戚,被抓后无法向其亲属交代,另一名的亲属天天到家里要人,闹得很厉害,继而想到看守所里面替代员工"坐牢",并组织两名员工开会统一意见。辩护律师先是对此奇葩的想法感到吃惊,一个成年人怎么会有如此离谱的想法,然后告诉她一些常识性的、与羁押相关的法律规定,表示到看守所里面组织员工开会及替代"坐牢"都是不可能的。

然而,做生意的女老板非常自信,并不相信律师的说法。过了两天,黄某的丈夫急匆匆地又来找律师,称黄某去自首后被刑事拘留关进看守所了。对此我们很纳闷,我国《刑事诉讼法》第 67 条明确规定,人民法院、人民检察院和公安机关对有下列情形之一的犯罪嫌疑人、被告人,可以取保候审:(1)可能判处管制、拘役或者独立适用附加刑的;(2)可能判处有期徒刑以上刑罚,采取取保候审不致发生社会危险性的;(3)患有严重疾病、生活不能自理,怀孕或者正在哺乳自己婴儿的妇女,采取取保候审不致发生社会危险性的;(4)羁押期限届满,案件尚未办结,需要采取取保候审的。取保候审由公安机关执行。

怀孕和哺乳期妇女一般应当取保也是常识，公安机关办案人员不可能违反上述规定。后经律师会见得知，女老板并不相信律师的话，还是执意要进看守所找员工开会，在自首做完笔录、育龄妇女入仓前验尿时，趁民警不注意用自来水代替尿液测试试纸，证明自己没有怀孕，终于顺利地进了看守所。进了看守所后女老板才发现与自己想象的完全不同，律师会见时痛哭流涕、追悔莫及，恳请律师赶紧让公安机关把自己放出去。律师首先指出其弄虚作假干扰侦查的行为严重错误，需要加强常识性法律知识的学习，其次告诉她要赶紧告诉管教自己身怀有孕，让看守所将这一情况通报办案机关。会见后律师也及时向公安机关反映了这一情况，尽管办案人员非常生气，但经过医院检查确认怀孕事实后还是按照规定为黄某办理了取保候审。黄某终于顺利地走出了看守所。

尽管此事的发生与律师关系不大，但还是感觉律师工作做得不够严谨，如果安排律师陪同黄某到公安机关自首或者刑拘时及时向公安机关递交取保候审申请，讲清楚其怀孕的情况，就不会发生此番事件。

本案的教训之二是未能主动介入调解犯罪嫌疑人亲属间的纠纷，导致案中案的发生。黄某取保候审出来后，员工的亲属更加气愤，认为老板有钱把自己捞出来而不管员工的死活，继而又到他们家里闹事并要求巨额赔偿。争执中黄某的老公将员工的母亲打伤，后经伤残鉴定为轻微伤，黄某的老公也因这一违法行为被处以治安拘留，刑事案件中的矛盾纠纷引发出一起治安处罚的行政案件。不过还算幸运，如果伤残鉴定为轻伤以上，被害人又不愿谅解的话，黄某的老公面临的将是另外一场牢狱之灾。同样，针对这一意外事件，如果律师能及时介入，对犯罪嫌疑人之间的矛盾纠纷进行调解，告诉员工亲属老板取保的原因是身怀有孕，而不是花钱找关系才出来的，老板对员工也非常关心，甚至作出了进看守所替员工“顶罪”的行为，估计就能避免案中案的发生。

# 种类物不能认定为赃物，主观上不“明知”不能认为具有犯罪故意

## ——刘某掩饰、隐瞒犯罪所得案无罪辩护

### 案件基本信息

1. 裁判文书号：广州市天河区人民法院(2014)穗天法刑初字第699号
2. 案由：掩饰、隐瞒犯罪所得罪

### 基本案情

2013年4月27日，广州市天河区警方将一名涉嫌盗窃的犯罪嫌疑人抓获，犯罪嫌疑人供述将赃物销售到一废品收购点，警方随后在废品收购点起获与赃物“类似”的赃物。随后，收购点老板刘某因涉嫌掩饰、隐瞒犯罪所得犯罪被刑事拘留。

因证据不足，天河区人民检察院未批准对刘某进行逮捕。2013年5月24日，刘某被广州市公安局天河分局取保候审。

2014年3月31日，天河区人民检察院以刘某涉嫌掩饰、隐瞒犯罪所得罪向天河区人民法院起诉。

### 案件焦点

办案机关在扣押物品清单中没有写清楚被扣押物品的品名、型号及特征，辨认笔录也记录模糊。那么，缺乏同一性认定的种类物能否作为定案依据？另外，刘某主观上是否明知收购的东西系赃物也是争议焦点之一。

## 裁判结果

法院审理认为，广州市天河区人民检察院以天检公刑诉(2014)558号起诉书指控被告刘某犯掩饰、隐瞒犯罪所得罪，于2014年3月31日向本院提起公诉。本院依法组成合议庭，公开开庭审理了本案。在宣告判决前，公诉机关以证据不足为由要求撤回对被告人刘某的起诉。本院认为，公诉机关要求撤回起诉符合法律规定，依照最高人民法院《关于适用〈中华人民共和国刑事诉讼法〉的解释》第296条的规定，裁定如下：

准许广东省广州市天河区人民检察院撤回对被告人刘某的起诉。

本裁定送达后即发生法律效力。

## 实务技术指引

此案案情并不复杂，主要有两个辩点：一个是赃物系种类物，缺乏同一性的准确认定，更没有权威的司法鉴定意见。办案机关在扣押物品清单中没有写清楚被扣押物品的品名、型号及特征，盗窃犯罪嫌疑人对赃物的辨认笔录中记录的是"有点像""可能是"。另一个是无法认定刘某主观上"明知"。"掩饰、隐瞒犯罪所得罪"源于2007年5月11日施行的最高人民法院、最高人民检察院《关于办理与盗窃、抢劫、诈骗、抢夺机动车相关刑事案件具体应用法律若干问题的解释》。该解释针对盗窃、抢劫、诈骗、抢夺机动车等犯罪行为，将《刑法》第312条规定的关于"窝藏、转移、收购、代为销售"的内容进行了细化和补充，解决了实践中比较常见又容易引起争议的几种掩饰、隐瞒犯罪所得被盗机动车行为的法律问题。我国《刑法》规定，掩饰、隐瞒犯罪所得是指明知是犯罪所得及其产生的收益而予以窝藏、转移、收购、代为销售或者以其他方法掩饰、隐瞒。掩饰、隐瞒犯罪所得的行为人必须是"明知是犯罪所得"，只有在明知是犯罪所得的情况下，行为人才会认识到自己窝藏、转移、收购、代为销售等掩饰、隐瞒行为，会发生妨碍刑事司法作用的结果，也才可能具备犯罪故意产生的基础。本案中，刘某以正常的价格正常收购所谓的"赃物"，此前也多次收购过此类物品，在案证据不能证明犯罪嫌疑人对赃物不法来源达到"明知"的认识程度。且刘某拒不认罪，称并不认识盗窃犯罪分子，不能仅凭推测就想当然地认定其收购本案赃物是故意行为。

此案开庭后长达一年多时间没有出判决，被告人及其亲属无法理解，甚至有很多怨言。那么刑事案件移送法院后多久才能出判决呢？

目前刑事诉讼三个阶段的程序中，侦查阶段和审查起诉阶段进程相对透明，刑拘期限、逮捕后的侦查期限、侦查期限的延长、审查起诉期限、审查起诉期限的延长及退查都有明确的期限规定，大部分案件的期限辩护律师都可以计算出来，也能够向犯罪嫌疑人及其亲属解释清楚。但案件移送法院进入审判程序后多久才能出判决，每个案件的实际用时均不相同，时间的长短由案件的复杂程度、法院的工作安排、法官的工作效率以及案件有无中止审理或退回检察院补充侦查等多种因素综合决定。下面我们先来看看审理期限的法律规定是怎样的。

《刑事诉讼法》第 208 条第 1 款规定，人民法院审理公诉案件，应当在受理后 2 个月以内宣判，至迟不得超过 3 个月。对于可能判处死刑的案件或者附带民事诉讼的案件，以及有本法第 158 条规定情形之一的，经上一级人民法院批准，可以延长 3 个月；因特殊情况还需要延长的，报请最高人民法院批准。也就是说，除报请最高人民法院批准的特殊情况外，一审审理期限为 3 个月，经上一级批准可延长至 6 个月。

但如果案件出现中止审理或退回检察院补充侦查的情况，则从立案到下判决的时间可能会超过上述规定的最长 6 个月期限。

关于中止审理，《刑事诉讼法》第 206 条规定，在审判过程中，有下列情形之一，致使案件在较长时间内无法继续审理的，可以中止审理：(1) 被告人患有严重疾病，无法出庭的；(2) 被告人脱逃的；(3) 自诉人患有严重疾病，无法出庭，未委托诉讼代理人出庭的；(4) 由于不能抗拒的原因。中止审理的原因消失后，应当恢复审理。中止审理的期间不计入审理期限。也就是说，在中止审理的情况下，等待出判决的时间不仅包括法定审理期限，还包括中止审理的时间。

关于退回补充侦查，《刑事诉讼法》第 204 条规定，在法庭审判过程中，遇有下列情形之一，影响审判进行的，可以延期审理：(1) 需要通知新的证人到庭，调取新的物证，重新鉴定或者勘验的；(2) 检察人员发现提起公诉的案件需要补充侦查，提出建议的；(3) 由于申请回避而不能进行审判的。《刑事诉讼法》第 205 条规定，因案件退回检察院补充侦查而延期审理的案件，人民检察院应当在 1 个月以内补充侦查完毕。《刑事诉讼法》第 208 条第 3 款规定，检察院补充侦查的案件，补充侦查完毕移送法院后，法院重新计算审理期限。最高人民法院《关于适用〈中华人民共和国刑事诉讼法〉的解释》(法释〔2021〕1号)第274条规定,因补充侦查延期审理的次数不能超过2次。也就是说,审判阶段案件最多可以补充侦查2次,每次不超过1个月,每次补充侦查完毕,审理期限重新计算。在2次退回补充侦查的情况下,理论上最长审限可以达到20个月(第一次的审理期限6个月+第一次退回补充侦查检察机关的1个月+第一次退回补充侦查后重新计算的审理期限6个月+第二次退回补充侦查检察机关的1个月+第二次退回补充侦查后重新计算的审理期限6个月)。

# 追诉时效已过，不应追究刑事责任

## 基本案情

2010年，广东省惠州市政府有关部门对博罗县石湾大道改造工程建设项目进行公开招标。2010年6月，犯罪嫌疑人廖某经朋友介绍入职曾某公司，负责协助曾某处理其公司的一些日常琐事。2010年10月，曾某公司在上述项目中成功中标，工程项目总造价近3亿元，廖某被安排为此工程的现场负责人跟进工程进度。

犯罪嫌疑人廖某入职不久，曾某就向其提出要其挂名一家新的建筑公司的法定代表人，并要求用廖某的名义开设几张银行卡。廖某系曾某公司员工，对老板的要求唯有照办。直至工程正式进入施工后，廖某才从工友处偶然得知曾某以几乎相同的方式注册成立了几家建筑公司作为其他投标人联合围标。

2018年9月13日，廖某被传唤至广州市公安局增城分局某派出所。同日，廖某因涉嫌串通投标罪被刑事拘留。后检察机关未批准对廖某进行逮捕，廖某被取保候审，1年后取消了取保候审，案件不了了之。

## 案件焦点

名义上的法定代表人被追究刑事责任的不在少数。此案中，犯罪嫌疑人廖某在曾某公司打工，应要求挂名法定代表人成立了一家新的建筑公司参与围标。公安机关认为廖某构成串通投标犯罪，并向检察机关呈请对其逮捕，辩方认为廖某主观上对建筑公司参与围标的行为完全不知情，其行为不构成串通投标犯罪。而且该案已过刑事案件的追诉时效，不应再追究犯罪嫌疑人廖某的刑事责任。

## 处理结果

检察院最终没有批准对廖某的逮捕,廖某取保获释。因检察机关并没有出具书面的不予批捕理由说明书,我们无从得知检察机关不批准逮捕的理由,不过很可能是采纳了我们辩护律师的辩护意见。

## 实务技术指引

盈科(广州)律师事务所经济职务刑事部主任张文明、律师江晓琪接受廖某家属的委托,担任廖某的辩护人。经及时会见、了解分析案情,辩护律师认为廖某不构成犯罪,决定为廖某作无罪辩护。在37天的黄金救援期内,辩护人分别向各办案机关出具了嫌疑人不构成犯罪应予立即释放法律意见书;在检察机关审查批捕的关键时刻,及时约见主办检察官,详细陈述廖某不构成犯罪的理由,并要求检察机关对公安机关进行立案监督。

### 一、以犯罪嫌疑人不构罪为由递交请求撤案放人的法律意见书

本案中,犯罪嫌疑人廖某根本就不构成犯罪,所以不应向办案机关递交取保候审申请书,而应旗帜鲜明地表明廖某不构成犯罪,要求办案机关立即撤案放人。故此,不构成犯罪的法律意见书就成为辩护材料的重点。

第一,从客观方面看,廖某没有实施串通投标行为。廖某没有参与制作投标文件,没有做出与投标相关的行为,未参与涉案工程投标的全过程。直到涉案工程定标并开始施工后,廖某才到投标人处工作,担任涉案工程的现场负责人,且仅仅负责监督涉案工程的施工。以廖某名义开设的银行卡事实上由曾某控制使用,即使该银行卡内存在不法收支,也并非廖某本人所为。

第二,从主观方面看,廖某并不知道招投标的有关事实,不存在串通投标的故意。廖某并不知道其挂名的建筑公司参与投标,也没有因涉案工程非法获利,更没有为了串通投标给予他人不法利益。论证犯罪故意的前提是事实上已经出现了犯罪行为,或者有犯罪行为发生的紧迫现实可能性。如果事实上并不存在犯罪行为,也就没必要论证行为人的主观心理了,否则将落入"主观归罪、有罪推定"的思维惯性,有违刑法的谦抑性原则。

第三,廖某只是名义上的法定代表人,既非招标人也不是投标人。法定代表人是否被认定为“挂名”,是否承担刑事责任,需要结合整体犯罪构成理论以及个案中的证据全面考虑、综合认定。经查询企业工商信息证实,廖某挂名法定代表人设立的公司与曾某名下的其他几家公司的工商登记信息几乎完全一致,公司主体混同,而实际控制人都是曾某,曾某作为实际控制人对投标有关事宜有决定权、话语权,而廖某仅仅是挂靠的法定代表人,对工程投标无权发表任何意见。

第四,本案已过追诉时效期限,廖某不构成犯罪。根据相关法律规定,串通投标罪的最高刑期为 3 年,故刑事追诉期限最长是 5 年,且本罪不属于超过追诉期限的情况下需再追究当事人刑事责任的情形。本案涉案工程最终中标的时间是 2010 年年底,即使涉嫌犯罪,本案也已经超过了法定的追诉时效。

## 二、要防止“冷罪名”热起来

串通投标罪是 1997 年《刑法》增设的罪名,目的在于打击串通投标的行为,营造诚实信用、公平公正的竞争机制,促进市场经济健康发展。然而从司法实践来看,招投标市场存在诸多严重的违法行为,但受到监督查处的并不多,予以刑事追责的就更少了,因而串通投标罪是一个名副其实的“冷罪名”。

《刑法》第 223 条规定:“投标人相互串通投标报价,损害招标人或者其他投标人利益,情节严重的,处三年以下有期徒刑或者拘役,并处或者单处罚金。投标人与招标人串通投标,损害国家、集体、公民的合法利益的,依照前款的规定处罚。”最高人民检察院、公安部《关于公安机关管辖的刑事案件立案追诉标准的规定(二)》第 68 条规定,投标人相互串通投标报价,或者投标人与招标人串通投标,涉嫌下列情形之一的,应予立案追诉:(1)损害招标人、投标人或者国家、集体、公民的合法利益,造成直接经济损失数额在 50 万元以上的;(2)违法所得数额在 20 万元以上的;(3)中标项目金额在 400 万元以上的;(4)采取威胁、欺骗或者贿赂等非法手段的;(5)虽未达到上述数额标准,但 2 年内因串通投标受过 2 次以上行政处罚,又串通投标的;(6)其他情节严重的情形。

从上述规定可以看出,串通投标罪系结果犯,构成犯罪的前提是达到法定“情节严重”的标准。在实践中,串通投标罪判处实刑的比例比较高。这不得不引起重视,企业在经营活动中,防范串通投标带来的刑事法律风险也势在必行。

此案对犯罪嫌疑人取保候审的原因主要是超过了追诉期,审查起诉的最长期限即将届满,最高人民检察院的核准还没有下来,案件该如何处理是实践中的一个难点问题。

《刑法》第87条第4项规定,法定最高刑为无期徒刑、死刑的,经过20年不再追诉。如果20年以后认为必须追诉的,须报请最高人民检察院核准。依照上述法律规定,如果一个案件正在最高人民检察院的核准中,且该案件审查起诉期限即将届满。因为核准或者不核准案件的处理均有明确的法律规定,但该案的情况是核准与否还没有结果,最高人民检察院的核准还在程序之中。此种情况下不知案件将如何处置?是直接作出不起诉决定,还是移送法院继续等待核准,抑或将犯罪嫌疑人取保候审不受审查起诉期限的限制?

# 未及时退还 500 万元履约保证金是否构成合同诈骗罪？不服不起诉决定如何救济

——申某合同诈骗案无罪辩护

## 案件基本信息

1. 裁判文书号：珠海市斗门区检察院珠斗检二部刑不诉(2020)Z88 号
2. 案由：合同诈骗

## 基本案情

2014 年 10 月，湖南某公司、深圳某公司、某设计院三家公司组成投标联合体，中标某市政配套工程 BT 项目（以下简称案涉项目）。2014 年 11 月，联合体与招标业主公司签订《市政配套工程投资建设合同》（以下简称《投资建设合同》），成立珠海某公司作为项目公司，负责案涉项目的投资建设工作。

2015 年 6 月，珠海某公司因资金短缺而萌生寻找合作单位的意向。2015 年 12 月，一自称为珠海某公司实际控制人的林某介绍珠海某公司法定代表人曲某与广州某公司股东申某（被不起诉人）认识。2016 年 1 月 25 日，珠海某公司与广州某公司签订《市政配套工程 BT 项目工程内部承包合同》（以下简称《内部承包合同》）约定：珠海某公司将 11 条市政道路工程（造价约 5.53 亿元）转包广州某公司，广州某公司应于 2016 年 1 月 28 日前向珠海某公司支付履约保证金 4000 万元。2016 年 1 月 26 日，广州某公司通过案外人卢某向珠海某公司支付了 200 万元履约保证金。2016 年 1 月 27 日，因融资不能及时到位，广州某公司与珠海某公司（林某）口头协商将履约保证金降至 2000 万元。之后，广州某公司陆续通过转账、支票等形式又向珠海某公司(林某)支付履约保证金1800万元(其中800万元支付至林某个人账户)。2016年2月6日,林某向广州某公司出具收据,确认收到履约保证金2000万元。

《内部承包合同》签订后,广州某公司租赁施工地所在城市的才知大厦6楼整层作为项目办公室,并进行装修。2016年5月6日,林某通知广州某公司,需要再支付100万元用于协调关系。申某立即通过其个人账户向林某转账100万元。

2016年6月,广州某公司与寇某签订《市政配套工程BT项目工程——桥湖路联营承包合同》(以下简称《联营承包合同》),约定双方合作实施上述工程,寇某应向广州某公司支付履约保证金800万元;广州某公司占项目路段60%股权,寇某占项目路段40%股权,双方按股权比例享受利润、承担亏损。《联营承包合同》签订后,寇某陆续向广州某公司支付500万元履约保证金。广州某公司收到履约保证金后,将其中200多万元用于偿还卢某借款及利息,200多万元用于租赁、装修项目办公室,此外有39万元用于投资申某的酒楼。

2016年7月5日,鉴于珠海某公司迟迟未能依约安排施工,广州某公司委托律师向珠海某公司签发律师函,要求尽快安排施工,并退还履约保证金。2016年9月5日,广州某公司又向深圳某公司签发律师函,要求深圳某公司督促珠海某公司尽快妥善处理此事。在此期间,申某也一直当面或通过电话、微信等方式与珠海某公司和林某沟通,要求尽快安排施工。

2017年3月,林某通知广州某公司可以进场施工。但广州某公司和寇某到达施工现场后却发现已经有人在施工,遂与珠海某公司发生争执并报警。2017年3月27日,广州某公司向公安机关报案,控告珠海某公司涉嫌合同诈骗罪。2017年5月至7月,珠海某公司退还广州某公司1200万元履约保证金至卢某个人账户,并支付100万元利息,但仍欠800万元履约保证金。2017年9月27日,林某与广州某公司签署《与林某对数情况》,确认尚欠广州某公司履约保证金800万元。

因被珠海某公司和林某欺诈,广州某公司遭受了巨大的经济损失,在退还寇某70万元履约保证金后,短时间内无法退还剩余履约保证金,双方协商未果,寇某遂向公安机关报案,控告申某涉嫌合同诈骗,申某被刑事拘留。

在本案侦查阶段，珠海某公司称，林某并非珠海某公司的实际控制人；珠海某公司仅收到广州某公司1200万元履约保证金，且并未与广州某公司协商调整履约保证金至2000万元；因广州某公司未能依约支付4000万元履约保证金，珠海某公司已于2016年3月通知广州某公司解除《内部承包合同》。

## 案件焦点

1. 广州某公司和珠海某公司的《内部承包合同》是否已于2016年3月解除？

2. 申某是否是在明知《内部承包合同》已解除的情况下，隐瞒真相与寇某签订《联营承包合同》，并收取500万元履约保证金？

3. 申某在收取寇某支付的履约保证金后挪作他用是否可以认定为具有非法占有目的？

## 裁判结果

申某合同诈骗案移送审查起诉后，经检察机关审查并二次退回补充侦查，检察院仍然认为侦查机关认定的犯罪事实不清、证据不足，现有的证据不足以证明被不起诉人申某以非法占有为目的，在签订、履行合同过程中，虚构事实、隐瞒真相，骗取对方当事人财物，即不足以证实其行为触犯了《刑法》第224条关于合同诈骗罪的规定，不符合起诉条件。依照《刑事诉讼法》第175条第4款、《人民检察院刑事诉讼规则》第367条的规定，决定对申某作出不起诉决定。

## 实务技术指引

### 一、高品质的法律梳理是无罪辩护的前提和基础

辩护人认为，本案中，广州某公司（申某）在签订、履行合同过程中确实存在诸多不规范的行为，比如，与珠海某公司协商调整履约保证金时未签订书面协议；支付履约保证金时转入林某个人账户；收到寇某支付的履约保证金后用于偿

还融资利息，租赁、装修项目办公室，甚至将少部分履约保证金用于投资酒楼；等等。但是，不能据此认定被不起诉人申某具有非法占有的目的和合同诈骗的故意，更不能认为其构成合同诈骗罪。具体理由如下。

（一）案涉项目为真实存在的项目

案涉项目是重点市政工程。案涉项目由珠海斗门公司作为招标业主，公开招标。2014 年 10 月 15 日，湖南某公司、深圳某公司和某设计院三家公司组成的联合体中标案涉项目。2014 年 11 月 18 日，联合体与珠海斗门公司签订《投资建设合同》，成立珠海某公司作为项目公司，具体负责案涉项目的投资建设工作。案涉项目为真实存在的工程项目，不存在虚构、伪造项目的情形。

（二）广州某公司具备案涉项目的履约能力

从广州某公司的资质和能力分析，其具备案涉项目的履约能力。广州某公司成立于 2014 年 8 月 26 日，注册资本 300 万元，经营范围为房屋建筑工程施工、公路工程建筑等，具备一定的施工实力，在行业内拥有良好的声誉。同时，广州某公司近几年也实施了不少项目工程，工程价格过亿元，取得了良好效果（见表 1）。应当说，从既往的业绩来看，广州某公司具备相应的项目工程施工能力。

**表 1　广州某公司施工的部分项目工程**

| 序号 | 项目名称 | 中标价格 |
|---|---|---|
| 1 | 2016～2018 年广州市某区污水管网系统巡查清疏、污水设施维护及管网系统、泵站厂区零星工程维修服务项目 | 1916 万元 |
| 2 | 广州市某区前锋净水厂三期扩建工程——土建施工项目 | 12,214 万元 |
| 3 | 广州市某区前锋净水厂三期扩建工程——厂区机电设备和工艺管道安装工程 | 4777 万元 |

（三）广州某公司在与寇某签订《联营承包合同》时具有案涉项目的承包权和施工权

该问题包括两个方面：一是广州某公司与珠海某公司签订的《内部承包合同》是否有效？二是广州某公司与珠海某公司签订的《内部承包合同》是否已于 2016 年 3 月解除？

2016 年 1 月 25 日，珠海某公司与广州某公司签订《内部承包合同》，该合同由珠海某公司的曲某、林某和广州某公司的袁某、申某签字，并加盖双方公司公章。因此,《内部承包合同》是双方的真实意思表示,不违反法律、行政法规的强制性规定,合法有效。

此外,因广州某公司无法短时间内筹集到4000万元履约保证金,申某联系林某,协商将履约保证金降到2000万元,且可以延期支付。林某作为珠海某公司委托代理人在《内部承包合同》上签字,并一直与申某就案涉项目进行沟通协商,其作出降低履约保证金的承诺应视同珠海某公司的意思表示。之后,广州某公司按照约定向珠海某公司支付履约保证金2000万元,虽然其中800万元支付至林某个人账户,不符合财务规范,但不能据此认定广州某公司存在违约,更不能认定《内部承包合同》因此解除。

因此,广州某公司根据《内部承包合同》的约定,拥有案涉项目的承包权和施工权,其就案涉项目的一部分与寇某联营施工,具有正当的合同依据和法律权源。

(四)合同签订后,广州某公司具有履约诚意,且积极履约

《内部承包合同》签订后,广州某公司按照约定向珠海某公司支付履约保证金2000万元;花200万元巨资租赁装修办公地点;组织人员、设备等候进场施工;多次与珠海某公司及林某沟通,督促其尽快开工。此外,还委托律师发律师函督促珠海某公司尽快移交工程;在得知案涉项目确实无法正常施工后,立即向公安机关报案,控告珠海某公司和林某涉嫌合同诈骗罪。在与寇某签订《联营承包合同》后,广州某公司仍一直在督促珠海某公司尽快开工,在发现案涉项目存在问题后,积极与寇某协调。这都表明,广州某公司在签订、履行合同过程中,一直具有履约诚意,积极谋求履行合同。

(五)广州某公司在收到寇某500万元履约保证金后不存在隐匿、恶意挥霍等非法占有情形

广州某公司收到寇某支付的500万元履约保证金后,绝大部分用于偿还卢某的借款及利息以及租赁、装修项目办公室,这些款项属于案涉项目的融资成本和办公成本,与案涉项目密切相关,不能认定为恶意挥霍。虽然根据申某供述,其中39万元履约保证金被用于投资酒楼,但所占比例较小,且经过会计审计,同一时期内,广州某公司及申某的银行账户有大量资金进出,用于案涉项目的资金远超500万元,所以不能绝对将该39万元款项视为寇某支付的履约保证金。

和以往的疑难复杂案件一样,本案经部门多次开会研究,坚持认为申某不构

成犯罪。辩护律师在厘清案件脉络的基础上形成了《申某不构成合同诈骗罪法律意见书》《请求公安机关撤销案件法律意见书》《要求公安机关对控告人无理取闹的上访行为进行处罚的函》《请求检察机关对公安机关进行立案监督的法律意见书》等一系列高质量的法律文书,为此案的圆满解决奠定了坚实的基础。

## 二、及时采取反制措施,对控告人进行反控告

我们首先是主动要求当被告,鼓动被害人提起民事诉讼,此方案被寇某不假思索地予以拒绝,和大多数老百姓的思维模式一样,他们更相信刑事这把利刃能快刀斩乱麻;其次是采取反制措施,对寇某没有凭据对申某刑事控告的行为进行反控告,要求公安机关追究其到处上访违反《治安管理处罚法》的行政责任和诬告陷害的刑事责任;最后是主动配合当地政府维稳办组织的协商调解,要求有关部门坚持原则,不"和稀泥",不能混淆经济纠纷和刑事犯罪的界限。

## 三、签订以物抵债协议,解决办案检察官的不诉之忧

捕诉合一后,原来对申某作出不予批捕决定的检察机关办案人员接到公安机关移送审查起诉后即陷入了两难境地。诉吧,案件的确证据不足,当初就因为证据不足而没有批准逮捕;不诉吧,公安机关已经移送审查起诉,控告人到处信访,各级领导都有压力。检察官此时最大的担心是作出不起诉决定后控告人的上访再次升级,影响社会稳定。

辩护律师此时要做的不是死磕法律和程序,而是帮助检察机关办案人员消除后顾之忧。最后,大家绞尽脑汁,多方协调,用广州某公司在广西某地开发的一个在建楼盘的一套房产作为担保,承诺还不了欠款待房屋建好后就"以物抵债",如此终于解决了这个难题,消除了办案检察官的不诉之忧。

## 四、被不起诉人不服不起诉决定如何救济

本案犯罪嫌疑人明显不构成犯罪,即便是检察机关作出了不起诉的决定,被不起诉人仍然不服。那么犯罪嫌疑人不服不捕不诉该如何救济呢?很少有文章

研究此类问题，下面谨就此作一些理论探讨：

不予逮捕、不予起诉一直是辩护律师追求的审前有效辩护目标。不予批捕，犯罪嫌疑人摆脱了被羁押的厄运，不予起诉，在当前的法治环境下就相当于无罪，犯罪嫌疑人也基本会满意接受。但本案却是例外：被刑事拘留，犯罪嫌疑人不服；检察院未批捕被取保候审，犯罪嫌疑人不服；检察院作出不予起诉决定，犯罪嫌疑人仍不服。申某坚持认为自己根本就不构成犯罪，公安应该撤销案件而不是取保候审，检察机关应当监督公安撤销案件，而不是不予起诉！

不得不说，犯罪嫌疑人的坚持和勇气是非常难能可贵的，此类情况还真是不多见。下面我们来看一看法律是如何规定的？

《刑事诉讼法》第 12 条规定："未经人民法院依法判决，对任何人都不得确定有罪。"此规定确立了下述法治原则：只有法院才享有确定有罪的权力，检察院作出的不起诉决定仅仅是一个程序性的决定，此时案件尚未进入审判程序，也已经不会再进入审判程序、经过法院依法定程序进行审理和判决了。因此，从上述意义上讲，检察院所作出的不起诉决定并不具有确定是否有罪的法律效力。犯罪嫌疑人认为自己无罪，对不捕不诉等程序性决定不服，依法有据。

事实上，即使对犯罪嫌疑人不予逮捕，不予起诉，其涉嫌犯罪的刑事污点也是涂抹不掉的。犯罪嫌疑人未被逮捕取保候审后，大部分案件已经终止了诉讼程序，笔者称之为"取保不审"。一年后取消取保，不了了之，在法律上并没有给犯罪嫌疑人一个罪与非罪的明确答案，甚至司法机关可以随时使案件重新进入刑诉程序。由于没有法律上的结论，犯罪嫌疑人曾经违法犯罪、曾经被刑事拘留的污点是没有办法抹掉的。不起诉的三种类型中，法定不起诉的情形其实在公安机关就给过滤掉了，很少进入审查起诉阶段；酌定不诉是认为已经构成犯罪，但犯罪情节轻微，依照《刑法》规定不需要判处刑罚或者免除刑罚的；证据不足不诉更不能说明犯罪嫌疑人没有犯罪，只是证据不足、达不到起诉条件的情况下检察机关无奈的选择。所以，犯罪嫌疑人认为自己无罪，对不捕不诉等程序性决定不服，有一定事实依据。

那么犯罪嫌疑人认为自己不构成犯罪，对不捕不诉不服，该如何救济呢？

《刑事诉讼法》第 181 条规定，对于人民检察院依照本法第 177 条第 2 款规定作出的不起诉决定，被不起诉人如果不服，可以自收到决定书后 7 日以内向人民检察院申诉。人民检察院应当作出复查决定，通知被不起诉的人，同时抄送公安机关。需要注意的是,被不起诉人如果不服,可以自收到决定书后 7 日内向人民检察院申诉,由作出决定的审查起诉部门办理。这里所说的“可以”,说明被不起诉人就算在 7 日之内不提出申诉,也并不意味其申诉权当然消灭。法律规定任何公民具有申诉权,同样,被不起诉人在 7 日之外,照样可以向人民检察院提出申诉。只是,这时候受理的部门是人民检察院的控告申诉部门。

# 违法建筑烂尾，发包方拖欠工程款，转包人是否构成拒不支付劳动报酬罪

## ——汪某拒不支付劳动报酬案无罪辩护

## 案件基本信息

1. 裁判文书号：湖北省十堰市房县人民检察院房检公诉刑不诉(2017)4号
2. 案由：拒不支付劳动报酬罪

## 基本案情

2013年，犯罪嫌疑人汪某以某装饰设计公司(无建筑施工资质，以下简称装饰公司)的名义承包湖北某县某商务酒店(以下简称商务酒店)土建工程后转包给了其老乡刘某，刘某又将该工程转包给了李某。后该工程属于违法建筑被有关部门责令停工而烂尾。截至2014年2月工程停工时，刘某、李某尚欠李某某等22名工人工资25万余元未结清，此后，李某某等人多次找刘某、李某讨要工资未果。2016年6月，李某某等人到某县人社局劳动保障监察局投诉刘某、李某拖欠农民工工资。2016年8月17日，某县人社局下达《劳动保障监察限期改正指令书》，要求刘某、李某在5个工作日内足额支付拖欠的工资，但刘某、李某在限期内仍未支付。2016年11月24日，某县人社局将拒不支付劳动报酬一案移交某县公安局。2016年12月1日，某县公安局决定对涉嫌拒不支付劳动报酬罪的汪某刑事拘留并上网通缉；2016年12月15日汪某被南宁市公安局某派出所民警抓获；2016年12月19日由某县公安局执行刑事拘留。2017年1月3日，某县检察院批准逮捕汪某，并移送某县公安局执行。2017年3月3日，某县公安局侦查终结，以汪某涉嫌拒不支付劳动报酬罪，向某县检察院移送审查起诉。

2017 年 3 月 31 日，某县检察院对汪某取保候审。

汪某被抓获归案后，其亲属代为支付了所拖欠的全部劳动报酬。

## 案件焦点

涉案商务酒店工程系发包人未报建的违法建筑，工程烂尾后发包人一直未支付工程尾款，汪某将土建工程转包给刘某，刘某又将该工程转包给了李某，实际拖欠农民工工资的是施工人刘某、李某，汪某作为装饰公司的负责人是否构成拒不支付劳动报酬罪？

## 裁判结果

某县检察机关认为，被不起诉人以逃匿方式逃避支付劳动者报酬，数额较大，经政府有关部门责令支付仍不支付，其行为触犯了《刑法》第 276 条之一的规定，构成拒不支付劳动报酬罪。鉴于被不起诉人提起公诉前已支付了所拖欠劳动报酬，犯罪情节相对较轻，根据《刑法》第 37 条的规定，不需要判处刑罚，根据《刑事诉讼法》第 177 条之规定，决定对汪某不起诉。

## 实务技术指引

张文明律师接受委托后经会见嫌疑人认为，欠薪的源头是发包方，欠薪的直接责任人是分包人，汪某只是中间的工程转包人。汪某被刑事拘留后，汪某亲属代为垫付了 30 余万元的工资款。接着，张文明律师深入工程所在地调查取证，与当地律师密切配合开展工作，及时向某县检察院递交了汪某不构成犯罪法律意见书、对公安机关进行立案监督申请书及不起诉意见书等一系列高质量的法律文书，要求检察院对公安机关违规立案进行监督、对犯罪嫌疑人汪某不予起诉。

辩护律师坚持认为，汪某不构成拒不支付劳动报酬罪。理由如下：

第一，汪某并非拒不支付劳动报酬罪的犯罪主体。所谓拒不支付劳动报酬罪，是以转移财产、逃匿等方法逃避支付劳动者的劳动报酬或者有能力支付而不支付劳动者的劳动报酬，数额较大，经政府有关部门责令支付仍不支付的行为。

拒不支付劳动报酬罪的犯罪主体是与劳动者形成劳动关系的相对方即用工者。用工者是指招收劳动者,使用劳动者的劳动能力,并且按照劳动者提供的劳动量支付工资和其他待遇的一方主体,包括自然人和用人单位。具体而言,既包括年满16周岁具有刑事责任能力的自然人,也包括在中华人民共和国境内的企业、个体经济组织、民办非企业单位等组织以及与劳动者建立劳动关系的国家机关、事业单位、社会团体。本案中,涉案工程发包方是商务酒店,承包方是装饰公司,装饰公司并无建筑施工资质,承包工程后将土建工程转包给了自然人刘某,刘某又将工程转包给了李某。此案有两个细节值得注意:一个是涉案工程系没有规划、建设、施工许可的"三无"工程;一个是装饰公司是一家装饰设计公司,并无建筑资质,刘某及李某二人更没有建筑资质。这两个情节是直接导致该工程烂尾以致拖欠工人工资的主要原因。在拒不支付劳动报酬案件多发的建筑工程施工类活动中,往往存在层层转包、分包的情形。当承包单位或者个人不具有用工主体资格时,依据当前的劳动法律,则由具备用工主体资格的发包方承担用工主体责任。因此,发包方将劳动报酬支付给不具备用工资格的包工头后,如果包工头并没有将劳动报酬支付给劳动者,则应当由具有用工资格的发包方承担用工责任。与此相对应,本案拒不支付劳动报酬犯罪的适格主体应当是发包方——商务酒店及其老板龚某。双方签订的《商务酒店土建工程项目协议书》对支付工资的责任主体也有约定,该协议书第3条第6项约定:为了维护社会稳定,80%工程款首先支付工人工资,乙方(装饰公司汪某)列表签字盖章后由甲方(商务酒店龚某)支付。发包方故意违反法律规定建造违章建筑,明知承包人没有资质而将工程执意承包,为了融资签订非法无效的施工合同,未及时足额支付工程款导致工程烂尾,违反约定拒不支付工人工资,对拖欠劳动者劳动报酬具有主要责任。另外,汪某已经将涉案工程转包给了刘某,汪某和刘某之间是工程转包关系,拒不支付劳动报酬的直接责任人应当是刘某。汪某和工人之间没有直接的劳动关系,许多工人并不认识汪某;拖欠工人工资的欠条系刘某出具,工人在签收工资的"领条"中写的是"今收到刘某支付工资";工人在谅解书中陈述了刘某的责任,并表示自愿不再追究刘某的责任。这些都能够证明刘某是拖欠工人工资的直接责任人这一基本事实。

第二,汪某并无以转移财产和逃匿等方法逃避支付劳动者劳动报酬的行为。辩护人在本案卷宗中没有看到汪某转移财产的任何证据。某县人社局调查此事时,汪某正在南宁工地正常施工,并无起诉意见书中所谓的“逃跑、藏匿”行为。《刑法》第276条之一规定的逃匿行为,本意是指欠薪人领到工程款卷款潜逃等行为。本案犯罪嫌疑人在某县人社局调查期间一直与某县人社局工作人员保持联系,并无逃匿行为,随意扩大逃匿概念的外延不符合刑法的谦抑性原则。而且,从逻辑关系上看,《刑法》第276条之一规定的“转移财产、逃匿”系构罪的必要条件而非充分条件,即要同时具备两种行为才能构成本案罪名,仅有其中一项行为难以构罪。

第三,汪某并非“有能力支付而不支付劳动者的劳动报酬”。拒不支付劳动报酬罪打击的应是有支付能力而拒不支付劳动报酬的行为,故“有能力支付”是构成该罪的前提条件之一。因发包方没有及时足额支付工程款,汪某当时经济状况十分困难,甚至将自己的车辆卖掉来垫支此工程的工程款,根本没有能力支付工人的劳动报酬,公安机关调取了装饰公司及汪某个人当时的银行账户,账户上几乎为零的存款余额足以证明汪某并非“有能力支付而不支付劳动者的劳动报酬”。行为人确因经营不善等原因而无支付能力,因此无法支付劳动报酬,是一般的非恶意欠薪行为,并不构成犯罪。汪某被刑事拘留后,其亲属四处借债支付工人的工资,并不能证明其原本有一定的支付能力。

第四,认定汪某实施“经政府有关部门责令支付仍不支付的”行为,缺乏严格的证据支持。刑事案件比民商事案件在证据方面的要求要严谨得多。拖欠劳动报酬的主体是装饰公司,而汪某并非装饰公司的法定代表人;某县人社局的决定书并未留置送达公司住址;接受留置送达的系汪某的弟弟而非其本人;拖欠工人工资的欠条系刘某出具;本案并无汪某拖欠工人工资的直接证据。汪某回复某县人社局工作人员的短信称愿意配合,并称需要向土建工程承包人刘某核实数据,证明汪某没有不支付劳动报酬的主观故意。

第五,汪某已超额支付拖欠工资并取得谅解,检察机关应当依法不予逮捕和不予起诉。汪某被刑事拘留后,其亲属已经多方筹措现金通过刘某支付了所有工人的工资,并取得了工人的谅解。工人在谅解书中明确表示:自愿不再要求追究汪某的刑事责任。

最高人民检察院《关于在检察工作中贯彻宽严相济刑事司法政策的若干意见》(高检发研字〔2007〕2号)第12条规定,对于轻微刑事案件中犯罪嫌疑人认罪悔过、赔礼道歉、积极赔偿损失并得到被害人谅解或者双方达成和解并切实履行，社会危害性不大的，可以依法不予逮捕或者不起诉。最高人民法院《关于审理拒不支付劳动报酬刑事案件适用法律若干问题的解释》（法释〔2013〕3号）第6条第1款规定，拒不支付劳动者的劳动报酬，尚未造成严重后果，在刑事立案前支付劳动者的劳动报酬，并依法承担相应赔偿责任的，可以认定为情节显著轻微危害不大，不认为是犯罪；在提起公诉前支付劳动者的劳动报酬，并依法承担相应赔偿责任的，可以减轻或者免除刑事处罚；在一审宣判前支付劳动者的劳动报酬，并依法承担相应赔偿责任的，可以从轻处罚。

据此，即使汪某构成犯罪，其情节亦显著轻微，且未造成严重后果，在提起公诉前已经全额支付了工人的工资并取得了被拖欠工资人的谅解，根据上述法律规定，应当依法对其作出不予起诉的决定。

# 团队办案、主动取证、借助外脑辩护终获无罪

——冯某等骗取票据承兑案无罪辩护

## 案件基本信息

1. 裁判文书号：
广州市天河区人民法院(2017)粤0106刑初638号
广州市中级人民法院(2017)粤01刑终1553号
广州市天河区人民法院(2018)粤0106刑初52号
广州市天河区人民检察院穗天检刑不诉(2019)21号
广州市天河区人民法院(2019)粤0106法赔1号
2. 案由：骗取票据承兑

## 基本案情

2013年10月，被告人冯某作为国企A公司的法定代表人，代表A公司与B公司、D银行签署三方协议。协议约定：D银行同意向B公司提供人民币2000万元的授信融资，以B公司对A公司的应收款作为质押担保。随后B公司取得了3张总金额为1600万元的银行承兑汇票。A、B公司之间并未进行真实的货物交易，刚到任不久的被告人冯某对此不知情。2016年5月，公安机关对上述行为立案侦查。2017年4月，某检察院以骗取票据承兑罪起诉冯某等5名被告人。同年8月，某区人民法院分别判处5名被告人有期徒刑1年1个月至1年4个月，罚金1万元至8万元不等。2017年12月，某中级人民法院裁定撤销一审法院判决，发回重审。2018年，诸被告人被取保候审。2019年3月，某区人民法院裁定，准许某区检察院以证据有变化为由撤回起诉。2019年5月某区检察院作出不起诉决定。2019

年8月,某区人民法院作出国家赔偿决定书,支付赔偿请求人冯某人身自由赔偿金15万余元,支付赔偿请求人精神损害抚慰金25,000元。

## 案件焦点

冯某等被告人是否构成骗取票据承兑犯罪?

## 裁判结果

1. 某区人民法院一审认为,被告人冯某等作为公司直接负责的主管人员或其他直接责任人员,以欺骗手段取得银行票据承兑,情节严重,其行为均已构成骗取票据承兑罪。被告人冯某作为A公司的决策者,在共同犯罪中起主要作用,是主犯,应当按照其所参与的全部犯罪处罚。依据相关法律规定判决如下:被告人冯某犯骗取票据承兑罪,判处有期徒刑1年4月,并处罚金人民币8万元。

2. 某中级人民法院审理认为,原审判决认定的事实不清,证据不足,依照相关法律规定,裁定如下:(1)撤销某区人民法院(2017)粤0106刑初638号刑事判决;(2)发回某区人民法院重新审判。

3. 某区检察院审查认为,经本院审查并退回补充侦查,本院依然认为公安局认定的犯罪事实不清,证据不足,依据《刑事诉讼法》第175条第4款的规定,决定对冯某不起诉。

4. 某区人民法院重审认为,本院于2018年1月9日重审立案后,依法组成合议庭,公开审理了本案。在宣告判决前,公诉机关以证据有变化为由要求撤回对被告人冯某等人的起诉。本院认为公诉机关要求撤回起诉符合法律规定,依照相关法律规定,裁定如下:准许某区检察院撤回对被告人冯某等人的起诉。

5. 某区人民法院经审理认为,在该案发回重审后,某区检察院向本院撤回起诉,本案已作无罪处理,根据相关法律规定,对赔偿请求人冯某自2016年10月31日被羁押之日起至2018年2月28日被取保候审之日止486天的错误羁押,应当给予国家赔偿。现决定如下:(1)支付赔偿请求人冯某人身自由赔偿金15万余元;(2)支付赔偿请求人冯某精神损害抚慰金25,000元。

# 实务技术指引

## 一、疑难案件团队办案，重大案件集体讨论

《刑事诉讼法》第33条规定，犯罪嫌疑人、被告人除自己行使辩护权以外，还可以委托1至2人作为辩护人。此规定给大家的印象好像只能有1至2人为嫌疑人、被告人辩护。其实这是误区，会见和出庭辩护的律师限制为两个，并不代表辩护团队只能有两个人。"三个臭皮匠赛过诸葛亮"，一两个人的智慧肯定比不上团队的集体智慧。由张文明律师带领的重大案件团队，通过疑难案件开会讨论机制在此案中发挥了重要的作用。本案经部门研究中心多次开会研究，大家一致认为被告人缺乏主观故意，且未给银行造成任何损失，其行为不构成犯罪。辩护团队在此基础上制作了原因力比例图，标明A公司在此案中所谓"骗取票据"的原因力比例仅仅占4%，如图2所示，图文并茂的辩护意见在开庭时收到了很好的视觉和法律效果。

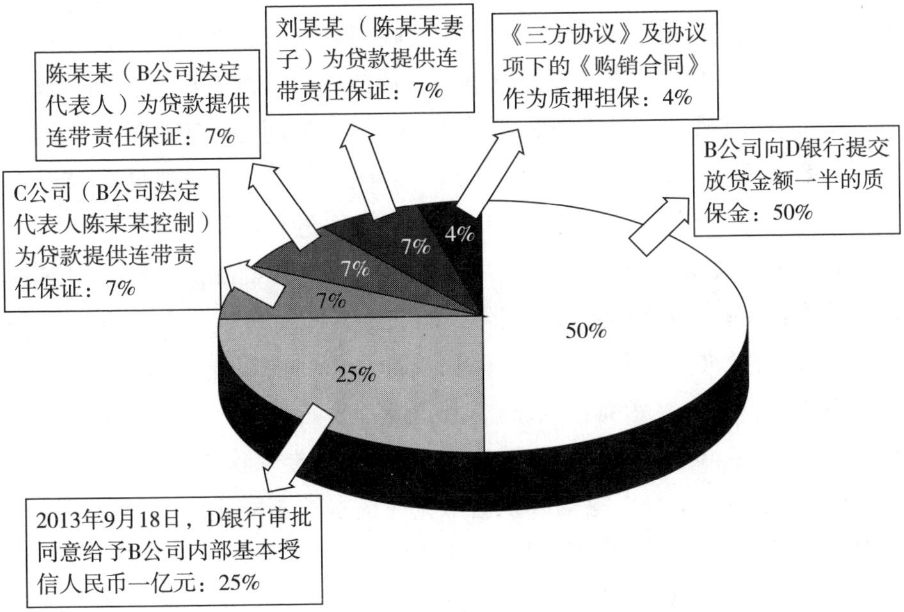


图2　辩护团队制作的骗取承兑汇票原因力比例分析

## 二、主动调查取证，提交几十页被告无罪的证据

为了证明被告人冯某对交易的真实情况不知情，缺乏主观故意，辩护律师开展了广泛的调查取证工作：(1)对A公司财务经理做询问笔录；(2)请求A公司的母公司G集团出具情况说明，证明被告人调入A公司不久，对业务尚未熟悉；(3)调取了A公司内部的《拓展项目评估表》《风险隐患评估报告》《业务开展情况的汇报》，证明被告人确实认为存在货物交易，缺乏犯罪的主观故意。这些证据均能证明被告人主观上不知情的基本事实，对被告人终获无罪起到了关键的作用。

## 三、借助"外脑"，聘请专家论证并出具不构罪专家论证意见

最高人民检察院原张军检察长在第十三届全国人大常委会第六次会议上指出：鼓励各级检察院、法院借助"外脑"，特别是一些争议较大疑难案件，需要请专家顾问给予论证。有了专家法律意见书，就相当于有关部门在个案上拥有了一个特邀顾问团，重视专家法律意见书的作用，吸取正确的合理的部分，放弃其不合理的部分，对司法部门正确处理案件是有很大帮助的。律师同样也需要借用"外脑"的智慧，以说服法官接受自己的辩护意见。辩护律师征得家属同意后，赴北京聘请了国内著名的刑事法律专家对本案进行论证。专家提出了三点意见：(1)现有证据无法证明被告人在签署三方协议和批准涉案合同时知道没有真实的货物交易，因此不能追究被告人的刑事责任；(2)被告人代表A公司签订的三方协议、批准的涉案合同对B公司获得D银行的票据承兑所发挥的作用和影响力非常小；(3)在承兑汇票还款期限前，B公司已经全额偿还了银行发放的票据承兑，没有给银行造成任何损失。综上，与会专家认为，根据本案现有证据，检察院起诉书对被告人犯骗取票据承兑罪的指控不能成立。专家论证意见在本案的无罪辩护中起到了至关重要的作用。

针对有人认为专家论证意见起不到什么作用，有些判决书甚至还公开明确对专家论证意见不予采信，有的还认为专家论证意见可能会影响法官公正裁判，现就专家论证意见的作用再作如下分析。

浙江省高级人民法院关于“专家法律意见对审判工作的影响”的调研显示，高达80%的法官会阅读专家意见书并且重视专家意见书。专家意见的作用和价值由此可见一斑！笔者认为，在现阶段，专家意见仍应在诉讼中发挥着积极作用，理由如下：

首先，法律专家，尤其是某个法律领域的著名学者，一直活跃在该领域的理论最前沿，具有非常深的理论造诣，对疑难复杂案件的分析能力和把控能力均较强。部分专家学者经常参与各级立法部门的立法工作，深入进行立法论证、起草和制定，能够深刻领会立法精神与内涵。比如，我国刑法学泰斗高铭暄教授全程参与了新中国1979年《刑法》的起草、制定和修改等过程，对刑法法理和内涵的理解和感悟，鲜有人能及。

其次，社会生活是复杂多样的，司法实践中的案件也千奇百怪，对于许多疑难复杂案件，法律规定可能较为模糊，甚至缺乏规定，这就需要法理来进行解释和补充。法官经过长期的审判工作，思维往往比较保守和固化，此时专家意见的重要性将会凸显，能够起到推动案件进展甚至法治进步的作用。以轰动全国的“许霆案”为例，广州市中级人民法院一审判处许霆无期徒刑，正是由于国内不少学者的呼吁，才推动广东省高级人民法院二审改判其为有期徒刑5年。

再次，不少人质疑，专家意见是一方委托而形成的意见，代表一方利益，难免有失公允。这是对专家意见的误解。专家意见是专家接受嫌疑人、检察院或法院的委托，基于案件的全部案卷材料所出具的意见。专家往往是某个领域的著名学者，拥有崇高的学术地位、学术追求和学术尊严，严格的学术自律使其十分珍视自己的声誉，不会作出违背自己学术良心的意见，更不会颠倒黑白、混淆是非。正因如此，经常有专家因与委托人的想法或辩护人的辩护思路不一致而拒绝接受委托。

最后，对于专家意见是否会影响法官公正、中立裁决的担心不无道理，但影响也只会是正面的影响，能够促进法官公正审理并作出正确的裁判。专家意见是专家学者对案件的论证和分析意见，有助于法官全面、深入、客观地认识案情，从而作出准确的裁判。专家意见性质上并不属于证据（可能被认定为辩护意见），法官有权决定是否采纳，不会影响法官的独立裁判地位，法官自由决定是否采纳专家意见。所以，专家意见并不会影响法官的公正、中立裁决。许多案件，正是由于专家的论证和呼吁，才得到公正审判。因此，合理考虑和采纳专家意见,对法官公正裁决具有积极作用。在当前我国法治水平整体不高的阶段,发挥专家意见的积极影响,有助于某些案件尤其是疑难复杂案件的公正审判,也有助于法官审判水平乃至社会法治水平的进步。

# 独特辩护思维促使侦查机关撤销案件

## ——李某某配资炒股合同诈骗案无罪辩护

### 案件基本信息

1. 裁判文书号:广州市公安局天河分局穗公天撤案字(2018)00144号

2. 案由:合同诈骗

### 基本案情

2016年11月10日,郝某某(犯罪嫌疑人李某某的丈夫)通过他人居间,使用其母亲的证券账户进行股票配资理财,由犯罪嫌疑人李某某出资1200万元,被害人林某某出资300万元,投资某股票,并按月收取利息,到期收回全部本金。郝某某委托居间人与被害人林某某签订《股票投资合作协议》,其中约定:"由于本协议约定期限届满或约定的其他结算事由实现,甲方(居间人,代表犯罪嫌疑人丈夫郝某某)有权收回其投入资金,如结算后甲方未足额收回其所投入资金,乙方(被害人林某某)应在结算完成后三个工作日内向甲方补足,否则甲方有权在通知乙方后,从乙方与甲方合作的其他交易账户(如有)中划扣乙方应缴未缴部分的费用。"据此约定,在此次合作中,林某某应承担股票投资的所有风险和损失。此后,股价持续下跌,直至2018年2月22日该股票被居间人卖出时,郝某某已亏损近600万元。在合同履行期间,林某某拖延向郝某某支付利息,且未按照约定补偿亏损。郝某某多次通过居间人要求林某某按约履行,但均被林某某拒绝。郝某某与林某某之间关于山西证券账户近600万元亏损的经济纠纷迟迟未能解决。

2018年2月6日,犯罪嫌疑人李某某通过居间,与被害人林某某签订

《借款合同》,约定李某某出资3200万元作为借资,林某某出资640万元作为担保金,林某某负责股票投资操作,并按月向李某某支付利息,到期向李某某偿还3200万元本金。合同签订后,因春节假期推迟履行。2018年2月25日,居间人通知李某某和其丈夫郝某某合同可以履行。2018年2月26日8时26分,林某某向李某某的建设银行账户转入担保金及首月利息共678.4万元,嫌疑人李某某收到款项后,立即将3200万元资金从其证券账户转入其银行账户。就在此时,居间人无意间向郝某某透露出林某某正是之前运作证券账户导致近600万元亏损的操盘手。听此消息,郝某某立即强烈要求居间人与林某某协商,妥善解决上次亏损后再履行本次合同。但经过居间人的沟通,林某某以自己不是操盘人、郝某某未签订合同、郝某某与李某某的夫妻关系得不到证明等理由,明确拒绝偿还近600万元亏损。2018年2月28日下午4时许,李某某将上述678.4万元保证金转到郝某某的账户,并以此为条件与林某某协商赔偿亏损事宜,林某某拒绝协商和赔偿,声称如不转回保证金就一定要李某某及其丈夫郝某某坐牢。

2018年2月28日,广州市公安局某分局对此立案侦查。2018年3月17日,办案民警赴上海抓捕嫌疑人李某某并将嫌疑人带回广州刑事拘留。2018年4月13日,警方向检察院呈捕,2018年4月20日12时许,广州市某区检察院对嫌疑人李某某作出不予批准逮捕决定,2018年4月20日19时,嫌疑人走出看守所,恢复人身自由。

## 案件焦点

本案属于疑难复杂的刑民交叉案件,案件的焦点是犯罪嫌疑人是否构成犯罪。对此,办案机关在很短的时间内很难作出准确判断,辩护律师的任务就是帮助他们研判案情,准确定性,防止错误。

## 裁判结果

广州市公安局某分局撤销案件决定书认为,我局办理的林某某被合同诈骗案,因其他法律规定免予追究刑事责任,根据《刑事诉讼法》(2012)第161条之规定,决定撤销此案。

# 实务技术指引

## 一、精确的法律分析是撤销案件的前提

张文明律师团队接受犯罪嫌疑人李某某委托后，仔细阅读委托人提供的上千页书面资料，并从中找到了突破口，发现了连委托人一方都不曾留意到的合同依据，即基本案情中提及的《股票投资合作协议》。据此协议，在双方第一次合作中，林某某应承担股票投资的所有风险和损失。因此，李某某转走保证金，有合同依据。

经过进一步的分析，辩护律师认为嫌疑人李某某既没有在客观上实施合同诈骗的行为，也没有主观上的非法占有目的，李某某不构成合同诈骗，仅与林某某之间存在债权债务关系，应按合同违约条款处理。

（一）李某某客观上并未实施合同诈骗的行为

根据《刑法》第224条的规定，合同诈骗罪的客观行为是行为人在签订、履行合同的过程中，以欺骗的手段骗取对方当事人的财物。在本案中，通过对案件经过的分析可知，李某某在签订、履行《借款合同》的过程中，并未采用欺骗的手段骗取对方当事人财物。

首先，李某某有进行股票配资理财的习惯，签订《借款合同》是正常的商业行为。2016年起，李某某在朱某某的推介下开始从事股票配资理财，先后使用过多个证券账户进行了6次股票配资理财（其中有两次因操盘方违约而未实际执行），至今尚有中天证券账户和海通证券账户仍在正常运作。换言之，在李某某与林某某于2018年2月6日签订《借款合同》之前两年内，李某某已经多次、持续进行股票配资理财，因此，签订《借款合同》是正常商业行为的延续，符合常理，并不存在欺骗。

其次，李某某一直与朱某某等人合作，贸然实施欺诈并不符合行为逻辑。2016年起，李某某在朱某某的推介下开始从事股票配资理财，此后一直与朱某某合作，所涉全部6个理财账户均由朱某某作为居间人或保证人。在李某某与林某某签订《借款合同》时，两个理财账户（中天证券账户和海通证券账户）仍在正常运作。此种情形下，李某某欲通过合同诈骗方式骗取对方当事人财物，于情于理，均不符合逻辑。

最后,李某某在签订、履行《借款合同》时不存在虚构事实、隐瞒真相等欺诈行为。李某某与林某某签订《借款合同》时,向对方提供了详细、准确的个人信息,包括姓名、身份证号码、电话号码、银行账号等。同时,从李某某的经济实力和之前配资理财行为来看,其完全具备实际履行合同的意愿和能力。2018 年 2 月 26 日,李某某在收到林某某汇入的 678.4 万元款项后,立即将 3200 万元资金转入建设银行账户,这也表明李某某有积极履行合同的行为。因此,李某某在签订、履行《借款合同》时,不存在虚构事实、隐瞒真相等欺诈行为。

(二)李某某主观上不具有非法占有的目的

根据《刑法》第 224 条的规定,认定合同诈骗罪要求行为人具有非法占有他人财物的目的。而无论是在签订合同时,还是在履行合同过程中,郝某某、李某某均不存在非法占有他人财物的目的。

首先,从李某某签订合同时的情形分析。如果行为人在签订合同时明知自己没有履行合同的能力,仍故意夸大自己的经济实力,与对方签订合同,则属于具有非法占有目的的情形。但在本案中,从李某某实际经济实力和之前股票配资理财行为分析,其完全具备履行合同的实力,且商业信誉良好,签订合同是真实交易意思的表现,没有非法占有他人财物的目的。

其次,从李某某履行合同的过程分析。如果行为人收到对方财物后,实施转移、隐匿或者挥霍财产,躲避对方当事人或者携款逃匿等行为,则表明行为人具有非法占有的目的。在本案中,李某某虽然将 678.4 万元款项从自己的银行账户转至郭某某(郝某某的母亲)和郝某某的银行账户,但其实际目的是向林某某证明与郭某某、郝某某之间的亲属关系,并非意图转移、隐匿财产。李某某在转账之后,仍积极主动与朱某某联系,要求其继续与林某某协商解决近 600 万元亏损的事情,不存在躲避当事人、携款逃匿等行为。值得注意的是,如果李某某意图非法占有林某某的保证金,何必多此一举,先将自己银行账户的 100 万元转入李某某的银行账户以凑足 678.4 万元,又费时费力,将款项在郝某某、李某某和郭某某的银行账户之间兜兜转转?又为何在收到林某某 678.4 万元款项后第三天才将该款项转出?

最后,从李某某当时的心理分析。李某某与林某某之间存在近 600 万元的经济纠纷,且一直未能妥善解决。在突然得知本次合同的对方当事人林某某即为之前近 600 万元亏损的操盘手时,李某某失去对林某某和本次交易安全的信任，同时要求林某某首先解决亏损事宜的要求，符合一般人的心理变化。李某某当时的心情应当是急切、焦急和无助的，采取转出林某某部分担保金的行为也是无奈之举，尚可理解。

（三）李某某与林某某之间存在债权债务关系

据双方签订的《股票投资合作协议》、《证券合作协议》和两份《借款协议》，以及本案当事人之间的微信聊天记录等证据材料可知，李某某等投资方与林某某等操盘方的合作模式是：投资方提供本金，操盘方提供担保金并负责股票运作。操盘方定期向投资方支付利息，并在合同到期时向投资方返还全部本金。股票投资期间的风险和亏损全部由操盘方承担。

林某某操盘导致李某某亏损近 600 万元，就应当按照约定向李某某偿还该部分亏损，双方存在债权债务关系。纵然双方对李某某是否拥有追偿权存在争议，该争议也属于民事争议范畴，理应首先通过民事诉讼等方式解决。综观整个事件，正是林某某拒绝履行合同义务、拒不补偿相应亏损，才导致双方的纠纷不断恶化。

（四）鉴于双方之间的债权债务关系，李某某转出林某某部分担保金的行为具有一定的合同依据

《股票投资合作协议》第 8 条第 4 款约定："由于本协议约定期限届满或约定的其他结算事由实现，甲方居间人，代表犯罪嫌疑人丈夫郝某某有权收回其投入资金，如结算后甲方未足额收回其所投入资金，乙方被害人林某某应在结算完成后三个工作日内向甲方补足，否则甲方有权在通知乙方后，从乙方与甲方合作的其他交易账户（如有）中划扣乙方应缴未缴部分的费用。"因此，退一步讲，纵然李某某转出林某某部分担保金的意图确实是为了以此弥补之前近 600 万元的亏损，该行为亦具有一定的合同依据。

首先，虽然《股票投资合作协议》并非由李某某签署，但其作为实际投资者，实际享有《股票投资合作协议》项下的权利和义务，签署协议的居间人仅作为李某某的代理人，且林某某在签订协议时已明知该代理关系的存在。因此，李某某直接向林某某主张权利并不违反合同相对性原则。

其次，林某某签署《股票投资合作协议》，意味着其理解并同意该协议项下的所有内容，当然包括其第 8 条第 4 款的约定。该条款的另一层法律含义为：林某某以签署合同的方式向合同相对人承诺，同意在特定情形下放弃自己特定财

物的所有权,并将其转让合同相对人。因此,李某某划扣林某某部分担保金的行为并未侵犯林某某的财产所有权。

最后,由于林某某操盘导致李某某亏损近600万元,按照《股票投资合作协议》的约定,林某某应当在结算完成后3个工作日内向李某某补足该部分亏损。虽然李某某多次要求林某某依约履行补足义务,但均被林某某拒绝。在此情形下,林某某违约在先,李某某按照《股票投资合作协议》约定划扣双方其他合作账户中的部分担保金,并不违反法律规定,更谈不上刑事犯罪。

(五)纵然不考虑双方之间的债权债务关系,李某某转出林某某担保金的行为也仅是违约行为,应依据合同违约条款处理

林某某于2018年2月6日签订的《借款合同》对双方的权利义务进行了明确的约定。其中,《借款合同》第9条第2款约定,"任何一方若违反本合同条款,造成本合同不能正常执行,由此产生的一切经济损失和法律责任将由违约方承担。因诉讼所发生的律师费、法院案件受理费等损失由违约方承担";第9条第4款约定,"若纠纷不能协商解决,任何一方可向当地人民法院提起诉讼"。因此,纵然不考虑双方之间的债权债务纠纷,李某某转出林某某部分担保金的行为也仅仅能够认定为《借款合同》的违约行为,应当优先采用协商、民事诉讼等方式解决。在《借款合同》已对违约行为及其解决方式明确约定的情况下,不宜贸然将本案定性为刑事案件。

## 二、独特的辩护思维是撤销案件的保障

刑事辩护业务中,有许多常规的做法和习惯的思维。比如,接受委托后立即向办案机关申请取保候审;不敢要求检察机关对公安机关进行立案监督。其实,刑事辩护是门艺术,在复杂多样的案件中,不可以过于刻板地按照这些惯常思维去处理问题,要创新辩护思维,在辩护策略和方式方法上必须结合具体的情形进行调整,根据不同的案件情况采取独特的辩护措施。本案嫌疑人李某某不构成刑事犯罪确定无疑,但按常规辩护手段辩护也很难达到公安机关撤销案件的良好效果。对此,本案辩护的三点独特思维值得总结。

第一,在不构成犯罪的情况下,坚决不递交取保申请。嫌疑人被羁押后亲属一般都会要求律师尽快向办案机关申请取保候审,鉴于法律规定3日之内答复

的要求,取保申请往往会被驳回。取保的前提一般情况下是嫌疑人已经构成犯罪,只是没有社会危险性不适合羁押而已。基于对本案嫌疑人不构成犯罪的法律层面的基本判断,张文明律师说服委托人坚持不向警方递交取保候审申请,而是递交要求撤销案件的申请书,给警方一个辩方对此案坚决作无罪辩护的强烈印象。实践证明这种方法取得了很好的辩护效果。

第二,向检察机关提出立案监督建议。在仔细阅读委托人提供的证据资料,查阅大量法律条文和指导案例的基础上,我们在代理此案的 20 多天时间里,准备了不构成犯罪、撤案放人、不予呈捕、不予批捕 4 份高质量的法律意见书。同时,辩护律师在约见主办检察官时,郑重提出此案案情复杂,但案发当天警方即立案侦查,办案单位有可能涉嫌违规插手经济纠纷,要求其进行侦查监督。后检察院采纳了律师的建议,向公安机关发出撤销案件检察建议书,公安机关最终撤销案件。检察机关负有法律监督的职责,但司法实践中此职责少有履行,辩护律师更是缺乏要求检察机关进行法律监督的意识。需要说明的是,律师向检察机关提出法律监督申请并没有想象中那样困难,在新的司法环境下,检察官也需要借助律师的力量加大监督力度。

第三,适时利用对辩方有利的突发事件。警方跨省抓捕犯罪嫌疑人的“鸿茅药酒事件”正好发生在此案的侦查呈捕阶段,辩护律师抓住这一有利契机,向相关部门投诉办案单位的违法违规行为,对公安机关撤销案件起到了一定的推动作用。

# 突破不合时宜的法律法规，以个案促进司法进步

——屈某某危害珍贵、濒危野生动物案无罪辩护

## 案件基本信息

1. 裁判文书号：广州市天河区检察院穗天检不诉（2022）68号

2. 案由：危害珍贵、濒危野生动物罪

## 基本案情

2019年11月，屈某某在广州芳村花鸟鱼虫市场购买了2只太平洋鹦鹉，并带回家中喂养。2021年7月，屈某某用其手机注册的百度贴吧账号发帖售卖由2只太平洋鹦鹉孵化出的5只小太平洋鹦鹉。2021年7月4日，屈某某将1只小太平洋鹦鹉售卖给一男子。2021年7月7日，屈某某又分别售卖给两名男子各2只小太平洋鹦鹉。2021年7月9日，广州市公安局某区分局对屈某某刑事拘留，并在屈某某的家中查获2只小太平洋鹦鹉。经过辩护律师的有效辩护，2021年8月13日，广州市某区人民检察院对屈某某不予批准逮捕，屈某某被取保候审。2022年1月28日，某区人民检察院对屈某某作出不起诉决定。

## 案件焦点

案涉鹦鹉是否为人工种源？屈某某的行为能否不作为犯罪处理？不合时宜的司法解释能否突破？

## 裁判结果

广州市某区人民检察院认为，被不起诉人屈某某的行为触犯了《刑法》第341条之规定，但其犯罪情节轻微，自愿认罪认罚，社会危害性较小，根据《刑法》第37条之规定，不需要判处刑罚，根据《刑事诉讼法》第177条第2款之规定，决定对屈某某不起诉。

## 实务技术指引

### 一、人工种源的鹦鹉不宜作为犯罪对象已成共识，要敢于突破不合时宜的法律障碍

公安机关在屈某某家中查获的两只鹦鹉是屈某某从芳村花鸟鱼虫市场购买的，公安机关只委托鉴定机构对这两只鹦鹉进行了物种鉴定，但并没有对这两只鹦鹉的种源进行鉴定。从案卷证据看，这两只鹦鹉的种源不明，不能确定是人工种源还是野生种源。从屈某某获取鹦鹉的渠道看，屈某某是从正规的花鸟市场购买的鹦鹉，商家基本是从具有国家重点保护野生动物驯养繁殖许可证和野生动物经营许可证的正规养殖场拿货，这些人工养殖鹦鹉的种源属于人工种源，不是野生动物。这两只鹦鹉孵化出的小鹦鹉显然不是野外获取的，也应当属于人工种源。

近年来，人工种源的鹦鹉不宜作为犯罪对象已成社会共识，要敢于突破不合时宜的司法解释障碍。所谓的不合时宜的司法解释，是指最高人民法院2000年发布的《关于审理破坏野生动物资源刑事案件具体应用法律若干问题的解释》（法释〔2000〕37号）（以下简称“2000司解”），该解释第1条规定，对于人工驯养繁殖的野生动物种群与野外种群同等保护。该规定对“野生动物”的解释超越了刑法条文的文本含义和一般语义范围，存在很大的争议。司法实践中的许多案例机械地适用上述解释，将人工驯养繁殖的野生动物当作在自然环境下生存的野生动物，导致量刑畸重。正因如此，该司法解释现已失效。2020年最高人民法院、最高人民检察院、公安部、司法部联合发布的《关于依法惩治非法野生动物交易犯罪的指导意见》（公通字〔2020〕19号）（以下简称“2020指导意

见”)第 9 条规定,在认定是否构成犯罪以及裁量刑罚时,应当考虑涉案动物是否系人工繁育、物种的濒危程度、野外存活状况、人工繁育情况、是否列入国务院野生动物保护主管部门制定的人工繁育国家重点保护野生动物名录,以及行为手段、对野生动物资源的损害程度、食用涉案野生动物对人体健康的危害程度等情节,综合评估社会危害性,确保罪责刑相适应。相关定罪量刑标准明显不适宜的,可以根据案件的事实、情节和社会危害程度,依法作出妥当处理。

尽管“2020 指导意见”对处理人工繁育野生动物的定罪量刑开了口子,但“2000 司解”在案发时仍处于生效状态,尚未被废止。此案辩护中,我们以“江西鹦鹉案”为例,说服检察官不要因循守旧,要敢于突破不合时宜的法律障碍。

2020 年 12 月 30 日,江西省鹰潭市中级人民法院(2020)赣 06 刑终 92 号对“江西鹦鹉案”作出终审判决。法院认为,邱某荣、万某龙无证收购、出售的 8 只涉案费希氏情侣鹦鹉皆是人工种源,并非野外获取的种源,系对人工合法繁育的种源进行商业利用、出售,不宜认定为犯罪。该案系全国首例适用“2020 指导意见”作出的判决,也是首例判决出售人工繁育鹦鹉无罪案,实现了法律和社会两个效果的有机统一,社会各大主流媒体对本案进行了宣传,社会反响良好。该案运用实质解释方法填补了规则漏洞,有利于引导形成司法共识。在认定列入《濒危野生动植物种国际贸易公约》附录二的驯养繁殖动物属于非法收购、出售珍贵、濒危野生动物罪的犯罪对象的同时,认定驯养繁殖动物系人工种源,驯养繁殖技术成熟、数量规模较大,非法收购、出售行为没有对野生动物种群造成实质危害的,可以《刑法》第 13 条但书出罪。

本案的情况与“江西鹦鹉案”相似,涉案的都是人工种源的鹦鹉,依据“2020 指导意见”对本案不作犯罪处理于法有据,能起到很好的社会效果。

2022 年 4 月 9 日,最高人民法院、最高人民检察院《关于办理破坏野生动物资源刑事案件适用法律若干问题的解释》(以下简称“2022 司解”)正式实施,同时废止了“2000 司解”。“2022 司解”明确规定,涉案动物系人工繁育,列入人工繁育国家重点保护野生动物名录的,或者人工繁育技术成熟、已成规模,作为宠物买卖、运输的,对所涉案件一般不作为犯罪处理,需要追究刑事责任的,应当依法从宽处理。也就是说,自此以后,买卖人工繁育技术成熟、已成规模的野生动物,一般不作为犯罪来处理;即便是作为犯罪处理,也会从宽处罚。这对于不少动物爱好者来说,无疑是个天大的好消息。

“2022 司解”出台后，对正在办理的人工饲养野生动物案件，各地检察机关纷纷撤回起诉或作出不起诉的决定。本案的不起诉决定是于“2022 司解”出台前两个多月的 2022 年 1 月 28 日作出的，以个案促进法治进步，新法律法规的出台说不定还有本案的贡献！

## 二、在公安机关没有认定自首的情况下，要与检察机关主动沟通，争取成立自首

公安机关起诉意见书及“抓获经过”遗漏了一个关于屈某某如何到案的重要事实，在公安机关没有认定自首的情况下，要与检察机关主动沟通，争取成立自首。本案中，我们与检察机关沟通时着重强调，公安机关去屈某某家中传唤屈某某时，屈某某并不在家，办案人员用其工作手机打电话给屈某某让其回家配合调查，正在学校教学的屈某某接到电话后立即赶回了家。最高人民法院《关于处理自首和立功具体应用法律若干问题的解释》第 1 条规定，犯罪行为虽被发觉，但犯罪嫌疑人尚未受到讯问、未被采取强制措施时，主动、直接向公安机关投案属于自动投案。在本案中，屈某某接到电话后主动回家，属于电话传唤到案，此时屈某某尚未受到讯问，也未被采取强制措施，应当认定为自动投案，加之屈某某到案后如实向公安机关供述，同时符合自动投案和如实供述的条件，根据《刑法》第 67 条的规定成立自首。

尽管检察机关不起诉决定书中并未涉及自首是否成立的问题，但能对屈某某作出不起诉处理肯定也有自首认罪的因素。

## 三、“为民”是司法的本质要求，在辩护中要适度表达“民意”

司法为民要求司法机关在一切活动中都要尽最大努力体现广大人民群众的根本利益，切实维护广大人民群众的法律权利，认真对待人民群众的呼声。社会上曾流传“卖人判三年，卖鸟判十年”的说法，社会大众对许多“鹦鹉案件”判决不满意而形成的负面舆情值得警惕。不能否认民意对司法机关处理案件的重要影响，许多冤案都是在滔滔民意的督促下得以改判的。适度地向检察机关表达民意，对作出不起诉决定肯定是有些帮助的。屈某某是一名体育老师，同时兼任

学校仓管员、安全员，还是学校随车管理员，平时表现非常好，爱岗敬业，为人诚实，广受学生、家长、同事的好评，学校不仅向检察机关出具了加盖公章的求情信，还发动66名教职工在信上签名。事实证明，这种民意人情的表达对检察机关作出不起诉决定起到了一定的作用。

## 四、行刑交叉案件要“先行后刑”或“只行不刑”，体现刑法谦抑性原则

被不起诉人是一名虎虎生威的体育老师，因为购买、繁育、出售几只鹦鹉而“虎落平阳”。还好，在农历虎年来临的前一天工作日，检察机关对其作出了不予起诉的决定，对一名老师的职业生涯而言可谓是“虎口逃生”，作为辩护律师为其政治生命获得挽救由衷地感到高兴。

高兴之余还有一点建议，那就是司法机关在处理类似案件时要充分体现刑法的谦抑性原则，按照“先行后刑”，或者说“只行不刑”的原则来处理此类行刑交叉案件。“鹦鹉案件”大多属于行刑交叉案件，对各种违法行为，《野生动物保护法》“法律责任”一章均是先规定行政处罚，然后再规定“构成犯罪的，依法追究刑事责任”的。据此，对于危害鹦鹉等珍贵、野生动物的行为，可以先交由行政主管部门进行行政处罚，不宜由公安机关直接启动“刑事列车”，尤其是在人工驯养是否属于野生动物的争议非常大的情况下。即使公安机关介入处理，也应先考虑对违法行为人进行治安处罚，对这类主观恶性低、社会危害性不大的行为，给予治安处罚也就足够了。刑法不是社会治理的唯一手段，事实证明，动辄适用刑法会带来很大的负面影响。

# 撤销案件无须等到取保候审期限届满

## ——陈某1诈骗案撤销案件之无罪辩护

### 案件基本信息

公安文书号:广州市公安局天河分局穗公天(猎)撤案字(2023)310816号
案由:诈骗罪

### 基本案情

犯罪嫌疑人陈某1与被害人陈某2相识已久,在经营加油站等多个项目上均有合作,陈某1曾帮助陈某2成功取得了广东三水加油站的债权,并通过民事执行程序获得了一定的收益。2017年,陈某2经营的广州富德加油站的经营权即将到期,基于对陈某1的信任,陈某2又委托陈某1居间运作,并为此支付了一定的介绍费,后得以继续经营该加油站。后富德加油站业主提前终止了经营合同,陈某1与陈某2因居间费发生争议,陈某1退还了部分介绍费,剩余部分款项没有退还。陈某2多次索要未果遂以被诈骗为由报警,警方立案后将陈某1刑事拘留,后因检察院未批捕而取保候审,取保候审期限届满后,公安机关作出了撤销案件的决定。

### 案件焦点

陈某1的行为是否构成诈骗罪?

## 裁判结果

公安机关认为,陈某1的行为情节显著轻微,危害不大,不认为是犯罪,依据《刑事诉讼法》第16条之规定,决定撤销此案。

## 实务技术指引

此案罪与非罪的性质并不难判断,陈某1与陈某2相识多年,双方一直存在经济往来,陈某1居间为他人介绍项目并收取居间费的行为不应认定为诈骗犯罪。原因如下:第一,该项目真实存在,陈某1没有编造虚假的项目和隐瞒相关的事实真相。第二,居间行为是法律允许的常见经济行为。为继续经营富德加油站,陈某2主动找到陈某1,要其与富德加油站的业主进行沟通,并向陈某1支付了居间费。该居间行为不仅不违法更不构成犯罪,只是当时双方基于信任而没有签订书面协议,进而引起了一些误会和纠纷。第三,陈某1的居间行为给陈某2带来了巨大的利益,该口头居间协议涉及的富德加油站经营权经过陈某1的沟通协调,使陈某2得以继续经营并从中获得了巨大的利益,并没有给陈某2造成财产损失。第四,本案的居间费争议属于单纯的经济纠纷。整个过程中,陈某1没有实施欺骗行为,也没有给陈某2造成财产损失,居间费争议或者说未能及时归还所谓的欠款明显属于经济纠纷,不应认定为诈骗犯罪。第五,陈某1主观上没有非法占有他人财物的目的。非法占有目的需要结合行为人的主观状态和客观行为进行综合判断,具体包括行为人的资产状况、涉案款项取得方式、涉案款项的用途、行为人事后有无躲藏等。从本案的情况看,陈某1仅收取了合理的居间费用,且在项目失败后没有躲藏逃匿而是退还了部分款项,这足以证明陈某1不存在非法占有目的。被刑拘后,陈某1亲属多方凑钱退还并取得了陈某2的谅解。检察机关作出不予批捕的决定及公安机关作出撤销案件的决定无疑都是正确的。

因本书已有文章对不予批捕及撤销案件辩护的实务技术进行了总结概括,在此没有必要过多阐述,不过办理此案过程中倒是有两点体会值得记录一下。

## 一、侦查阶段辩护律师可以向公安机关了解哪些“有关情况”

接受委托后辩护律师即到派出所递交委托手续并想了解一下案件的相关情况。同以往与办案机关沟通时遇到的情况一样,办案人员对律师保持高度警惕,仅告知了犯罪嫌疑人涉嫌的罪名,对案件的相关情况讳莫如深。对于律师询问的犯罪嫌疑人涉嫌犯罪的时间、地点、主要方式、简要过程、犯罪金额,以及到案经过、认罪态度、刑拘期限、刑拘期限会否延长、疫情期间多长时间能够送看守所、送到哪个看守所、在派出所隔离期间能否会见等问题,办案人员均表示无可奉告。

那么法律法规这方面的规定和要求是怎样的呢?

《刑事诉讼法》第38条规定,辩护律师在侦查期间可以为犯罪嫌疑人提供法律帮助;代理申诉、控告;申请变更强制措施;向侦查机关了解犯罪嫌疑人涉嫌的罪名和案件有关情况,提出意见。

《公安机关办理刑事案件程序规定》(公安部令第159号)第50条规定,辩护律师向公安机关了解案件有关情况的,公安机关应当依法将犯罪嫌疑人涉嫌的罪名以及当时已查明的该罪的主要事实,犯罪嫌疑人被采取、变更、解除强制措施,延长侦查羁押期限等案件有关情况,告知接受委托或者指派的辩护律师,并记录在案。

对比上述规范性文件可知,《刑事诉讼法》关于哪些是“和案件有关情况”的规定并不明确,而《公安机关办理刑事案件程序规定》则将“案件有关情况”的范围进行细化,即明确了“犯罪嫌疑人被采取、变更、解除强制措施,延长侦查羁押期限”属于“案件有关情况”,但对于哪些是“该罪的主要事实”规定仍不清晰,以至于疫情时期对法律规定的会见期限,司法实践中各地的理解不尽相同。由于法律规定的不清晰和粗线条,侦辩双方理解不同、纷争迭出。

期待相关部门能够将“和案件有关情况”和“该罪的主要事实”进一步细化,同时也期望办案人员善意地接待律师,准确地理解法律法规,防止连涉案金额、刑拘期限等主要事实和相关情况都不敢告知律师的常识性错误的发生。另外,多听听律师意见还可以保证办案质量,预防冤假错案发生。

## 二、公安机关、法院应学习检察机关检视“案—件比”，提高侦查和审判效率

此案是在取保候审期限届满后才作出的撤销案件决定，其间辩护人多次申请撤销案件都没有得到办案机关回复。然而，此案并不复杂，根本不需要长达一年多的侦查期限，为何不能提高效率、缩短简单案件的侦查期限？笔者认为，公安机关，包括法院都应当向检察机关学习，检视各自诉讼程序的“案—件比”，提高侦查和审判的效率。

2020 年 1 月 9 日，最高人民检察院正式印发了《检察机关案件质量主要评价指标》。紧随其后，2020 年的全国两会上，原检察长张军在工作报告中首次提出“案—件比”。自此，以“案—件比”为核心的案件质量评价指标体系进入大众视野。这不是一个简单的考评指标，而是一道思考题、哲学题、管理题，它包含富有时代内涵的司法理念，代表的是全新的检察实践、检察思维、检察智慧。

据统计，在一个“案子”基础上，检察环节可统计为多个“案件”的 15 项办案业务活动是对不捕案件的复议、对不捕案件的复核、对逮捕（不捕）案件的申诉、对不起诉案件的复议、对不起诉案件的复核、对不起诉案件的申诉、一次退回补充侦查、二次退回补充侦查、一次延长审查起诉期限、二次延长审查起诉期限、三次延长审查起诉期限、撤回起诉、法院退回、建议延期审理和国家赔偿。经测算，2018 年全国检察机关审查逮捕、审查起诉的“案—件比”为 1∶1.895，即受理的“案”数为 133.8 万余件，1∶1.895 意味着检察机关多办出 119.7 万“件”。其中，仅退回补充侦查和延长审查起诉期限两类，就合计占到了刑事检察 15 项业务活动总数的 90% 以上。

《刑事诉讼法》第 175 条第 2 款规定，人民检察院审查案件，对于需要补充侦查的，可以退回公安机关补充侦查，也可以自行侦查。在司法实际中，对于需要补充侦查的，惯常的做法是退回公安机关补充侦查，“也可以自行侦查”的法律规定则往往被束之高阁，“沉睡”多年。这也是“仅退回补充侦查和延长审查起诉期限两类，就合计占到了刑事检察 15 项业务活动总数的 90% 以上”的根本原因。找到问题症结后，各级检察机关彻底激活了自行补充侦查这项“沉睡”多年的法律条款，狠抓“二退三延”程序存在的空转和浪费问题。“比如，审查中需要补充一份书证、询问一两名证人等，在过去往往要通过退回补充侦查来完成（一

往一返，各自增加一个月办案期限），现在检察官自己直接补充侦查，还是原来一个月左右的办案期限，这就大大缩短办案周期。2020年检察机关自行补充侦查（主要在审查起诉阶段）数同比增加23.5倍。”自行补充侦查的效果立竿见影。2019年、2020年业务数据显示，部分存在水分的业务活动数量应声而降。2019年刑事检察“案—件比”为1∶1.87，“件”同比下降0.02，减少了约3万个不必要的办案环节；2020年，全年刑事检察“案—件比”为1∶1.43，在受疫情影响、办案工作一度延迟的情况下，“件”同比下降0.44，相当于减少了41.2万个程序环节和统计中的“案件”。一年减少40余万个程序环节和统计中的“案件”，是何等伟大的创新和巨大的成就啊！全国人大监察和司法委员会副主任委员徐显明认为，“案—件比”是执法司法办案理念、制度、机制的重大创新，找到了长期以来困扰执法司法办案工作中如何统筹办案数量、质量、效率、效果的撬点。在中国法学会学术委员会主任张文显看来，“案—件比”的管理改革看起来是一个技术性的问题，是一个统计学的问题，但其核心价值是以人为本、司法文明、检察为民。

在我国的刑事诉讼体系中，检察机关基本是处于中间环节，前面有多数案件的发起者公安机关，后面有终局裁决者法院。类似的“案—件比”在前后两个环节是否存在呢？答案是肯定的。《刑事诉讼法》第156条第2句规定，案情复杂、期限届满不能终结的案件，可以经上一级人民检察院批准延长1个月；第158条规定，交通十分不便的边远地区的重大复杂案件，重大的犯罪集团案件，流窜作案的重大复杂案件，犯罪涉及面广、取证困难的重大复杂案件，经省、自治区、直辖市人民检察院批准或者决定，可以延长2个月；第159条规定，对犯罪嫌疑人可能判处10年有期徒刑以上刑罚，依照本法第158条规定延长期限届满，仍不能侦查终结的，经省、自治区、直辖市人民检察院批准或者决定，可以再延长2个月。这意味着，一些案件犯罪嫌疑人被逮捕后的侦查期限可以三次延长达5个月时间。尽管“三次延长”需要检察机关批准，但并没有包含在检察环节可统计为多个“案件”的15项办案业务活动中，姑且可以视作侦查阶段的三个程序上的“案—件比”吧。

“案—件比”理想状态是1∶1，多余的程序和环节会耗费大量的司法资源和时间成本。对一些认罪认罚的轻微小刑事案件，犯罪嫌疑人被逮捕以后的两个月侦查期限其实也是一种浪费。笔者曾在公安刑侦部门工作多年，许多小的刑事案件在拘留期限完全可以侦查终结，呈请检察院批捕时基本也可以达到证据确实、充分，并不需要逮捕后再浪费两个月的侦查期。笔者前两年曾呼吁建立侦查阶段“认罪从快”制度，对自首、认罪等可能判处一年以下有期徒刑的轻微小案，可以规定较短的侦查期限，与检法两院的速裁和简易程序呼应配套。

# 缓刑辩护

# 非监禁刑委托社会调查函——缓刑案件的辩护重点

## ——徐某生产、销售伪劣产品案缓刑辩护

## 案件基本信息

1. 裁判文书号：湖北省当阳市人民法院(2019)鄂0582刑初255号

2. 案由：生产、销售伪劣产品罪

## 基本案情

2018年8月12日，湖北省当阳市某村村民张某联系在河南省洛阳市从事推土机零配件销售的被告人李某，要求购买一台新的东方红牌1002J型推土机，李某称购买一台推土机农机补贴后价格为146,000元，被害人张某通过微信转账给李某购车款3笔共146,000元。其间李某找到河南省某县从事二手推土机经营的被告人徐某，以60,000元的价格，要求徐某将其停在场上的一台旧车改装为崭新的东方红牌1002J型推土机。徐某遂将这台俗称"管道人"的淘汰旧车，翻新成东方红牌1002J型推土机，找他人购买了伪造的1002J型推土机合格证、发动机铭牌、整车铭牌等装饰，并购买了随车新工具。2018年8月31日，被告人徐某、李某雇人将伪造的推土机从河南省某县运到湖北省当阳市，并要求司机夜间交货。2018年9月1日凌晨2时许，司机将推土机交付给张某，张某共支付运费3700元。

2018年9月2日中午，张某在试车时发现车辆有多处漏油、焊点和锈迹等质量问题，经过多次协商未果遂报警。经国家拖拉机质量监督检验中心鉴定，涉案推土机不是第一拖拉机股份有限公司生产的东方红品牌产品。经当阳市价格认定中心认定，涉案车市场总价值为人民币20,160元。案发后，当阳警方赴河南通过当地派出所找到徐某问话，徐某被询问时心脏不适

突然晕倒被送往医院救治,后主动到案自首被取保候审。

在审理期间二被告人又分别赔偿了被害人张某其他经济损失23,000元、12,000元,张某对二被告人提出了书面谅解。河南省某县司法局受法院委托对徐某进行了社会调查,提出了徐某符合社区矫正条件的评估报告。

## 案件焦点

适用缓刑的条件,缓刑辩护的重点,缓刑考验期的辩护。

## 裁判结果

法院审理认为,被告人李某、徐某以次充好,将改装后的推土机冒充新的推土机销售,其行为已构成生产、销售伪劣产品,属共同犯罪,应依法处罚。公诉机关指控事实清楚,证据确实、充分,罪名成立。依照相关法律规定判决如下:

(1)被告人李某犯生产、销售伪劣产品罪,判处有期徒刑1年,并处罚金85,000元。

(2)被告人徐某犯生产、销售伪劣产品罪,判处有期徒刑10个月,缓刑1年,并处罚金75,000元(已缴纳)。

## 实务技术指引

笔者辩护的被告人徐某犯生产销售伪劣产品罪被判刑10个月,缓刑1年。案件很小,本不值得一提,但办理案件的两点特别体会还是值得与大家分享的,办案的花絮相信也能引起大家阅读的兴趣。

### 一、缓刑的第四个条件是缓刑辩护重中之重

《刑法》第72条规定,对于被判处拘役、3年以下有期徒刑的犯罪分子,同时符合下列条件的,可以宣告缓刑,对其中不满18周岁的人、怀孕的妇女和已满75周岁的人,应当宣告缓刑:(1)犯罪情节较轻;(2)有悔罪表现;(3)没有再犯罪的危险;(4)宣告缓刑对所居住社区没有重大不良影响。

我们来分析一下缓刑的四个条件。前两个“放之四海而皆准”，第三个“没有再犯罪的危险”和取保候审“不致发生社会危险性”的条件一样，难以把握，唯有第四个条件“宣告缓刑对所居住社区没有重大不良影响”比较特别。特别的法律规定为刑事辩护提供了特别的空间和机会，辩护律师应当深挖第四个条件的内涵，把“社区出具愿意接受被告参与社区矫正的书面意见”作为辩护重点。本书的《缓刑裁判大数据分析及实务技术指引》一文，对缓刑判决的理由进行了梳理，七点判缓理由中，有四点提到社区矫正问题，可见社区是否同意矫正对缓刑的适用具有重要意义，律师缓刑辩护应当把社区同意矫正作为辩护的重点。本案的辩护经验就是如此，即积极建议法庭出具《非监禁刑委托社会调查函》，只要社区出具同意矫正意见，法院基本上就会判处缓刑。本案的判决书对判处缓刑的理由这样描述：“某县司法局受本院委托对徐某进行了社会调查，提出了徐某符合社区矫正条件的评估报告。”

2019 年 6 月 25 日出台的《社区矫正法(草案)》对社区矫正的执行机关、实施程序以及监督管理作出了细致规定，而 2020 年 7 月 1 日生效的《社区矫正法》也保留了上述规定。相信随着《社区矫正法》的出台，司法实践中社区矫正的适用数量会大幅上升，而法庭在处理刑事案件时也将会作出更多的缓刑判决。

## 二、缓刑考验期也应成为缓刑辩护的重要内容

《刑法》第 73 条第 1 款、第 2 款规定，拘役的缓刑考验期限为原判刑期以上 1 年以下，但是不能少于 2 个月。有期徒刑的缓刑考验期限为原判刑期以上 5 年以下，但是不能少于 1 年。由此可见，法律规定的缓刑考验期的期间比较长，但缓刑考验期的辩护恐怕少有律师涉及，缓刑只是附条件不再执行原判刑罚，如果在缓刑考验期内再犯新罪，或者严重违反缓刑的相关规定，则会取消缓刑执行原判刑罚。而且“禁止犯罪分子在缓刑考验期限内从事特定活动，进入特定区域、场所，接触特定的人”。所以缓刑考验期的长短也事关被告人的人身自由，也是律师应当关注的辩点之一，要尽量避免被告被判处过长的缓刑考验期。本案法庭采纳律师的辩护意见，判决被告人徐某的缓刑考验期为有期徒刑的 1 年最低期限。

# 行贿犯罪辩护如何兼顾被告单位和直接责任人的利益

## ——单位行贿千万元、检察院建议实刑缓刑辩护

## 案件基本信息

1. 裁判文书号：广州市花都区人民法院(2020)粤0114刑初1140号
2. 案由：单位行贿

## 基本案情

2006年年底至2007年年初，被告人陈某生得知某机场管理集团公司（以下简称集团公司）决定通过招标形式确定合作对象，对旧机场候机楼进行商业开发这一消息，与被告某实业有限公司（以下简称实业公司）的股东余某华、何某辉、李某明、黄某辉、刘某辉、李某琼共同商议后，决定共同出资并以实业公司的名义投标上述项目，中标后共同经管。同时商定由被告人陈某生出面行贿有关国家工作人员，费用在中标后由上述被告人共同出资的实业公司支出。被告人陈某生遂经由案外人徐某东介绍向时任集团公司总裁的刘某静贿送人民币600万元，另支付徐某东好处费人民币310万元。2015年，因担心案发，徐某东主动将上述收取的好处费310万元退还被告人陈某生。

被告人陈某生、余某华、何某辉、李某明、黄某辉、刘某辉、李某琼共同商议后，为实业公司中标集团公司旧候机楼商业改造项目及变更合同条款等，由被告人余某华出面，向时任集团公司总会计师的吴某茹贿送现金人民币400万元。

2015年12月11日，被告人陈某生在省纪律检查委员会的工作人员带

领下主动前往某区人民检察院投案;2016 年 4 月 26 日被告人李某明主动到某区人民检察院投案;2016 年 5 月 5 日被告人余某华、何某辉主动到某区人民检察院投案;2016 年 5 月 6 日被告人黄某辉、李某琼主动到某区人民检察院投案;2016 年 5 月 9 日被告人刘某辉主动到某区人民检察院投案。上述被告人自首后均被取保候审。检察机关认定单位行贿金额上千万元,被告单位实业公司、7 被告人均构成自首,建议判处 1 年以上 3 年以下有期徒刑。

## 案件焦点

1. 单位行贿的金额究竟是多少?如何兼顾被告单位及直接责任人的利益?

2. 受贿人吴某茹是否构成索贿?

3. 检察院建议实刑,法院能否适用缓刑?

4. 疫情期间减免租金及巨额捐助行为可否视为刑法意义上的立功或重大立功行为?

## 裁判结果

法院经审理认为,被告单位实业公司为谋取不正当利益,给予国家工作人员以财物,情节严重,被告人陈某生、余某华、何某辉、李某明、黄某辉、刘某辉、李某琼系上述公司直接负责的主管人员和直接责任人员,均应以单位行贿罪追究刑事责任。公诉机关指控被告单位实业公司及被告人陈某生、余某华、何某辉、李某明、黄某辉、刘某辉、李某琼犯单位行贿罪的事实清楚,证据确实充分,罪名成立,本院予以支持。被告人陈某生于 2006 年至 2007 年实施的对非国家工作人员行贿行为已过诉讼时效,本院不予认定。本案的犯罪行为发生于《刑法修正案(九)》公布实施前,依据从旧兼从轻原则,对被告所犯单位行贿罪适用 1997 年修订的《刑法》第 393 条之规定,依法对被告单位判处罚金,对 7 名被告人适用“五年以下有期徒刑或者拘役”的量刑幅度处刑。被告人陈某生、余某华、何某辉、李某明、黄某辉、刘某辉、李某琼案发后主动投案,如实供述其犯罪行为,系自首,依法可对其从轻或者减轻处罚;实业公司直接负责的主管人员自首,应认定被告单位实业公司具有自首情节,依法可从轻或者减轻处罚;被告单位实业公司主动缴纳罚金，对被告单位及7名被告人均可酌情从轻处罚。根据被告人余某华、何某辉、李某明、黄某辉、刘某辉、李某琼的犯罪事实和上述情节，本院认为被告人余某华、何某辉、李某明、黄某辉、刘某辉、李某琼符合法律规定的缓刑条件，决定对上述被告人宣告缓刑。公诉机关提出与上述相同的意见，本院予以采纳。辩护人提出与上述相同的辩护意见，本院予以采纳；提出与上述不同的辩护意见不当，本院不予采纳。为此，并经提交审判委员会讨论决定，依据相关法律规定，判决如下：(1)被告单位实业公司犯单位行贿罪，判处罚金人民币1000万元(已存于本院)；(2)被告人陈某生犯单位行贿罪，判处有期徒刑1年6个月；(3)被告人余某华犯单位行贿罪，判处有期徒刑1年2个月，缓刑2年；(4)被告人何某辉犯单位行贿罪，判处有期徒刑1年2个月，缓刑2年；(5)被告人李某明犯单位行贿罪，判处有期徒刑1年2个月，缓刑2年；(6)被告人黄某辉犯单位行贿罪，判处有期徒刑10个月，缓刑1年；(7)被告人李某琼犯单位行贿罪，判处有期徒刑10个月，缓刑1年；(8)被告人刘某辉犯单位行贿罪，判处有期徒刑10个月，缓刑1年。

## 实务技术指引

诸被告早在2015年至2016年自首后即被取保，至法院审理时已过去5年多的时间，大家都以为本案和许多案件一样会不了了之，没想到5年之后会突然被提起公诉，而且量刑建议都是实刑判决。实业公司的股东非常紧张，遂委托我们担任被告单位的辩护人。辩护团队检索了审理法院及该地区其他法院的类似判决，行贿上千万元单位犯罪的自然人被告还没有被判决缓刑的，此案公诉机关建议实刑，所以适用缓刑的难度更大。团队多次研究分析认为，此案是否缓刑的关键是行贿的金额，所以首先要把犯罪金额的辩护作为重中之重；其次要以单位犯罪的财产刑换取自然人被告的自由刑，重点保护各位自然人被告，争取缓刑判决；最后就是大胆提出疫情期间突出贡献应当视为刑法意义上的立功或重大立功表现，争取对诸被告减轻处罚。对此，我们采取了兼顾被告单位和个人利益的如下辩护策略。

## 一、起诉书指控的犯罪金额存在争议，部分金额存在索贿嫌疑

(一)起诉书指控的910万元行贿金额不能认定为实业公司单位行贿

起诉书指控2006年年底2007年年初，被告人陈某生代表实业公司出面行贿刘某静600万元，支付徐某东好处费310万元。辩护人不认同起诉书的这一指控，起诉书指控的910万元行贿金额不能认定为实业公司单位行贿。

1. 犯意并非实业公司提出，实业公司“中标后愿意承担部分前期费用”的意思表示，不构成犯罪的直接故意。实业公司的股东仅仅表示中标后可以承担合理范围内的前期费用，且对能否中标持放任态度。但前期都包括哪些费用，哪些费用在合理范围，具体向谁行贿，行贿多少，行贿金额是否达到犯罪标准等，实业公司股东尤其是李某明等东莞方股东均不清楚。实业公司的意思表示至多可看作为概括的、放任的犯意，不符合行贿罪构成要件中直接故意的主观要件。

2.《关于联合投资机场候机楼改造项目协议书》(以下简称《项目协议》)存在欺诈行为，违法无效，实际行贿人并非实业公司股东。2007年5月22日签订《项目协议》时，陈某生谎称前期已支付大量公关费用，并要代机场某领导持股4%，且骗取其妻子夏某萍为法定代表人的某贸易公司(下称贸易公司)占实业公司高达18%的股权。因此，该协议因存在欺诈行为和内容违法当属无效，且陈某生作为实际行贿人，中标前后都不是实业公司的股东，此笔行贿款与实业公司无关。

3. 行贿的款项并非出自实业公司，退回的款项也未回到实业公司。在案证据已经证明，910万元的行贿款实际上是由陈某生自己的公司出资，更为重要的是，2015年徐某东退回的310万元好处费并未回流到实业公司账户。单位行贿的一个重要特征是贿赂资金由单位账户支出，退回的行贿款理所应当回流到公司账户，但此笔贿款的资金流向完全不符合单位行贿犯罪的基本特征。

4. 不正当利益的最终获得者并非实业公司。从表面上看，实业公司因行贿而中标，获得了不正当的利益，但其实不正当利益的最终获得者并非实业公司。从《项目协议》可以看出，贸易公司一分钱没有投入却得到了实业公司18%的股权，协议中确定的红股比例更是高达30%，因此因行贿获得不正当利益的最终受益者应当是贸易公司等。实业公司中标后一直处于负债亏损的状态也证明了

其不是不正当利益的获得者，而且实业公司还被迫为陈某生向检察院缴纳了310万元所谓的赃金。判断是否犯罪金额应当循资金流向进行穿透式审查，徐某东退回的310万元并没有回到实业公司，且该行为“不应单独评价为受贿犯罪”（徐某东一审判决书认定），“介绍贿赂行为已过追诉时效”（徐某东二审判决书认定），实业公司代缴的310万元并非赃款。

5.910万元行贿款至今没有得到实业公司的实际兑付。如果说实业公司“中标后愿意承担部分前期费用”的意思表示是一种犯意承诺的话，那么这种承诺至今还没有得到兑现。辩护人提供给法庭的实业公司资产负债表显示，实业公司一直处于亏损状态，目前累计负债近4000万元。换言之，实业公司股东并没有从该项目的经营中分到任何利润，包括贸易公司。陈某生的公司送出去的910万元行贿款仅仅是体现在字面上的贸易公司18%股权之中，此行贿款项至今没有得到实业公司的实际兑付。

毋庸讳言，实业公司股东确实承诺中标后愿意承担前期费用，但分析问题应当看到问题的实质。此行贿行为，无论是在犯罪的主体、主观方面，还是在行贿资金的来源、行贿行为的实施方面，抑或在不当利益的获得等方面，均与实业公司没有关系。概括的、放任的、没有兑付的犯意承诺不应受到刑法评价！如果一定要说此笔款项属于单位行贿的话，那行贿的单位也并非实业公司，而应当是陈某生自己的贸易公司。

（二）支付给徐某东的310万元及孟某强的300余万元好处费不能认定为行贿的金额

在案证据显示，陈某生在与徐某东协商行贿时曾表示可以拿出1000万元用于公关。实际操作中，其支付徐某东好处费310万元，并将600万元转送给了孟某强，孟某强截留了100万元并告诉刘某静自己收到500万元。但因为徐某东及孟某强的主体身份关系，支付给徐某东的310万元及孟某强的300余万元好处费不能认定为行贿的金额。

某市中级人民法院（2017）粤01刑初67号刑事判决书查明：（1）徐某东没有利用自身的职务便利。现有证据证实老机场属于集团公司的资产，该项目也是集团公司的项目，与国际机场股份公司没有任何关联。徐某东是国际机场股份公司的计划经营部经理，并不属于集团公司的工作人员，没有也无职权参与老机场候机楼的招商项目，在该项目中不存在职务便利。（2）徐某东也没有通过自身职权和地位利用他人职务便利。实业公司能成功中标,最终利用的是刘某静等人的职务便利。但集团公司是国际机场股份公司的上级公司,徐某东与刘某静并不认识,徐某东不可能以自身的职权和地位对刘某静施加影响。(3)徐某东与刘某静之间不构成共同受贿。共同受贿的前提应是彼此有共谋,彼此知晓对方行为并有意思联络。而徐某东与刘某静并不相识,徐某东从未联系过刘某静,刘某静也不知道徐某东在中间"牵线搭桥"。(4)徐某东并不属于实业公司的工作人员,与实业公司之间没有共同行贿的故意。徐某东的行为属于居间介绍行为,符合介绍贿赂罪的构成要件。综上,中级人民法院一审认为,公诉机关指控被告人徐某东构成受贿罪和单位行贿罪的证据不足,依法应当认定被告人徐某东构成介绍贿赂罪。其所收取的310万元属于介绍贿赂的非法所得,不应单独评价为受贿犯罪。该案上诉后,省高级人民法院二审认为,徐某东的"介绍贿赂行为已过追诉时效"。

同理,孟某强的身份更非受贿罪的主体,在600万元的贿赂行为中所起到的作用也只能是介绍贿赂,尽管其截贿100万元并告知刘某静自己收到了500万元的贿款,但其中孟某强能分到多少介绍费并没有明确。比较明确的是行贿意图,即徐某东与孟某强商定的三人平分1000万元贿款,故此应当确定,孟某强贿送刘某静的金额为300万元,孟某强得的好处费也应是300万元。

司法实践中,介绍贿赂所得到的好处费一般都不予认定为受贿的金额,即"不应单独评价为受贿犯罪",按照受贿和行贿是对合犯之理论,支付给徐某东的310万元及孟某强的300余万元好处费更不能认定为行贿犯罪的金额。

(三)吴某茹存在索贿和诈骗嫌疑,实业公司并未谋取不正当利益

余某华2019年4月9日供述:(吴某茹说)我会帮你们说话的,但把这个事情做好,需要协调一些关系,并作出一个"3"的手势,意思是需要300万元的运作费用,实业公司最终同意了她的条件。

司法实践中,认定受贿人构成索贿具有以下三个特征:一是主动性。受贿人主动以明示与暗示的方式要求行贿人给予自己财物,而不是被动等待行贿人给予财物。主动性包括行贿人提出来,受贿人主动与之讨价还价的行为。二是索取性。受贿人只要向行贿人索要财物,就构成索贿。三是交易性。虽然索贿不以为行贿人谋取利益为前提,但受贿人一般都会以本人职权为某种行为或者不为某种行为为交换。这种交易也可以是以未来的利益为交易,使得行贿人给予

财物。据此,可以认定吴某茹具有索贿的嫌疑。

吴某茹的一审判决没有认定此笔300万元的款项为索贿,那么在此案中能否认定实业公司被索贿了呢?按照张明楷教授的理论,也是可以认定的。张明楷教授曾撰文指出,完全可能存在如下情形:在一个对向性案件中,对于受贿人而言,由于认定索取财物的证据不足,只能认定为收受财物;与此同时,对于行贿人而言,由于认定主动行贿的证据不足,或者说不能否认行贿人被索贿,因而只能认定为被索取或者被勒索。这样的认定并不矛盾,因为在贿赂案件中,对于受贿人与行贿人都必须贯彻事实存疑时有利于被告人的原则。在对双方都作出有利认定时,当然会得出受贿人收受财物、行贿人被索取财物的合理结论。①

吴某茹于2019年12月8日供述,自己收到300万元后,并没有用于协调关系而送给别人,自己起到的作用只是不反对,并在其负责的环节上签名而已。由此可见,吴某茹以协调关系为名索要的300万元巨款还可能存在诈骗的嫌疑。

在减免租金和延长租赁期限的问题上,实业公司也未谋取到所谓的不正当利益。最高人民法院、最高人民检察院《关于办理行贿刑事案件具体应用法律若干问题的解释》第12条第1款规定,行贿犯罪中的"谋取不正当利益",是指行贿人谋取的利益违反法律、法规、规章、政策规定,或者要求国家工作人员违反法律、法规、规章、政策、行业规范的规定,为自己提供帮助或者方便条件。

2008年,实业公司依法取得项目规划许可证等相关手续,开始全面施工建设,但2008年年底市规划局突然变更用地规划,要求拆除项目用地中的第三候机楼,施工用地减少了2万平方米面积。集团公司因此叫停项目建设并明确表示不同意拆除第三候机楼,集团公司向实业公司承诺,由其与市规划局协调继续保留第三候机楼,并让实业公司停止项目建设等候通知。后集团公司与相关部门协调了近2年也未取得任何成果。2010年年底,集团公司通知实业公司按市规划局的要求拆除第三候机楼,这令实业公司遭受巨大经济损失。集团公司叫停项目建设的23个月期间,实业公司仍需按《租赁合同书》向集团公司支付租金管理费8000多万元;因规划调整,原建筑设计方案作废,损失设计费用2000多万元;重新规划设计又增加设计支出1600多万元和4个多月的固定开支1400万元;因停工和中止施工协议而赔偿施工单位1000多万元;项目停建期间,实业

① 张明楷:《刑法学》,法律出版社2016年版,第1231页。

公司支付给120多名员工工资、水电费、办公费等综合管理费达3500多万元。实业公司仅上述直接损失就接近2亿元，而集团公司经过8次总裁办公会研究决定，免除5个月租金(1722万元)和延长3年租期，这远不能弥补近2亿元的直接损失。

从某种意义上讲，政府规划变更对租赁双方而言可以视为不可抗力，出租方减免租金是应当的，实业公司减免租金的要求并没有违反法律、法规、规章、政策规定，并没有要求国家工作人员违反法律、法规、规章、政策、行业规范的规定，为自己提供帮助或者方便条件。实业公司因政府规划变更直接损失近2亿元，实际减免租金不到2000万元，延长租期也意味着更多的亏损，可以说实业公司在此项目中没有谋取到任何不正当利益，没有因行贿行为得到任何好处。

《刑法》第389条第3款规定，因被勒索给予国家工作人员以财物，没有获得不正当利益的，不是行贿。既使吴某茹索要财物的行为不构成索贿，但按照张明楷教授的理论，本案中实业公司的行贿行为完全可以认定为被索贿，且实业公司的确没有获得不正当利益。所以，对实业公司的此行贿行为应当减轻处罚。另外，吴某茹的某些行为涉嫌诈骗，对作为被害人的实业公司更应当大幅地减轻处罚。

## 二、建议被告单位主动缴纳罚金，争取自然人被告适用缓刑

我国《刑法》第31条规定：“单位犯罪的，对单位判处罚金，并对其直接负责的主管人员和其他直接责任人员判处刑罚。本法分则和其他法律另有规定的，依照规定。”第396条第1款规定：“国家机关、国有公司、企业、事业单位、人民团体，违反国家规定，以单位名义将国有资产集体私分给个人，数额较大的，对其直接负责的主管人员和其他直接责任人员，处三年以下有期徒刑或者拘役，并处或者单处罚金；数额巨大的，处三年以上七年以下有期徒刑，并处罚金。”

上述规定说明我国刑罚在处罚单位犯罪时，原则上采取双罚制，同时也不排除法律特殊规定的单罚制。所谓双罚制又称两罚制，是指对于单位犯罪的，既对单位判处罚金，又对其直接负责的主管人员和其他直接责任人员判处刑罚。在我国刑法中对绝大多数的单位犯罪实行的是双罚制，本案就是如此。司法实践中，在对单位判处罚金刑的情况下，一般都会大幅减轻自然人被告的自由刑。据

此我们建议实业公司主动积极缴纳罚金,争取对自然人被告减轻处罚。为此,实业公司克服困难,短时间内筹措了1000万元的资金在判决前交到了法院指定账号。事实证明,提前交纳罚金,对诸被告的缓刑判决起到了非常重要的作用。

上面已经说明,被告人陈某生其实并非实业公司股东,其所谓18%的股份仅仅是名义上的“干股”,陈某生在单位犯罪中起主要作用,而且还有其他单独行贿的犯罪行为,法院判处其实刑也是可以理解的。

## 三、疫情期间,实业公司为租户减免3600多万元的租金,应当视为刑法意义上的立功或重大立功行为

最高人民法院《关于办理减刑、假释案件具体应用法律的规定》第4条第1款规定,具有下列情形之一的,可以认定为有“立功表现”:(1)阻止他人实施犯罪活动的;(2)检举、揭发监狱内外犯罪活动,或者提供重要的破案线索,经查证属实的;(3)协助司法机关抓捕其他犯罪嫌疑人的;(4)在生产、科研中进行技术革新,成绩突出的;(5)在抗御自然灾害或者排除重大事故中,表现积极的;(6)对国家和社会有其他较大贡献的。第5条第1款规定,具有下列情形之一的,应当认定为有“重大立功表现”:(1)阻止他人实施重大犯罪活动的;(2)检举监狱内外重大犯罪活动,经查证属实的;(3)协助司法机关抓捕其他重大犯罪嫌疑人的;(4)有发明创造或者重大技术革新的;(5)在日常生产、生活中舍己救人的;(6)在抗御自然灾害或者排除重大事故中,有突出表现的;(7)对国家和社会有其他重大贡献的。

新冠疫情造成的损害更甚于一般的自然灾害和重大事故,实业公司在疫情期间主动给租户减免了租金,可以说是对国家和社会有突出的贡献,基本符合上述第4条第1款第5项、第6项和第5条第1款第6项、第7项之规定,应当认定其有立功或重大立功表现。司法实践中,已有将抗疫中表现突出者视为对国家和社会有突出贡献,认定在新冠疫情期间捐款10万元属于有“立功表现”,并予以从轻处罚的判例,如(2020)新2801刑初365号判决书。尽管本案判决书没有对抗疫中的减租行为作出评价,但相信这一辩护意见会对轻判被告起到一定的作用。

## 四、建议法院学习检察院，对企业及企业家试行合规免刑制度

此案辩护时，法庭上发表的最后一条辩护意见是建议法庭引入合规免刑制度，给予民营企业及企业家改过的机会，附条件免予其刑事处罚。

这点辩护意见的产生，主要是受我国检察机关试点合规不起诉制度的影响。近年来我国检察机关的系列改革可圈可点，其中合规不起诉制度的试点无疑是浓墨重彩的一笔。

检察机关在全国试点的刑事合规不起诉制度取得了很好的社会效果，得到了社会各界的广泛好评，其巨大的经济、法律和社会效益正在逐步显现。

本案被指控涉嫌犯罪企业的行贿行为发生在十几年前，属于“企业历史上曾经有过的一些不规范行为”。但该企业历年来为国家上缴税金上亿元，解决就业上千人，先后获得近50项各类荣誉。被一并起诉的7名股东均是优秀企业家，名下有多家公司企业，员工总数近万人，累计为国家上缴税金数亿元。

开庭时，公诉机关的实刑建议着实吓到了诸多被告人及所有辩护人。本案在实体上存在行贿金额没有查清、被告单位没有实际兑付承诺的行贿金额、单位未实际谋取到非法利益、受贿人具有索贿甚至诈骗嫌疑等问题；在程序上存在没有对被告单位进行刑事立案的决定书、取保候审不规范、扣押财产不清晰、审查起诉期长达4年等瑕疵；且被告单位及个人均存在自首、坦白、疫情期间有重大贡献等诸多可以减轻、从轻处罚的情节。然而，检察机关“一竿子打翻一船人”地对所有股东提出“1～3年的量刑建议”，显然过重。

正像多位辩护人在辩护词中讲到的那样，如果法院判处诸被告实刑，将取保候审达4年之久的被告收监羁押，则会直接导致十几家企业的经营出现危机甚至破产，成千上万名员工将失去工作岗位，极大地影响社会的安全稳定，国家税收也将遭到巨额的损失。而如果引入合规免刑制度，以上一切问题便都可迎刃而解了，被告单位及自然人被告乃至被告企业的所有员工将充分感受到人性司法的温度和关怀，涉案单位也会立即进行合规建设，修正错误，弥补漏洞，建章立制，合法经营。

为此，笔者建议，作为“以审判为中心”司法改革的中心，法院应当学习检察院的理念和做法，对涉嫌犯罪的企业和企业家试行附条件免予刑事处罚制度，给

予被告公司一定的改过期限,对被告公司附条件免予刑事处罚。

## 五、刑事合规已延伸至审理阶段,律师要大胆提出免刑建议

法庭虽然没有采纳辩护律师的意见,但法庭也没有采纳公诉机关全部实刑的建议,除一人实刑外其余各被告人均适用了缓刑。

2023年3月23日在全国法院学习贯彻全国两会精神电视电话会议上,张军院长指出围绕落实"把民营企业和民营企业家当作自己人",可以研究同检察机关共同做好涉案企业合规改革,依法判处缓刑、免予刑事处罚。2023年3月28日,张军院长调研北京市海淀区人民法院时又强调:"商事、刑事涉企合规改革,不只是检察机关的事,法院也要参与发挥作用。"

随后各地纷纷开展相关试点改革工作。例如,2023年4月3日,湖北省高级人民法院、湖北省人民检察院召开党组联席会议,原则通过了两院《关于办理涉案企业合规案件的指导意见(试行)》,明确了检察机关与审判机关在合规案件办理中的衔接程序。2023年4月11日,江苏省高级人民法院、江苏省人民检察院联合印发《关于加强涉案企业合规工作协同协作的座谈会纪要》,进一步规范法院协同办理涉案企业合规案件的程序。2023年4月13日,黑龙江省高级人民法院、黑龙江省人民检察院联合制定《关于开展涉案企业合规改革工作的办法(试行)》,在法院系统全面推开涉案企业合规改革工作。

其实早在2021年,湖北法院就率先在审判阶段"试水"涉案企业合规,被告人免予刑事处罚。2021年5月,湖北省谷城县法院受理了一起涉及民营企业犯罪的案件。一般来说,检察机关已经诉至法院的案件,已不符合最高人民检察院关于合规范围的规定。但考虑到涉案企业经营状况良好,系税收大户,法院参照最高人民检察院涉案企业合规改革的政策,裁定中止审理,启动合规整改。最终,该涉案企业通过了第三方监管组织的考察,法院对企业负责人判处"免予刑事处罚"。

从法律层面讲,检察院主导的刑事合规并不是一项减轻、免除刑事处罚的情节,也不是检察院不诉、撤诉的法定事由。因此,以前法院在开展合规时会认为缺乏明确的法律规定支撑,不敢用、不愿用。但是,随着最高人民法院表态,各地省一级高级人民法院出台相应的政策、规定,使得法院开展合规,作出免刑、缓刑

或者低于法定刑的判决有了政策依据的支撑。可以预见的是,随着司法改革的进一步完善,这一制度势必将写入《刑事诉讼法》,从刑事政策上升至法律条文。

在此情况下,律师辩护时要放宽视野,不能仅仅就合规论免刑。《刑法》第37条规定,对于犯罪情节轻微不需要判处刑罚的,可以免予刑事处罚。这是我国刑法关于免予刑事处罚的法律规定,具体可以免予刑事处罚的情形有许多:又聋又哑的人或者盲人犯罪的,正当防卫明显超过必要限度造成重大损害应当追究刑事责任的,紧急避险超过必要限度造成不应有的损害的,预备犯、从犯、被胁迫参加犯罪的,自首且犯罪较轻的,自首又有重大立功表现的,等等。此外,对公司企业人员行贿,在被追诉前主动交待行贿行为的,非法种植毒品原植物,在收获前自行铲除的,个人贪污数额较小,犯罪后有悔改表现,积极退赃的,行贿人在被追诉前主动交待行贿行为的,介绍贿赂人在被追诉前主动交代介绍贿赂行为的,也都可以免除处罚。

《免予刑事处罚的裁判大数据分析及实务技术指引》一文中大数据显示的只有1.9%的律师提出免刑建议的比率实在太低,刑辩律师要紧紧把握刑事政策发展变化的时代脉搏,辩护时要大胆提出免刑的辩护意见,只有律师提出建议,并就此进行充分的论证,才可能使法官在判决时多一项考量和选择。

# 发还车辆、判处缓刑，自由刑财产刑辩护实现“双赢”

——林某网络开设赌场案缓刑辩护

## 案件基本信息

1. 裁判文书号：广东省江门市蓬江区人民法院(2020)粤0703刑初2号
2. 案由：开设赌场罪

## 基本案情

2018年2月，两名在逃的犯罪嫌疑人雇请被告人林某作为广州市白云区一无名网络工作室的主管，被告人林某通过交友聊天软件物色社会人员，诱骗他人参与网络赌博。后被告人林某根据在逃犯罪嫌疑人的安排来到江门市蓬江区设立赌博网站，继续吸引社会人员在赌博网站上注册充值、投注赌博。林某招聘李某等7人(同案4名被告)担任赌博业务代理，诱骗被害人陈某充值202,267元参赌，接受投注金额总共超过30万元，非法所得超过3万元，自入职以来领取工资约150,000元。林某在侦查阶段、审查起诉阶段均被取保候审，检察院起诉时建议量刑2年半至3年半。

## 案件焦点

检察院建议量刑2年半至3年半，法院能否适用缓刑？扣押的车辆能否返还？

## 裁判结果

江门市某区人民法院认为，被告人林某等无视国家法律，以营利为目的，为赌博网站担任代理并接受投注。其中，被告人林某违法所得数额超过人民币3万元，且接受投注金额超过人民币30万元，情节严重，4名被告人的行为已构成开设赌场罪。公诉机关指控被告人林某等犯罪事实清楚，证据确实、充分，指控的罪名成立，本院予以确认。被告人林某等的辩护人关于4名被告人是从犯，且如实供述自己罪行，请求对其从轻处罚的辩护意见，符合法律规定，本院予以采纳。依照相关法律规定判决：(1)被告人林某犯开设赌场罪，判处有期徒刑2年6个月，缓刑3年；(2)扣押存放公安机关的小汽车1辆、汽车钥匙1把，由扣押单位依法发还给被告人林某；(3)继续追缴被告人的非法所得，上缴国库。

## 实务技术指引

### 一、缓刑辩护要把重点放在不采纳检察院不当的量刑建议上

笔者是在法院审理阶段接受委托的，接受被告人委托时首先被问到的问题是：检察院建议量刑两年半至三年半包不包括缓刑？检察机关建议实刑，法院能否适用缓刑？我们的回答简单明了：不包括缓刑，但法院可以适用缓刑。《人民检察院开展量刑建议工作的指导意见(试行)》(〔2010〕高检诉发21号)第5条第1款第5项规定：建议适用缓刑的，应当明确提出。据此，检察机关建议量刑两年半至三年半，显然不包括缓刑，被告人的担心不无道理。

但检察机关建议实刑，法院是完全可以适用缓刑的。最高人民法院、最高人民检察院、公安部、国家安全部、司法部《关于规范量刑程序若干问题的意见》(法发〔2020〕38号)第23条规定，对于人民检察院提出的量刑建议，人民法院应当依法审查。对于事实清楚，证据确实、充分，指控的罪名准确，量刑建议适当的，人民法院应当采纳。人民法院经审理认为，人民检察院的量刑建议不当的，可以告知人民检察院。人民检察院调整量刑建议的，应当在法庭审理结束前提出。人民法院认为人民检察院调整后的量刑建议适当的，应当予以采纳；人民检察院不调整量刑建议或者调整量刑建议后仍不当的，人民法院应当依法作出判

决。据此,对检察机关的不当量刑建议,法庭是可以不予采纳的。

本案缓刑辩护要把重点放在说服法庭不采纳检察院不当的量刑建议上。缓刑案件的辩护重点在本书《缓刑裁判大数据分析及实务技术指引》一文及其他案例中都有论述,在此不再赘述。

## 二、积极开展财产刑辩护

《刑事诉讼法》第 141 条第 1 款规定,在侦查活动中发现的可用以证明犯罪嫌疑人有罪或者无罪的各种财产、文件,应当查封、扣押;与案件无关的财产、文件,不得查封、扣押。第 145 条规定,对查封、扣押的财产、文件、邮件、电报或者冻结的存款、汇款、债券、股票、基金份额等财产,经查明确实与案件无关的,应当在 3 日以内解除查封、扣押、冻结,予以退还。

法律规定比较明确,但判断与案件是否有关却并非易事,办案机关查封、扣押、冻结财产的行为有时也会出现错误。本案就是这样的情况,被告的车辆并不是网络开设赌场的犯罪工具,与犯罪没有关系,但仍然被公安机关扣押,理由是被告在被讯问时承认该车辆是用犯罪所得购买。一般情况下,在未经法院生效判决确定以前,涉案财产是否属于犯罪所得或者与犯罪相关是存在争议的。律师可以从财产的流向、财产权属形成的时间、财产性质等方面进行财产刑辩护。我们在进行此案财产刑辩护时明确提出,既然认定被告非法所得为 15 万元,公安机关也冻结了被告银行账户中的 14.9 万元资金,那便没有任何理由再判决没收车辆。法院最终采纳了辩护的意见,判决扣押存放于公安机关的小汽车一辆、汽车钥匙一把,由扣押单位依法返还给被告人。可见,针对财产刑的辩护取得了成功。

## 三、涉案财物的追缴问题是财产刑辩护的重要方面

本案判决书的第 7 项判决值得注意:“继续追缴被告人的非法所得,上缴国库。”这就是财产刑辩护的另一个重要方面,即涉案财物的追缴问题。普通刑事诉讼中,法院经常要对被告人作出追缴涉案财物的决定。这种对涉案财物的追缴,并不属于法定的刑事处罚,却可能对被告人的财产造成重大的剥夺,其追缴

的财产数额经常远超罚金、没收财产等财产刑所涉及的财产数额。但迄今为止，刑事诉讼法并没有将这种追缴涉案财物的决定纳入刑事诉讼程序之中，而是给予法院较大的自由裁量权，法院在未经专门的法庭调查、辩论程序的情况下，往往就自行确定了涉案财物的数额和追缴的方式。本案就是如此，第 7 项判决由法官径行作出，检察官公诉、法庭调查及律师辩护均未涉及涉案财物的追缴问题。也正因如此，律师财产刑辩护的空间巨大。

## 四、财产刑辩护可以提前到侦查阶段进行

《公安机关办理刑事案件适用查封、冻结措施有关规定》(公通字〔2013〕30 号)第 3 条第 1 款规定，查封、冻结以及保管、处置涉案财物，必须严格依照法定的适用条件和程序进行。与案件无关的财物不得查封、冻结。查封、冻结涉案财物，应当为犯罪嫌疑人及其所扶养的家属保留必要的生活费用和物品。第 51 条规定，当事人和辩护人、诉讼代理人、利害关系人对于公安机关及其侦查人员有下列行为之一的，有权向该机关申诉或者控告：(1)对与案件无关的财物采取查封、冻结措施的；……受理申诉或者控告的公安机关应当及时进行调查核实，并在收到申诉、控告之日起 30 日以内作出处理决定，书面回复申诉人、控告人。发现公安机关及其侦查人员有上述行为之一的，应当立即纠正。当事人及其辩护律师、诉讼代理人、利害关系人对处理决定不服的，可以向上级公安机关或者同级人民检察院申诉。上级公安机关发现下级公安机关存在前款规定的违法行为或者对申诉、控告事项不按照规定处理的，应当责令下级公安机关限期纠正，下级公安机关应当立即执行。必要时，上级公安机关可以就申诉、控告事项直接作出处理决定。人民检察院对申诉查证属实的，应当通知公安机关予以纠正。

司法实践中，经济犯罪案件犯罪嫌疑人的大量财产会被查扣、冻结，上述规定为侦查阶段财产刑的辩护提供了直接的法律依据，辩护律师可以将财产刑辩护提前到侦查阶段进行，尽早维护犯罪嫌疑人合法的财产权益。

## 五、财产刑及追缴、退赔应当纳入公诉、辩护及审理范围

其实，不仅律师要注重财产刑的辩护，财产刑也应当纳入公诉和审理的范

围。笔者曾接到一个被判缓刑的被告人咨询,称自己参与非法吸收公众存款被判刑 2 年 6 个月,缓刑 3 年,并处罚金 15 万余元,追缴犯罪所得 70 余万元,责令被告人退赔被害人损失 2700 余万元。

判决书显示,被告人参与非吸 3100 余万元,按 4% 的提成获得佣金 130 余万元,垫付支付投资人本息 60 万余元,获利 70 万余元,被告人系从犯,有自首情节,积极退赔客户资金损失 500 余万元。

被告人对自己被判处缓刑比较满意,但对财产刑的判罚不太满意,对单独退赔所有被害人的 2700 余万元巨额损失更是感到不可理解。认为自己作为分部负责人只是参与非吸犯罪,非法吸收的资金绝大部分都上交到了总部,总部被另案处理的被告人应当退赔上交的部分,自己退赔提成获利的部分理所应当,但不应当单独承担所有的退赔责任。案发后自己及家人卖房卖车,到处借债,倾其所有退赔了 500 多万元,现在别说 2700 多万元巨款了,就连罚金和被追缴款都无法缴纳。

更麻烦的是,一审判决后被告人没有上诉,目前判决已经生效。依据最高人民法院相关司法解释的规定,第一审人民法院应当在本院作出的刑事判决、裁定生效后,或者收到上级人民法院生效的刑事判决、裁定后,对有关财产刑执行的法律文书立案执行。显而易见,巨额债务肯定无法退赔,而被告人也将会被列入失信被执行人黑名单。

按照北大陈瑞华教授的前沿理论,财产刑的辩护是刑事辩护的"第六空间",陈教授在《刑事辩护的第六空间——刑事辩护衍生出来的新型代理业务》一文中专门论述过财产刑及涉案财物追缴等问题。刑事诉讼中,法院经常要对被告人作出追缴涉案财物的决定。这种对涉案财物的追缴,并不属于法定的刑事处罚,却可能对被告人的财产造成重大的剥夺,其追缴的财产数额经常远超罚金、没收财产等财产刑所涉及的财产数额。但迄今为止,刑事诉讼法并没有将这种追缴涉案财物的决定纳入刑事诉讼程序之中,而是给予法院较大的自由裁量权,法院在未经专门的法庭调查、辩论程序的情况下,往往就自行确定了涉案财物的数额和追缴的方式。

对此笔者建议,财产刑的判罚及追缴、退赔的数额等问题应当纳入公诉、辩护及审理之范围。公诉机关提出的量刑建议、认罪认罚案件签署的具结书、律师辩护及法庭审理都应当包括上述内容。

# 违反竞业限制赚取差价不构成职务侵占罪

## ——邹某某职务侵占案缓刑辩护

### 案件基本信息

1. 裁判文书号：广州市天河区人民法院(2021)粤0106刑初1380号
2. 案由：职务侵占

### 基本案情

2015年3月至10月，广州欧开传动设备有限公司(以下简称广州欧开)在职员工、被告人胡某某和邹某某共同成立了深圳市欧开液压系统有限公司(以下简称深圳欧开)、深圳市勒杜机械设备有限公司(以下简称深圳勒杜)，并由卢某某(已另案处理)、贺某某等人担任上述公司法定代表人并代持股份。胡某某、邹某某作为实际控制人，与广州欧开员工彭某某、雷某某共同经管深圳欧开及深圳勒杜相关业务。2015年至2018年，胡某某利用其广州欧开销售总监的身份，在与广州欧开客户接触并接收客户采购信息的过程中，以明示或暗示的方式，将本属于广州欧开与客户签订合同的订单，变更为客户与深圳欧开签订合同的订单。深圳欧开收到客户支付相应货款后，由邹某某、彭某某、雷某某共同负责合同后续履行，邹某某利用其掌握广州欧开的库存信息及采购计划等职务便利，联系中介公司，通过增添中间销售环节的方式，指示彭某某制作以中介公司名义与广州欧开签订的销售合同，将广州欧开库存中的减速机以及从预付款中抵扣的减速机低价买入，后再签订虚假合同将减速机转售给深圳欧开。深圳欧开最终将减速机高价卖出并交付给客户，从而非法侵占了销售货物的利润差额。经审查，胡某某等人利用该方式先后14次侵占广州欧开销售利润，涉及职务侵占金额为人民币464,428元。

2015年12月至2016年12月,胡某某等人利用其掌握广州欧开向供应商采购的独家代理订货渠道,在明知其无法从供应商处采购的情况下,仍然将其控制的深圳勒杜登记列入广州欧开的销售客户名单上,并由雷某某向供应商提供虚假的广州欧开采购订单编号,指示供应商向客户指定交货地点发货,从而实现以深圳勒杜采购、由深圳欧开出售的营销模式获取销售利润。经审计,在上述期间内,深圳勒杜向供应商支付金额为人民币15,164,165.31元,深圳欧开向客户收款金额为人民币20,797,889.92元,差额为人民币5,633,724.61元。

起诉书指控,被告人胡某某、邹某某、彭某某、雷某某等4人共同利用职务便利,侵占广州欧开销售利润合计人民币6,098,152.61元。截至案发前,邹某某将深圳欧开违法所得通过卢某某、陈某某相关账户向其本人净转款5,195,035元,向胡某某净转款2,094,704.96元,向雷某某净转款427,579.98元,向彭某某净转款554,229.47元。

2017年至2018年,被告人胡某某代表广州欧开,收到客户反馈的2台F560减速机报修信息。经联系供应商确认上述减速机已无法维修,为维护良好的客户关系,供应商同意免费赠2台全新的F560减速机,胡某某在明知减速机免费赠送事实的情况下,刻意向客户隐瞒该事实,以维修费和新购一台减速机为名,骗取客户维修费及购机款39万元。

2019年4月9日,被害单位广州欧开委托人梁某某向公安机关报案,公安机关于2019年5月8日立案侦查,上述4名被告人分别于2020年11月17日、2020年12月2日被抓获归案。

## 案件焦点

指控被告人胡某某、邹某某等职务侵占5,633,724.61元的犯罪是否成立,案外公司能否被认定为犯罪工具,公司账户内的资金能否被没收?

## 裁判结果

法院认为,本案证据足以证明各被告人结伙利用虚增销售环节的方式14次侵占被害单位的利润共计464,428元的事实,应以职务侵占罪论处。

关于公诉机关指控本案职务侵占5,633,724.61元的部分,法院认为,公诉机关在该节指控中,把被告人所控制的进出货价差额作为被害单位被职务侵占的损失,显然混淆了买卖合同和居间代理合同的不同主体法律关系,现没有证据可以证明各被告人侵吞了被害单位的佣金,以及该部分佣金的具体数额,属于指控事实不清、证据不足,故本院不予支持。

关于公诉机关提请处理深圳欧开名下银行账户的意见,经查,深圳欧开及其名下银行账户是被告人设立用以本案违法犯罪的工具,其名下账户内资金、孳息作为违法所得应予以没收,公诉机关的该节指控本院予以支持。

依据相关法律规定,判决如下:

(1)被告人胡某某犯职务侵占罪,判处有期徒刑2年9个月,并处罚金人民币12万元;犯诈骗罪,判处有期徒刑3年6个月,并处罚金人民币10万元。数罪并罚,决定执行有期徒刑5年,并处罚金人民币22万元。

(2)被告人邹某某犯职务侵占罪,判处有期徒刑2年6个月,缓刑3年,并处罚金人民币10万元。

…………

(6)广州市公安局某区分局冻结的深圳欧开公司名下账号为7458××××8481的中国银行账户内的资金及孳息予以没收,上缴国库。

## 实务技术指引

《刑法》第271条第1款规定的职务侵占罪,其侵犯的客体是本单位财物的所有权,即犯罪对象为本单位财物,财物必须是已经由单位取得占有的财物,不包含能和客户洽谈这种商业机会。张明楷教授在其专著《刑法学》中也指出,行为人利用职务上的便利将原本可以由单位承揽的业务变为个人承揽,再利用业余时间完成承揽合同获取利益的,不构成职务侵占罪(详见张明楷《刑法学》第1023页)。司法实践中不少判决书也持相同的观点,如浙江省宁波市中级人民法院(2014)浙甬刑二终字第17号判决书认为,根据法律相关规定,职务侵占罪的犯罪对象是指本单位财物,而上诉人作为公司业务员,在与客户进行的货物贸易中,对公司隐瞒订单,自行通过其他公司向生产商采购订单货物,履行并完成订单业务及贸易结算，因该订单尚需经过生产或采购、运输、报关出口、贸易结算等一系列流程环节后才能实现财产性收益，故该收益不足以认定为公司的本单位财物。因此，上诉人的上述行为依法不能认定为职务侵占罪，原判对此以职务侵占罪认定，系适用法律不当，应予纠正。

案涉的560多万元利润，只是邹某某等人利用广州欧开的商业机会，违反竞业限制获取的利益。从交易流程来看，深圳欧开先是联系客户洽谈，洽谈成功后，再通过深圳勒杜向厂家采购相应的货物，再由厂家直接发货给深圳欧开的客户，交易的全过程都不涉及广州欧开。哪怕是个别被拉来的原广州欧开客户，也只是给深圳欧开提供了一个和客户洽谈的机会，最终能否达成交易，还是取决于洽谈、服务、交易价格等因素，这些都是深圳欧开实施的，与广州欧开无关，没有侵犯广州欧开的财产利益，不构成犯罪。

笔者作为第二被告邹某某的辩护人，在本案做的是罪轻辩护，对公诉机关指控邹某某伙同他人利用职务之便、虚增销售环节侵占被害公司46万余元的犯罪事实予以认可，并愿意就该部分犯罪认罪认罚。但检方指控被告人邹某某等职务侵占560余万元的部分，不仅没有法律依据，而且违背常识、常理。审查起诉期间，辩方多次与检察官沟通，认为被告人的这部分事实不构成犯罪，但检察官非常固执，最终还是提起公诉。说实话，辩方认为这部分指控根本就不值得一辩，而这种想法在第一次开庭时就得到了主审法官的认同。

# 持刀威胁被控袭警，变更罪名获得缓刑

——梁某某不构成袭警罪缓刑辩护

## 案件基本信息

1. 裁判文书号：广州市越秀区人民法院(2023)粤0104刑初814号
2. 案由：妨害公务罪、袭警罪

## 基本案情

2023年8月，被告人梁某某与其女友发生纠纷，女友叫不开门就喊来开锁师傅上门开锁换锁。开锁师傅已经是第二次上门开锁了，其十分清楚被告人与其女友之间有矛盾，且明知道房间有人，为了赚钱还强行开锁(据了解，一次开锁换锁的费用高达1500元)。这次见这个开锁师傅又来开锁，被告人梁某某非常生气，认为开锁师傅没有核实房主信息便两次擅自开锁并私入民宅的行为属于违法行为，遂打"110"报警称有陌生人擅自开锁，要求警方处理这个开锁师傅。开锁师傅见被告人梁某某报警，来不及收拾开锁工具就逃离现场。

民警出警到现场了解情况后，决定传唤被告人梁某某及其女友到派出所接受调查，梁某某一开始愿意去派出所，但在从客厅往外走经过厨房门口看到地板上的开锁工具时情绪突然爆发，冲进厨房拿起一把菜刀进行抗拒，紧跟其身后的辅警见状立即冲进厨房从身后将梁某某拦腰抱住，民警拔出枪指向梁某某，喝令其服从命令、把刀放下。梁某某在挣扎期间被民警用辣椒水喷到眼睛后便束手就擒。公安机关指控梁某某构成袭警罪，检察机关接受辩护意见变更罪名为妨害公务罪，认罪认罚后法院适用速裁程序判处被告人缓刑。

## 案件焦点

被告人梁某某是构成袭警罪还是妨害公务罪?

## 裁判结果

法院认为,公诉机关指控被告人梁某某犯妨害公务罪的事实清楚,证据确实、充分,指控罪名成立。被告人梁某某归案后能如实供述了自己的罪行,认罪认罚,且获得了被害人谅解,可以从轻处罚。公诉机关的量刑建议适当,应予采纳。辩护人相关罪轻辩护意见,本院已结合全案情况在量刑时予以考虑。依照相关法律规定,判决如下:

被告人梁某某犯妨害公务罪,判处有期徒刑6个月,缓刑1年。

## 实务技术指引

### 一、改变罪名是获得缓刑的关键,梁某某的行为不构成袭警罪

《刑法》第277条第5款规定,暴力袭击正在依法执行职务的人民警察的,处3年以下有期徒刑、拘役或者管制;使用枪支、管制刀具,或者以驾驶机动车撞击等手段,严重危及其人身安全的,处3年以上7年以下有期徒刑。据此,如果不改变罪名,则被告人存在面临3年以上的刑事处罚的高度风险,且判处缓刑可能性很小,所以此案辩护的重中之重是罪名之变。我们认为梁某某的行为不构成袭警罪:

1. 辅警能否成为袭警罪的犯罪对象存在较大争议,无论是理论界还是实务界对此都存在争议,且分歧较大。中国政法大学曲新久教授认为,袭警罪的对象"人民警察"应当基于身份确认。生活经验告诉人们,辅警的着装及形象不是"人民警察"的样子,不能代表人民警察的形象。遵循罪刑法定原则解释"人民警察"概念,必须坚守《人民警察法》所确立的"人民警察"之法定概念,不能将不是"人民警察"的辅警、协警及其他协助警察执法的现场群众解释为"人民警察"。否则,将不当扩大"人民警察"的范围,而这显然与《人民警察法》所限定的

“人民警察”范围相悖。因此，辅警不是“暴力袭击”行为的对象，更不是构成要件意义上的行为对象。即使辅警在警察指挥、监督下参与到相关执法、管理、技术支持及其他服务和劳务活动之中，也不是依法执行警察职务，而是从事辅助性的、没有独立之法律意义的勤务工作。辅警从事的不是公务，不能被视为国家机关工作人员。这里再次特别强调，就构成要件意义而言，辅警既不是袭警罪也不是妨害公务罪的行为对象。清华大学张明楷教授认为，我国《刑法》第 277 条第 5 款中的“暴力袭击”警察应限于狭义的直接暴力，即不应当包括间接暴力。暴力袭击的对象是警察本身，而不是物或者第三人，因此，即使对物的暴力或对第三人的暴力对警察产生了影响力，但若没有直接作用于警察的身体，也不能评价为暴力袭击。

司法实际中，各地法院对袭击辅警是否构成袭警罪的态度也存在差异，但多数判决都是以妨害公务定罪的，有的一审判决认为是袭警罪，二审又改判为妨害公务罪。辩护人认为，对理论和实务均有争议的案件，检察机关在处理时应当本着“刑法谦抑性”及“疑罪从无”等基本原则，对是否构成袭警罪采取限缩性、狭义性解释。

2. 梁某某主观上没有暴力袭警的故意。据了解，梁某某与其女友经常发生矛盾，对其女友两次让开锁师傅上门开锁的行为严重不满，加之要被警察传唤去派出所，遂一时冲动到厨房拿水果刀拟做出自残行为。其主要目的是吓唬其女友，并没有暴力袭警的主观故意。

3. 梁某某客观上没有暴力袭警的行为。袭警罪中的“暴力袭击”仅限于积极对警察的身体实施暴力（直接暴力）而且必须具有突然性。辩护人亲自去查看了案发现场，嫌疑人租住房间的客厅仅 10 余平方米，厨房及厨房外过道更是非常狭窄，嫌疑人几乎在去厨房墙壁上取刀的同时即被辅警从身后拦腰抱住，也就是说嫌疑人彼时的身位是背对着辅警和警察，客观上没有也不可能做出暴力袭警的行为。

4. 辅警谅解书证明嫌疑人没有故意袭警行为。辅警在谅解书中特别说明：“梁某某（被从背后拦腰抱住后）在挣扎、挣脱之时，加之眼部被喷射警用辣椒水，手中刀具不慎将谅解人手部划伤。”如前所述，“暴力袭击”只能表现为积极地攻击警察的人身，而不包括消极抵抗。嫌疑人为了揉眼而甩手挣脱，即使对警察的身体形成了直接暴力，也不能将这种单纯的消极抵抗认定为袭警行为。

## 二、找出在案证据存在的“硬伤”，为缓刑辩护提供强力支持

一是鉴定意见显示的辅警伤情与指控的事实存在明显矛盾。经仔细阅卷，辩护人发现中山大学法医鉴定中心出具的司法鉴定意见显示，辅警李某的5处轻微伤均是皮肤挫擦伤，而警方的提请批准逮捕书及起诉意见书均认为李某的轻微伤系菜刀划伤，二者存在明显矛盾。起诉书关于“辅警轻微伤的形成原因系被告人所持菜刀挫擦所致”的主张不符合生活常识，辩护人认为菜刀挫擦难以形成司法鉴定的轻微伤情。另外，鉴定意见的证据效力比被告人供述、证人证言要高，认为伤痕系用刀划伤的梁某某的讯问笔录、李某的询问笔录以及李某自己签认的擦伤图片等，因与鉴定不符，不能作为证据使用。

二是“关于是否威胁警察”的证据互相矛盾，应当作出有利于犯罪嫌疑人的解释。辩护人仔细观看了执法记录仪拍摄的视频，并未听清楚梁某某有“你不弄（捅）（杀）死我，我就弄（捅）（杀）死你们”等威胁警察的言论。梁某某无论是在4次讯问笔录还是在亲笔供词中，均没有承认自己有过这样的言语，只承认自己用想自杀的言语威胁过其女友。民警曾某的询问笔录没有涉及是否威胁警察方面的内容，辅警李某的询问笔录中“要么你弄死我，你弄不死我就弄死你”“我要弄死你”之类的语言不足为据：第一，该言语指向不明，威胁其女友的可能性更大一些；第二，辅警李某是广东人，危急之中有可能听不清犯罪嫌疑人的山东口音产生误解；第三，该证言系孤证，没有其他证据互相印证。至于其女友询问笔录中所谓的梁某某“你捅死我，捅不死我就捅死你们”的证言更不足为凭，其女友称当时并未仔细看清笔录内容，警察让签字就签了字。警方办案人员在讯（询）问时，交替使用弄、捅、杀等词语，本身也说明梁某某是否存在威胁警察的语言争议很大，言词证据互相矛盾，应当作出有利于犯罪嫌疑人的解释。

## 三、梁某某犯罪情节轻微，应当从轻或减轻处罚

被告人与其女友经常发生矛盾，对其女友两次让开锁师傅上门开锁换锁的行为严重不满，加之要被警察传唤去派出所，遂一时冲动到厨房拿刀拟做出自残行为，主要目的是吓唬其女友而非袭警或阻碍公务，更没有想到自己的行为会构

成妨害公务犯罪。且其持刀的行为没有造成任何人受伤,没有严重的后果,辅警身上的挫擦伤均是被告人被抱住后挣扎扭动形成的,与手持的刀具没有关系。从执法视频中可以看到,梁某某被喷辣椒水后即放弃了反抗,否则辅警一个人是很难夺下刀具并给梁某某带上手铐的。所以说梁某某的犯罪行为没有造成严重后果,情节显著轻微。

## 四、辅警已出具谅解书,应当减轻梁某某的刑事责任

辅警仅是表皮擦伤,没有达到轻微伤标准。梁某某未捕取保获释后,亲自向辅警赔罪道歉。辅警在谅解书中明确表示:案件发生后,梁某某的家属及案件当中的另一名当事人,多次主动对我进行探望,郑重、诚恳地向本人赔礼道歉,积极主动与我协商赔偿事宜。本人经慎重考虑自愿对其予以谅解,不再追究当事人梁某某的任何刑事责任和民事赔偿责任。

# 罪轻辩护

# 集资诈骗还是非法吸收公众存款的辩护

## ——王某等非法吸收公众存款案罪轻辩护

### 案件基本信息

1. 裁判文书号：广州市荔湾区人民法院(2019)粤0103刑初693号

2. 案由：诈骗、非法吸收公众存款

### 基本案情

2017年10月，某甲、某乙与广州某公司负责人某丙、某丁商定，合作开发“××棋牌”网络游戏项目。其中，某甲、某乙担任“××棋牌”网络游戏平台的总代理，通过向下发展代理的模式，吸引广大网民投资。某丙、某丁等人负责“××棋牌”网络游戏平台的后台管理。2017年11月，“××棋牌”游戏平台正式上线营运。

某甲、某乙等人通过微博、微信等方式吸引广大网民投资，根据所投入费用多少可分别成为金牌、银牌和铜牌代理，并可获得相应的房卡和积分。房卡可自用或出售他人玩游戏，积分可兑换房卡或返现（以金牌代理为例，投资3万元即可成为金牌代理，获得9万房卡和9万积分。9万房卡可自用或出售他人玩游戏，9万积分可兑换房卡，也可按日千分之一递减返现，406天能够回本）。某甲还以发展一个金牌代理奖励人民币6000元等方法诱使更多网民投资。同时，某甲、某乙、某丙、某丁等人还在广州市、上海市等地举办论坛，宣称“××棋牌”已获得艾美创投1亿元风投并发布打造百万财富计划，鼓动广大网民投资。

经统计，从2017年11月至2018年4月，某甲、某乙共发展各级代理数千人，收取代理费共计人民币2000余万元。2018年5月初，因内部矛盾，

“××棋牌”停止向各级代理积分返现，各级代理遂向公安机关报案。公安机关刑事立案，并将某甲、某乙、某丙、某丁及公司其他几位部门负责人抓获。王某系其中一个技术部门的负责人，负责网络游戏平台的运营维护，没有发展代理，除了工资外没有其他非法收入。

## 案件焦点

检察院指控，某甲、某乙、某丙、某丁等各被告人以非法占有为目的，虚构事实，诈骗公私财物，数额特别巨大，构成诈骗罪，并建议量刑5到6年。辩护律师认为，本案各被告人客观上并未实施虚构事实或隐瞒真相的诈骗行为，主观上不存在非法占有他人财产的目的和故意，不构成诈骗罪。本案庭审过程中，公诉人和辩护人就各被告人行为的定性问题展开激烈的辩论，主要集中在：(1)各被告人客观上是否实施了虚构事实或隐瞒真相的诈骗行为？(2)各被告人主观上是否存在非法占有的目的和诈骗的故意？(3)各被告人的行为是构成诈骗罪，还是非法吸收公众存款罪，抑或领导、组织传销活动罪？

## 裁判结果

诈骗罪(集资诈骗罪)，客观上应实施虚构事实或者隐瞒真相的行为，主观上应具备非法占有他人财产的目的和故意。对于虽然在经营活动中夸大宣传，但存在实际经营业务，且不具有非法占有目的的行为，不应定性为诈骗罪(集资诈骗罪)。本案中，经有效辩护，法院最终未采纳公诉机关的诈骗罪重罪指控，而采纳了辩护律师意见认定为非法吸收公众存款罪。法院采纳了辩护律师的辩护意见，纠正了公诉机关诈骗罪的错误定性，认定被告人的行为构成非法吸收公众存款罪，按照相关法律规定判决如下：

判处王某有期判刑1年3个月。

## 实务技术指引

近年来，商业领域的新型经济模式不断涌现，而相应的法律规制却严重滞后，导致不少经济主体打着“创新经济”“共享经济”的旗号，从事违法犯罪活动，影响正常的经济社会秩序。这些犯罪行为主要集中在集资诈骗、非法吸收公众存款和组织领导传销活动等方面。诸如云联惠、云付通、团贷网等企业的“爆雷”,都曾引发社会的广泛关注。

以上几种犯罪性质不同,但在客观和主观方面都存在诸多关联和竞合。司法实践中,区分罪与非罪、此罪与彼罪,准确进行定罪量刑,是司法机关更是辩护律师的职责所在。本案共 5 名被告,案情较为复杂,不仅司法机关对涉案罪名有不同的看法,5 名被告的辩护律师对涉案罪名的辩护意见也不尽相同,有的认为不构成任何犯罪,有的认为构成组织、领导传销活动罪,还有的认为构成非法吸收公众存款罪。不同的犯罪,尤其是诈骗罪和其他犯罪,在量刑方面存在巨大差别,存在关联和竞合的金融类犯罪的辩护要点毫无疑问地是要准确定性。

我们辩护律师结合案件事实,通过对各被告人在客观和主观方面的认真、细致分析,提出各被告人不构成诈骗罪的辩护意见。最终,法院采纳了辩护意见,纠正了公诉机关的错误指控,从而大大降低了刑期,取得了良好的辩护效果。

第一,诸被告人的行为不构成诈骗罪。

诈骗罪,是指以非法占有为目的,采用虚构事实或者隐瞒真相的方法,骗取公私财物的行为。同时,非法占有公私财物,是实施诈骗犯罪的根本目的。

本案中,各被告人确实有鼓吹“××棋牌”已获艾美创投 1 亿元风投的虚假宣传行为,但这一虚假宣传行为并不足以造成各下线代理错误判断而进行投资,不属于刑法意义上的虚构事实。某甲、某乙收取下线代理的投资款后,按约定拨付了相应房卡和积分给下线代理,某丙、某丁等人因与某甲发生纠纷而停止其中的积分返现,但房卡和积分的其他功能仍然有效,故现有证据不能证实各被告人具有非法占有公私财物的主观故意。因此,各被告人的行为不构成诈骗罪。

第二,各被告人的行为不构成组织、领导传销活动罪。

组织、领导传销活动罪,是指行为人组织、领导以推销商品、提供服务等经营活动为名,要求参加者以缴纳费用或者购买商品、服务等方式获得加入资格,并按照一定顺序组成层级,直接或者间接以发展人员的数量作为计酬或者返利依据,引诱、胁迫参加者继续发展他人参加,骗取财物,扰乱经济社会秩序的传销活动行为。该罪的行为人是以推销商品、提供服务等经营活动为名,实际上并无合法的经营活动,同时行为人以“拉人头”、收取“入门费”等方式骗取财物。骗取财物是组织、领导传销活动罪的本质特征。

本案中，某甲、某乙等人推广“××棋牌”过程中确实存在发展金、银、铜牌下线代理，并给予发展者一定的奖励行为，但“××棋牌”作为棋牌游戏，有提供玩家玩游戏等服务，其发展代理主要是为了推广“××棋牌”，现有证据不能证实其有骗取财物的主观故意。因此，各被告人的行为也不构成组织、领导传销活动罪。

第三，各被告人的行为构成非法吸收公众存款罪。

非法吸收公众存款罪，是指违反国家有关规定，非法吸收公众存款或者变相吸收公众存款，扰乱金融秩序的行为。该罪客观方面表现为非法向社会公开吸收公众存款或者变相吸收公众存款的行为。根据最高人民法院《关于审理非法集资刑事案件具体应用法律若干问题的解释》（法释〔2010〕18 号）第 1 条规定，违反国家金融管理法律规定，向社会公众（包括单位和个人）吸收资金的行为，同时具备下列 4 个条件的，除《刑法》另有规定的外，应当认定为《刑法》第 176 条规定的“非法吸收公众存款或者变相吸收公众存款”：（1）未经有关部门依法批准或者借用合法经营的形式吸收资金；（2）通过媒体、推介会、传单、手机短信等途径向社会公开宣传；（3）承诺在一定期限内以货币、实物、股权等方式还本付息或者给付回报；（4）向社会公众即社会不特定对象吸收资金。未向社会公开宣传，在亲友或者单位内部针对特定对象吸收资金的，不属于非法吸收或者变相吸收公众存款。

本案中，各被告人为推广“××棋牌”游戏项目，从社会公众中招收代理，而成为各级代理需要投资相应的费用，其实质是一种变相吸收公众存款的行为。同时，各被告人宣称的“每月返现 2600 元，406 天能回本”“躺着都能挣钱”的积分返现活动，属于变相的还本付息或给付回报。因此，各被告人的行为符合非法吸收公众存款罪的构成要件，应定性为非法吸收公众存款罪。

# 认罪换自首，“辩诉交易”的成功实践

——谭某行贿案罪轻辩护

## 案件基本信息

1. 裁判文书号：广东省中山市中级人民法院(2018)粤20刑初字50号
2. 案由：行贿罪

## 基本案情

2014年4月，被告人谭某因涉嫌假冒注册商标罪(后因本罪被判有期徒刑2年6个月，缓刑4年)被某市公安局刑事拘留。其间，为使自己取保候审，通过他人指使同案犯向某公安分局局长行贿，被告人家属交给同案犯现金人民币50万元，同案犯截留20万元，贿送公安分局局长30万元。检方指控被告行贿50万元。

2014年6月，被告人委托同案犯找人为其撤销涉嫌假冒注册商标罪案件，并交给同案犯150万元用于“活动关系”，后同案犯一直未能找到相关人员帮忙处理销案事宜，并将该款项用于个人支出。检方指控被告行贿(预备)150万元。

2014年5月，被告人在其涉嫌假冒注册商标案件被查办过程中，想让时任某公安局经侦支队教导员帮忙协调判处缓刑，向其行贿现金人民币10万元。

## 案件焦点

检方指控本案被告人谭某行贿既遂60万元、预备150万元，数额达到《刑法》第 390 条第 1 款规定的“情节严重”的标准，还有两个加重情节：一是向 3 人以上行贿；二是向司法工作人员行贿，影响司法公正。这些犯罪事实在司法实践中有可能被判处 5 年以上 10 年以下有期徒刑。行贿及行贿预备是否成立，自首情节是否成立，是被告从轻和减轻量刑的关键因素。

## 裁判结果

某中级人民法院经审理认为，被告人谭某无视国家法律，为谋取不正当利益，向国家工作人员行贿，情节严重，已构成行贿罪，应依法惩处；被告人谭某在缓刑考验期限内被发现判决宣告以前还有其他罪没有判决，依法应当撤销缓刑并数罪并罚，被告人谭某第一宗行贿数额中的 20 万元及第二宗行贿数额 150 万元，均为犯罪预备，依法可以比照既遂犯减轻处罚；被告人谭某自动投案后，如实供述犯罪事实，有自首情节，依法可以减轻处罚。公诉机关指控的基本犯罪事实清楚，证据确实、充分，罪名成立，应予支持。综上，依照相关法律规定，判决如下：

撤销中山市第二人民法院刑事判决第 2 项中的宣告缓刑部分。被告人谭某犯行贿罪，判处有期徒刑 1 年 6 个月，犯假冒注册商标罪，判有期徒刑 2 年 6 个月，并处罚金人民币 10 万元。最终决定执行有期徒刑 3 年，并处罚金人民币 10 万元。

## 实务技术指引

接受委托后，张文明律师团队对此案进行了详细的研究，认为此案情况非常特殊，不能按常规的辩护思路辩护，并随即采取了一整套的组合辩护措施，终于取得了非常难得的轻判效果，法院轻判被告有期徒刑 1 年 6 个月，实际执行半年。

### 一、专家论证，高屋建瓴

此案比较复杂：一是被告对第一宗罪不予认可。被告在被拘留之前曾联系同案犯要其帮忙，被拘留后会见律师时，也要求律师转告其妻子找同案犯帮忙。

但被告没有明确帮忙的含义,没有明确要其妻子及同案犯去行贿。其在被羁押状态下是否能够支配和控制实际行为人实施犯罪行为,也就是说是否构成间接正犯存在很大争议。被告对此宗罪一直不认,检方也据此认为其不构成自首。二是行贿预备犯罪十分罕见。司法实践中,对截贿行为通常会认定为诈骗罪、侵占罪或者按事后不可罚的行为处理,少见按行贿预备认定。第二宗犯罪的行贿意图是根本不可能实现的公安机关撤销案件,事前被告人曾拖欠同案犯 200 万元的工程款,这一行为很可能是经济纠纷,如果构成犯罪的话似乎同案犯具有明显的诈骗意图。检方指控行贿预备,颠覆了传统意义上的犯罪预备概念,十分罕见。更为麻烦的是,150 万元已经被检察机关作为犯罪金额予以收缴国库。三是第三宗行贿犯罪的受贿人没有被追究刑事责任。行贿受贿作为对合犯,一般情况下受贿重于行贿,受贿不予追究刑责,单方追究行贿方有失公允。面对复杂的案情,在被告亲属的大力支持下,张文明律师带助手赴北京邀请北大、清华刑法、刑诉法领域专家教授,对此案进行了认真的研讨论证并出具了专家论证意见,专家意见高屋建瓴,为此案的有效辩护奠定了扎实的法律基础。

## 二、主动作为,调查取证

有人形容刑辩律师是刀尖上的舞者,执业风险很大。《刑法》第 306 条的"律师伪证罪"(辩护人、诉讼代理人毁灭证据、伪造证据、妨害作证罪)也确实像一把"达摩克利斯之剑"高悬在刑辩律师头顶。但张文明律师始终认为,刑事辩护要想取得明显成效,刑辩律师就必须主动作为,敢于调查取证,而且始终相信,刑事执业风险并没有想象中那么可怕,只要实事求是不弄虚作假,加上注意取证的方式和技巧,执业风险完全是可以避免的。此案中,被告在接到电话后主动到案是自首成立的前提。据了解,被告是接到电话后主动到公安分局,由公安分局将其送到纪委接受调查的。对此,辩护人先到公安分局了解情况,但办案民警称是受纪委委托打电话通知被告的,他们不便出具被告主动到案的证明。被告人并非国家工作人员职务犯罪,纪委也不愿出具任何材料。与纪委沟通受阻后,辩护律师及时申请法院调取被告主动到案的证据。

辩护律师听说第三宗行为的受贿人没有被追究刑事责任,于是亲自到受贿人单位调查了解情况,并亲自与受贿人联系核实相关事实,后得知纪委已经对受贿人作出党纪处分,但受贿人还在正常上班,确实没有被追究刑事责任。于是辩护人及时申请法庭调取与此相关的文件资料,对上述事实予以佐证。主动作为调取的证据对法院认定自首及轻判起到了关键的作用。

不可否认,律师在刑事辩护中调查取证会遇到许多困难。近年来民事诉讼中出现了律师调查令制度,对此,笔者也曾撰文呼吁,期盼出台刑事诉讼律师调查令制度。下面简要概述两个相关案例以作说明。

笔者曾办理一起因民间借贷引起的诈骗案件,涉案金额上亿元,没有想到的是,在调取证据上遇到了无法克服的"瓶颈"和障碍。犯罪嫌疑人原系当地知名的房地产商和企业老板,因借高利贷导致资金紧张,为继续借款维持经营,遂编造一些虚假的项目和凭据,最终因没能按时还款被刑事立案。和许多企业一样,嫌疑人被追逃和羁押后,本来难以为继的企业雪上加霜,只能加速破产。

该案系复杂疑难的刑民交叉案件,嫌疑人是否构罪,构成何罪,控辩双方争议很大。控方先后以合同诈骗罪、诈骗罪将嫌疑人刑拘和逮捕,辩方则坚持认为嫌疑人不构成犯罪。据嫌疑人反映,其经营的工厂资产近 2 亿元,案发前为贷款还对该厂的资产进行过评估。辩护人敏锐地觉察到,该份资产评估报告极为重要,甚至可以作为犯罪嫌疑人无罪或罪轻的证据,遂立即申请检察机关调取该证据,检察机关也很给力,要求侦查机关尽快调取。但令人遗憾的是,辩护律师二次阅卷时没有在补充案卷中找到该份证据。无奈之下,辩护律师只能开具所函,持律师证尝试到评估公司及贷款的银行调取证据。不出所料,结果完全是事前都可以预见的"未果"。

与此不同的是,另外一个案件持法院调查令成功地进行了调查。该案也是一起刑民交叉疑难案件,不过最后走的是民事程序。申请法院调取证据后,法院及时向相关单位发函,但调取未果。代理律师不甘心,便依据广东省高级人民法院、广东省司法厅《关于在民事诉讼中实行律师调查令的规定(试行)》(正式规定已出台),向法院申请调查令,后持调查令亲自到相关单位调取证据,才获得比较理想的结果。

上述两个案件都是复杂疑难刑民交叉案件,一个刑事,一个民事,都是申请司法机关调取证据,但一个"未果",一个"有果","有果"的是有规定,"没果"的是没依据。笔者由此产生了一个大胆的建议:尽快制定在刑事诉讼中实行律师调查令的规定。

我们先来找找制定此规定的上位法依据。《刑事诉讼法》第 42 条规定，辩护人收集的有关犯罪嫌疑人不在犯罪现场、未达到刑事责任年龄、属于依法不负刑事责任的精神病人的证据，应当及时告知公安机关、人民检察院；第 43 条规定，辩护律师经证人或者其他有关单位和个人同意，可以向他们收集与本案有关的材料，也可以申请人民检察院、人民法院收集、调取证据，或者申请人民法院通知证人出庭作证。辩护律师经人民检察院或者人民法院许可，并且经被害人或者其近亲属、被害人提供的证人同意，可以向他们收集与本案有关的材料。

《律师法》第 35 条规定，受委托的律师根据案情的需要，可以申请人民检察院、人民法院收集、调取证据或者申请人民法院通知证人出庭作证。律师自行调查取证的，凭律师执业证书和律师事务所证明，可以向有关单位或者个人调查与承办法律事务有关的情况。

尽管上述法律规定律师可以收集、调查有关的材料、情况，但律师所的"信"和"函"，远不及司法机关的"调查令"权威，故此笔者建议司法机关尽快出台关于在刑事诉讼中实行律师调查令的规定。

## 三、"辩诉交易"，认罪换自首

"辩诉交易"是个美国产品，是指在法院开庭审理之前，作为控诉方的检察官和代表被告人的辩护律师进行协商，以检察官撤销指控、降格指控或者要求法官从轻判处刑罚为条件，来换取被告人的有罪答辩，进而双方达成均可接受的协议。通俗地说，"辩诉交易"就是在检察官与被告人之间进行的一种"认罪讨价还价"行为。通过这样一种制度，检察官、法官可以用更少的司法资源处理更多的刑事案件，在提高办案效率的同时罪犯也得到了较之原罪刑减轻了一定程度的刑事制裁，从而对双方都有利，形成一种"双赢"的局面。

"辩诉交易"之所以打上双引号，就是因为我国目前的司法制度还缺乏此项设计。尽管我国法律没有明文规定"辩诉交易"制度，但司法实际却早有先例。早在 2002 年 4 月，黑龙江省牡丹江市铁路运输检察院和铁路运输法院就经协商并报高级法院批准，率先采取"辩诉交易"的方式审结了孟广虎故意伤害案。媒体将此案称为"中国辩诉交易第一案"。近年来颁布的司法解释也不时会出现"辩诉交易"的身影，如最高人民法院、最高人民检察院、司法部《关于适用简易程序审理公诉案件的若干意见》以及《关于适用普通程序审理“被告人认罪案件”的若干意见(试行)》中都作了类似规定。然而,这并不是完全意义的“辩诉交易”,因为“辩诉交易”的交易双方应该是辩方和诉方,而上述规定的主导机关却是人民法院。

鉴于“辩诉交易”的中国特色,本案辩护中,张文明律师团队对此进行了大胆的尝试并取得成效。辩护律师10多次会见被告,两次到检察院与办案检察官进行沟通,多次与办案法官进行沟通,认为被告到案后已经如实供述自己的罪行,公诉方所说的没有及时供述第一宗行贿行为不是事实,被告在先后9次被讯问中均如实供述了自己所有的犯罪事实,被告的行为完全符合自首的特征。至于第一宗行贿行为被告是否构罪,应由合议庭依法确认。合议庭确认后,被告也当庭表示认罪,并希望得到从宽处理。此案最终以概括认罪(第一宗)换取了自首,自首的认定为全案的轻判起到了决定性作用,以认罪换取自首,堪称“辩诉交易”的一次成功实践。

# 利用打车软件诈骗滴滴公司犯罪金额如何认定

## ——巢某诈骗案罪轻辩护

## 案件基本信息

1. 裁判文书号:广州市黄埔区人民法院(2019)粤0112刑初263号
2. 案由:诈骗罪

## 基本案情

2018年7月起,被告人巢某在"老朋友"软件上购买注册了用户名为"Ljw555"的账号为其个人使用,后利用被害单位××有限公司广东分公司(以下简称滴滴公司)的系统漏洞,通过"老朋友"软件连接"火云""五一快码""神话""短租""芒果云"等软件获取不同的滴滴账号,并使用NZT软件进行刷机,从而可以在同一台手机设备上登录多个滴滴账号,在"××出行"App上为他人叫车,他人用车结束,被告人巢某收取车费却不向滴滴公司付款,导致滴滴公司无法收取车费。除上述方式之外,被告人巢某还采取收到他人用车服务要求后,将用车要求在微信群内发送给其上家,上家叫车后将叫车截图发送给他,他再发送给乘客,乘客用车结束,他与上家收钱后却不付款给滴滴公司的方式赚取利润。侦查机关认定,被告巢某等人在"老朋友"软件内产生的未支付订单共28,839单,造成滴滴公司436.49万元的巨大损失。公安机关起诉意见书认为,至案发共查获巢某未支付订单639单,价值人民币163,973.51元。检察机关采纳律师关于犯罪金额的辩护意见,指控被告人巢某先后通过35个订单骗取滴滴公司车费共计人民币6489.31元,认为被告人巢某虽不具有自首情节,但是如实供述自己的罪行,根据《刑法》第67条第3款的规定,可以从轻处罚。公诉机关建议对被告人巢某判处6个月以上9个月以下有期徒刑，并处罚金。

被告人巢某已于庭前向公诉机关签署了认罪认罚具结书，对公诉机关指控的犯罪事实、罪名及量刑建议当庭表示没有异议。

## 案件焦点

本案系新类型网络诈骗犯罪案件，犯罪金额难以认定。犯罪金额是定罪量刑的重要指标，犯罪金额如何认定是该案的唯一焦点。

## 裁判结果

广州市某区法院经审理查明，被告人巢某的犯罪事实，有公诉机关提供的经法庭质证的被告人巢某的供述与辩解，被害单位代表刘某的陈述，订单截图等书证，勘验、检查材料及照片，搜查、扣押材料，视听资料，鉴定意见，归案经过，户籍和前科查询材料等证实，被告人巢某当庭供认不讳。法院认为，被告人巢某诈骗公司财物，数额较大，应以诈骗罪追究其刑事责任。被告人巢某归案后能如实供述自己的罪行，认罪认罚，可从轻处罚。综上所述，依照相关法律规定，判决如下：

(1)被告人巢某犯诈骗罪，判处有期徒刑7个月，并处罚金人民币1000元。

(2)责令被告人巢某自本判决发生法律效力的第2日起15日内向被害公司退赔6489.31元。

## 实务技术指引

### 一、面对新形式诈骗犯罪，要把辩护重点放在降低犯罪金额上

诈骗犯罪的犯罪金额对量刑至关重要。《刑法》第266条规定，诈骗公私财物，数额较大的，处3年以下有期徒刑、拘役或者管制，并处或者单处罚金；数额巨大或者有其他严重情节的，处3年以上10年以下有期徒刑，并处罚金；数额特别巨大或者有其他特别严重情节的，处10年以上有期徒刑或者无期徒刑，并处罚金或者没收财产。本法另有规定的，依照规定。

最高人民法院、最高人民检察院《关于办理诈骗刑事案件具体应用法律若干问题的解释》(法释〔2011〕7 号)第 1 条规定,诈骗公私财物价值 3000 元至 10,000 元以上、3 万元至 10 万元以上、50 万元以上的,应当分别认定为《刑法》第 266 条规定的“数额较大”“数额巨大”“数额特别巨大”。各省、自治区、直辖市高级人民法院、人民检察院可以结合本地区经济社会发展状况,在前款规定的数额幅度内,共同研究确定本地区执行的具体数额标准,报最高人民法院、最高人民检察院备案。第 2 条规定,诈骗公私财物达到本解释第 1 条规定的数额标准,具有下列情形之一的,可以依照《刑法》第 266 条的规定酌情从严惩处:(1)通过发送短信、拨打电话或者利用互联网、广播电视、报刊杂志等发布虚假信息,对不特定多数人实施诈骗的;(2)诈骗救灾、抢险、防汛、优抚、扶贫、移民、救济、医疗款物的;(3)以赈灾募捐名义实施诈骗的;(4)诈骗残疾人、老年人或者丧失劳动能力人的财物的;(5)造成被害人自杀、精神失常或者其他严重后果的。诈骗数额接近本解释第 1 条规定的“数额巨大”“数额特别巨大”的标准,并具有前款规定的情形之一或者属于诈骗集团首要分子的,应当分别认定为《刑法》第 266 条规定的“其他严重情节”“其他特别严重情节”。

由此可见,如果按照公安机关起诉意见书认定的 16 万余元作为犯罪金额,被告人巢某将要被判处 3 年以上 10 年以下有期徒刑,而且其还存在发短信,利用互联网对不特定多数人实施诈骗的加重情节。面对此类新形式的网络诈骗犯罪,辩护律师应把降低犯罪金额作为唯一的辩护重点。

对于此类诈骗犯罪,部门疑难案件研究中心多次开会研究案情,认为公安机关将巢某注册但并非自己使用的另外三个账号“Ljw557”“Ljw558”“Ljw559”的几百条叫车未支付的记录全部算在被告人名下明显违背案件事实,认定被告人诈骗金额 16 万余元缺乏事实依据。辩护团队曾试图委托第三方鉴定机构进行鉴定,但无奈的是许多机构对此类型犯罪闻所未闻,更不知如何进行鉴定。最终,案卷中几万条叫车记录及微信转款截图还得靠辩护律师人工进行仔细甄别。经多次阅卷、审核发现,被告本人及上家叫车未支付的订单在其手机微信上均有记载,而通过手机微信截图计算出来的金额更接近客观真实。辩护律师及时与检察机关沟通,公诉人严谨负责,最终认定被告人先后通过 35 个订单骗取滴滴公司车费 6489.31 元,大大降低了被告人的诈骗犯罪金额。

## 二、建议对认罪认罚案件的犯罪嫌疑人大胆地取保候审和监视居住，防止刑期“倒挂”羁押期

被告人巢某被羁押6个多月，判刑7个月，判决生效后很快就可以出来，这种情形被称作“实报实销”。被告人对“实报实销”的刑期非常满意。与被告人感受不同的是，尽管此案辩护比较成功，但却并不能令辩护人满意。广东省高级人民法院、广东省人民检察院《关于确定诈骗刑事案件数额标准的通知》规定，一类地区包括广州、深圳、珠海、佛山、中山、东莞6个市，诈骗数额较大的起点掌握在6000元以上。据此，6000元刚刚达到起刑点，被告人系在校大四学生，还有一些减轻从轻的情节，如果被告人没有被实际羁押长达6个多月，那么被告人的实际刑期还有可能更低，甚至还有可能不起诉或者免予刑事处罚。类似的“实报实销”判例还有许多，相信每个刑辩律师都遇到过，法庭对罪行较轻的被告人判决的刑期往往取决于其被羁押的时间，判决的刑期会稍微大于羁押时间，这就是所谓的刑期倒挂羁押期限问题。

“实报实销”是刑事司法实践中的客观存在的现象，因程序问题导致实体的不公，有违罪刑相适应原则。对认罪认罚案件犯罪嫌疑人、被告人采取取保候审和监视居住等非羁押措施是解决“实报实销”、刑期“倒挂”羁押期限问题的有效措施。

最高人民法院、最高人民检察院、公安部、国家安全部、司法部《关于适用认罪认罚从宽制度的指导意见》（高检发〔2019〕13号）第21条规定，已经逮捕的犯罪嫌疑人、被告人认罪认罚的，人民法院、人民检察院应当及时审查羁押的必要性，经审查认为没有继续羁押必要的，应当变更为取保候审或者监视居住。该规定对执法机关处理该类案件起到了巨大的导向作用，在侦查阶段认罪认罚的犯罪嫌疑人，办案单位完全可以采取取保候审、监视居住等非羁押类强制措施，有效减少审前羁押，进而避免“刑期倒挂”“关多久判多久”的情况出现。

其实许多规定都是原则性的，“粗线条”的法律规定不具操作性，要想从根本上解决问题确实难度很大。例如，让基层办案人员主观判断犯罪嫌疑人是否具有“社会危险性”、是否可以取保候审，确实勉为其难。解决此问题的办法也不是没有：通过立法或出台司法解释的方式予以解决就可以事半功倍、一劳永逸。比如，出台司法解释规定应当取保候审的具体情形，将原有的怀孕、哺乳期

及患有严重疾病应当取保候审的情形大幅扩大，对轻微的经济犯罪、单位犯罪、过失犯罪、认罪认罚及自首立功等犯罪嫌疑人也均规定应当取保候审，基层执法人员遵守规定、照章办事即可。

## 三、建议建立侦查阶段"认罪从快"制度，缩短轻微小刑事案件的侦查期限

我国法律对于审查起诉及审理阶段认罪认罚案件如何处理，有十分明确的规定。《刑事诉讼法》第 172 条第 1 款规定，人民检察院对于监察机关、公安机关移送起诉的案件，应当在 1 个月以内作出决定，重大、复杂的案件，可以延长 15 日；犯罪嫌疑人认罪认罚，符合速裁程序适用条件的，应当在 10 日以内作出决定，对可能判处的有期徒刑超过 1 年的，可以延长至 15 日。第 225 条规定，适用速裁程序审理案件，人民法院应当在受理后 10 日以内审结；对可能判处的有期徒刑超过 1 年的，可以延长至 15 日。

但侦查阶段是否可以适用认罪认罚从宽制度，争议很大：一种说法认为侦查机关的主要任务是侦查取证，并不具有"罚"的职责和"宽"的义务，不宜适用认罪认罚从宽制度，在现有法律框架下，突破侦查阶段的特殊性而强硬地适用认罪认罚从宽制度，可能会带来一系列难以预估的后果；另一种说法认为侦查阶段适用认罪认罚从宽制度，允许犯罪嫌疑人对自身行为和犯罪事实进行承认，有利于挽回或减少犯罪造成的危害后果，收集证据及破案的难度和阻力也会更小。

《刑事诉讼法》第 182 条第 1 款规定，犯罪嫌疑人自愿如实供述涉嫌犯罪的事实，有重大立功或者案件涉及国家重大利益的，经最高人民检察院核准，公安机关可以撤销案件，人民检察院可以作出不起诉决定，也可以对涉嫌数罪中的一项或者多项不起诉。由此可见，侦查机关在实体层面的司法处置权限十分小，只有在确实无罪或是有重大立功或者案件涉及国家重大利益并经最高人民检察院核准的情形下才有案件撤销权。

从《刑事诉讼法》的上述具体规定及司法实践看，刑期"倒挂"羁押期限的原因主要是侦查阶段期限太长，即时间主要耽搁在了捕前捕后的侦查阶段。为此，笔者建议，逐步建立侦查阶段"认罪从快"制度，对自首、认罪等可能判处 1 年以下有期徒刑的轻微小案件，可以规定较短的侦查期限，与检法两院的速裁和简易程序呼应配套。

# 对新类型网络犯罪要敢于质疑指控的罪名

——杨某等结伙盗窃案罪轻辩护

## 案件基本信息

1. 裁判文书号：

河南省焦作市解放区人民法院(2018)豫0802刑初1号

河南省焦作市中级人民法院(2019)豫08刑终108号

2. 案由：盗窃罪

## 基本案情

2016年6月，犯罪嫌疑人杨某用2万元从所谓赌博网站的"客服"处，购买到被害人侯某在河南某市建行办理的银行卡的"四要素"(姓名、身份证号、银行卡号、银行卡绑定电话)，又通过QQ群付费查询到了该银行卡账户余额有200多万元。杨某多次拨打侯某手机都没人接听(侯某因涉嫌刑事犯罪，手机及涉案银行卡均被查扣)，就认为该账户的资金很可能是赌博赃款等非法款项，就算"黑吃黑"被害人也不敢报警。杨某听说利用网上流传的"代扣"业务可以将侯某账户内的资金转出，但自己不懂如何操作代扣业务，遂通过QQ联系到了专门从事代扣业务的福建人欧某、高某，并将上述银行卡信息提供给了欧某、高某等人，约定由欧某、高某想办法代扣上述银行卡内的资金，代扣成功后双方五五分成。

其后，欧某、高某二人利用杨某提供的信息，伪造被害人侯某签名分别与广州某公司、广州某某公司、上海某公司(前两个公司是欧某、高某在网上购买得来，上海某公司是由欧某注册成立的公司)签订了《代扣委托协议》，以此为基础利用网络技术与第三方支付平台深圳某公司对接，将侯某账户内的资金多次转出。2016 年 7 月 28 日至 12 月 18 日，欧某、高某二人利用金融代扣业务，采取上述方式代扣被害人侯某建行卡内资金 107 笔，共计 516.5 万元(侯某卡内原有 200 多万元，后卡里不断有理财资金汇入，总额高达516.5 万元)。杨某分得 245 万余元。

## 案件焦点

此案系一起复杂疑难的新类型网络犯罪案件，案件性质争议很大。警方指控的罪名为结伙盗窃；作为杨某的辩护律师，我们认为杨某构成侵犯公民个人信息犯罪；检察机关采纳辩护律师意见，指控杨某构成侵犯公民个人信息犯罪，欧某、高某二人构成盗窃；欧某、高某的辩护律师有的认为构成掩饰、隐瞒犯罪所得，非法经营罪，有的认为涉嫌帮助信息网络犯罪活动罪。法院则认为杨某、欧某、高某三人均构成了盗窃犯罪，上诉后二审维持了一审的判决。本案涉案金额高达 500 多万元，作案手法完全突破了传统意义盗窃犯罪的概念，被告究竟构成何罪是本案的争议焦点，以至于开庭时竟然上演了一场罕见的辩护人之间的“内战”。

## 裁判结果

焦作市某区人民法院一审认为，2016 年 6 月，被告人杨某非法购买到被害人侯某的中国建设银行卡(卡号 43 × × ×24)的相关信息，即持卡人姓名、身份证号、银行卡号、银行卡绑定电话等“四要素”。后杨某联系被告人高某和欧某，将“四要素”提供给欧某、高某二人，通过欧某、高某二人盗刷侯某银行卡内资金。2016 年 7 月 28 日至 12 月 18 日，欧某、高某利用金融代扣业务，通过伪造虚假协议等方式，非法盗刷侯某银行卡内的资金 516.5 万元。被告人杨某分得 245.7528 万元，被告人高某、欧某共分得 270.7472 万元。某区人民法院认为，杨某、欧某、高某以非法占有为目的，采用秘密手段窃取他人财物，数额特别巨大，其行为均已构成盗窃罪。依照相关法律规定，判决如下：

(1)被告人欧某犯盗窃罪，判处有期徒刑 12 年 6 个月，并处罚金 30 万元。

(2)被告人高某犯盗窃罪，判处有期徒刑 12 年 6 个月，并处罚金 30 万元。

(3)被告人杨某犯盗窃罪，判处有期徒刑 11 年，并处罚金 30 万元。

三被告不服提出上诉,市中级人民法院驳回上诉,维持原判。

## 实务技术指引

警方的起诉意见书指控三名被告构成盗窃犯罪,并将杨某排在第一顺位。警方指控的盗窃罪名如果成立,杨某作为盗窃500余万元犯罪团伙主犯,可能面临重刑。所以,张文明律师团队接案后就将审前辩护的重点放在变更杨某涉嫌的罪名之上。我们认为杨某涉嫌的罪名应为侵犯公民个人信息罪,而非警方指控的盗窃犯罪,理由如下。

(一)杨某仅仅是收买并向他人出售公民个人信息,没有窃取他人的财物的行为

2016年6月,杨某通过与网友聊天得知有些赌博网站存在漏洞,赌博网站的管理员通过技术手段就可以获取网站上某些人的个人信息。其后,杨某通过QQ联系网名为"客服""小汐""查卡"等人,购买到本案侯某的姓名、身份证号、银行卡卡号、该银行卡绑定的手机号码等个人信息,并将得到的信息提供给了欧某、高某。至于欧某、高某等人是否能够利用上述个人信息获取银行卡内资金,利用何种手段完成代扣,杨某并不关心,既没有询问对方,也没有要求对方保证代扣出多少数额,更没有参与代扣的具体操作。

根据《刑法》第264条、第265条的规定,盗窃罪成立客观上要求行为人秘密窃取他人所有的财物,窃取行为是排除他人对财物的支配,建立新的支配关系的过程。本案中,杨某对代扣的具体操作并不知情,没有参与代扣,没有秘密窃取他人财物的行为,也没有剥夺被害人侯某对卡内资金的支配,杨某提供银行卡信息的行为更不会自然地使其本人占有、支配涉案银行卡内的资金。据此,杨某并没有实行盗窃的行为。

(二)杨某的行为与涉案银行卡内资金被代扣之间并不存在直接的因果关系

杨某将侯某的个人信息提供给欧某、高某的行为并不一定会导致侯某银行卡内的资金被盗的结果。我们可以设想几种情形:第一,如果欧某、高某二人没有能力通过代扣将卡内资金盗走则不会发生犯罪结果;第二,如果被害人侯某在涉案银行卡内的资金开始被代扣时就能及时发现并办理挂失,也能避免巨额损

失;第三,深圳代扣公司接到投诉发现异常后曾冻结了涉案银行卡,欧某、高某二人如果没有通过欺骗手段更改银行卡捆绑的联系电话,也可以避免部分损失。由此可见,杨某提供公民个人信息的行为并不必然导致扣款结果的发生,银行卡内巨额资金被代扣是客观事实,但与杨某的行为没有直接的因果关系。

根据刑法的因果关系理论,因果关系的判断禁止脱离事实存在而只讨论抽象规范的因果。第一,因果关系中的原因是指具体的实行行为而非预备,如果行为本身不具有法益侵犯的紧迫危险,就不是实行行为。本案中,杨某购买、非法提供个人信息不会直接引起涉案银行卡内资金被代扣的紧迫现实危险,故不属于实行行为。即使杨某的行为转化为欧某、高某二人代扣银行卡内资金的预备阶段,杨某的行为本身也并不是涉案银行卡内资金被代扣的预备。换言之,欧某、高某二人获得了个人信息,是使该二人实行了直接代扣银行卡款项的预备。第二,因果关系中的结果是特定实行行为导致的法益侵害结果而非抽象意义的结果,不能脱离具体的客观条件认定因果关系。本案中,如果强行将杨某侵犯公民个人信息的行为认定为涉案银行卡内资金被代扣的原因并进一步将杨某购买、非法提供个人信息的行为定性为盗窃,则显然有随意扩大刑法评价范围、夸大刑法明文规定的盗窃罪这一行为之界限的嫌疑,违背刑法的谦抑性原则。

据此,杨某实施的购买、非法提供个人信息的行为不属于盗窃的实行行为,其行为也不必然导致涉案银行卡内资金被代扣的结果,二者之间不存在直接的因果关系。

(三)杨某所得的245万余元并非盗窃所得,应视为其提供公民个人信息的对价

杨某获取的245万余元并非通过盗窃取得,其每次得到款项时,涉案银行卡内的资金早已被代扣完毕。根据刑法原理,盗窃罪成立要求被害人丧失占有的财物与行为人设立新支配的财物必须具有同一性。本案中,杨某所得的款项与涉案银行卡被代扣的资金不具有同时性,也不具有同一性,杨某所得款项并非通过盗窃取得。

杨某获取的利益应视为其非法提供、有偿转让侯某个人信息的对价,相当于出售公民个人信息的价格。出售公民个人信息能够获得200多万元的巨额报酬的原因如下:一是信息购买方欧某、高某二人在购买信息时就得知银行卡内有200余万元,但鉴于当时欧某、高某都不清楚能否将卡内的资金扣除,所以双方

不可能确定几万元或几十万元的价格去买卖公民个人信息;二是他们约定的转让报酬为风险支付方式,大家约定按照一定的比例分成,如果受让方代扣不出来款项,转让方没有任何报酬,代扣成功,双方才享受利益分成;三是出售信息时仅得知卡内有200余万元的资金,后来发生扣除500多万元的结果买卖双方都没有想到。

(四)杨某涉嫌构成侵犯公民个人信息罪似更准确

罪刑法定原则是我国《刑法》规定的一项基本原则。基本含义是"法无明文规定不为罪"和"法无明文规定不处罚",即犯罪行为的界定、种类、构成条件和刑罚处罚的种类、幅度,均事先由法律加以规定,对于《刑法》分则没有明文规定为犯罪的行为,不得定罪处罚。杨某的案件的确是一种新类型的犯罪形态,但综合全案情况看,其行为更符合《刑法修正案(九)》增加的"侵犯公民个人信息罪"。

本案的客观事实是,杨某花费2万元收买侯某银行卡的"四要素"等个人信息资料后,将上述非法获取的信息再出售给欧某、高某。最高人民法院、最高人民检察院《关于办理侵犯公民个人信息刑事案件适用法律若干问题的解释》(法释〔2017〕10号)规定,"公民个人信息",是指以电子或者其他方式记录的能够单独或者与其他信息结合识别特定自然人身份或者反映特定自然人活动情况的各种信息,包括姓名、身份证件号码、通信通讯联系方式、住址、账号密码、财产状况、行踪轨迹等。杨某向他人出售"四要素"的行为,应认定为侵犯公民个人信息罪。

需要说明的是,本案于2017年3月21日立案,而最高人民法院、最高人民检察院《关于办理侵犯公民个人信息刑事案件适用法律若干问题的解释》(法释〔2017〕10号)是于2017年4月通过,6月1日起正式施行的。本案立案时,刑法并未对侵犯公民个人信息罪中"公民个人信息"的定义及犯罪构成要件作详细解释,而立案后出台的司法解释,把杨某的行为归入了侵犯公民个人信息罪的构成要件。鉴于侵犯公民个人信息罪相较于盗窃罪和收买、非法提供个人信息资料罪等其他罪名属于轻罪,根据新旧刑法之间"从旧兼从轻"的法律适用原则,本案应适用《刑法》第253条之一以及最高人民法院、最高人民检察院《关于办理侵犯公民个人信息刑事案件适用法律若干问题的解释》(法释〔2017〕10号)的规定,认定杨某的行为属于侵犯公民个人信息罪。

基于上述分析,在审查起诉阶段,我们及时向检察机关递交杨某的行为不构成盗窃罪,而是涉嫌构成侵犯公民个人信息罪的法律意见书。值得称道的是,检察机关采纳了我们的意见,起诉书将警方指控杨某涉嫌盗窃罪的罪名变更为侵犯公民个人信息罪。

# 被告人吕某妹是否构成坦白和自首

——吕某妹非法收购、出售珍贵、濒危野生动物制品案罪轻辩护

## 案件基本信息

1. 裁判文书号：广东省广州市中级人民法院(2020)粤01刑初字205号
2. 案由：非法收购、出售珍贵、濒危野生动物制品

## 基本案情

2019年年初至2019年6月，被告人吴某龙、高某涛、同案人薛某(另案处理)为谋取非法利益多次从印度尼西亚走私穿山甲(死体)到国内销售。同案人薛某、被告人高某涛从印度尼西亚组织穿山甲(死体)发货至香港交由同案人“华哥”(另案处理)走私入境。被告人高某涛将“华哥”通知的接货时间、地点告知被告人吴某龙。被告人吴某龙雇用被告人刘某胜，由被告人刘某胜负责租赁仓库、收货、向国内货主送货等事宜。被告人吴某龙安排其妻子(被告人吕某妹)负责与被告人高某涛联系货款支付，向被告人刘某胜支付工资等事宜。走私入境的穿山甲(死体)部分直接送给国内货主，部分存放于仓库伺机销售。

2019年3月3日，被告人蔡某清为谋取非法利益，经同案人陈某安(另案处理)介绍，促成同案人杨某安(另案处理)以人民币417,500元的价格从被告人吴某龙、高某涛处购买穿山甲(死体)747公斤。

2019年3月8日，被告人蒋某为谋取非法利益，以人民币165,000元的价格从被告人吴某龙处购买穿山甲(死体)42箱。

2019年6月24日，被告人刘某胜根据安排雇车前往南朗汽车站附近接货。当日13时许，被告人刘某胜、证人项某强驾驶小汽车将穿山甲(死体)

运输至仓库,在卸货过程中被查获,现场查获 75 箱共 483 只疑似穿山甲死体(均已去鳞去内脏),其中 50 箱系销售给被告人蒋某。经鉴定,查获的 483 只疑似穿山甲死体,均为哺乳纲鳞甲目穿山甲科穿山甲属马来穿山甲的死体,价值人民币 19,320,000 元。根据《濒危野生动植物种国际贸易公约》(CITES)附录(2017 年版)规定马来穿山甲被列入《濒危野生动植物种国际贸易公约》(CITES)附录 I。

## 案件焦点

1. 被告人吕某妹是主犯还是从犯?
2. 被告人吕某妹是否构成坦白,是否构成自首?

## 裁判结果

法院经审理认为,被告人吴某龙、高某涛无视国家法律,逃避海关监管,走私国家禁止进出口的珍贵动物制品,情节特别严重,其行为均已构成走私珍贵动物制品罪;被告人刘某胜无视国家法律非法收购、运输、出售珍贵、濒危野生动物制品,情节特别严重,其行为构成非法收购、运输、出售珍贵、濒危野生动物制品罪;被告人吕某妹无视国家法律,非法收购、出售珍贵、濒危野生动物制品,情节特别严重,其行为构成非法收购、出售珍贵、濒危野生动物制品罪;被告人蒋某、蔡某清无视国家法律,非法收购珍贵、濒危野生动物制品,情节特别严重,其行为构成非法收购珍贵、濒危野生动物制品罪。公诉机关指控的事实清楚,罪名成立,应予支持。被告人刘某胜、吕某妹、蔡某清在共同犯罪中起次要作用,是从犯,依法予以减轻处罚。被告人吕某妹有自首情节,依法予以从轻处罚。被告人高某涛、刘某胜、蔡某清归案后能如实供述自己的罪行,有坦白表现,依法可从轻处罚。对于各被告人及其辩护人提出的上述辩护意见,经查属实,本院予以采纳。对于各被告人及其辩护人提出的其他辩护意见,理由均不能成立,本院不予采纳。综上,根据本案的犯罪事实、性质、情节和社会危害性,以及各被告人归案后的认罪态度,依照相关法律规定,判决如下:

(1)被告人吴某龙犯走私珍贵动物制品罪,判处有期徒刑 14 年,并处罚金人民币 20 万元;

(2)被告人高某涛犯走私珍贵动物制品罪,判处有期徒刑12年,并处罚金人民币10万元;

(3)被告人蒋某犯非法收购珍贵、濒危野生动物制品罪,判处有期徒刑10年,并处罚金人民币10万元;

(4)被告人蔡某清犯非法收购珍贵、濒危野生动物制品罪,判处有期徒刑6年,并处罚金人民币5万元;

(5)被告人刘某胜犯非法收购、运输、出售珍贵、濒危野生动物制品罪,判处有期徒刑5年,并处罚金人民币3万元;

(6)被告人吕某妹犯非法收购、出售珍贵、濒危野生动物制品罪,判处有期徒刑3年,并处罚金人民币1万元。

## 实务技术指引

### 一、被告人吕某妹是从犯中的从犯,应最大限度地减轻处罚

辩护人对公诉机关指控被告人吕某妹构成非法收购、出售珍贵、濒危野生动物制品罪不持异议。辩护人注意到,起诉书列吕某妹等三人为从犯,辩护人认同起诉书观点,而且认为,吕某妹是从犯中的从犯,应最大限度地减轻量刑。吕某妹在案件中主要是帮助不会使用手机银行和微信的老公吴某龙做些收发微信、转账等工作,仅仅是吴某龙工作的"特殊工具"。吕某妹帮助吴某龙做这些工作除因为其老公不会使用微信外,还有两点很特殊的原因:一是夫唱妇随的传统习惯。我国的很多公司企业都是家族企业、夫妻店,基本上是丈夫做什么生意,妻子就帮忙做什么生意。二是男主外女主内的家庭理念。一般家庭都由妻子管理钱财,妻子帮忙打理一下财务、转一下账,实属正常现象。

### 二、被告人吕某妹的坦白和自首情节应当予以认定

吕某妹主动到案没有争议,公安机关及公诉机关之所以没有认定其坦白和自首情节,主要争议在其到案后是否如实供述方面对此辩护律师表示庭审中法庭应该可以看到,吕某妹文化程度不高,完全是一个家庭妇女,到案后即主动交

代了自己帮助老公具体做了哪些工作。受文化和法律意识方面的限制，吕某妹对一些细节上的辩解，不能认为其没有如实供述犯罪事实，不具有坦白和自首的情节。即使不能认定其如实供述，不能认定全部自首情节，也应当认定为具有部分自首的情节，起码应当减轻20%以下的刑期，因为自动到案比抓获归案确实要节省不少的司法资源。

## 三、应从人性化司法和家庭和谐、社会稳定的大局出发对吕某妹从轻处罚

近年来，中央及最高司法机关都一直在提倡人性化司法，要以人性化司法服务满足群众多元需求，司法人性化是“法”与“情”的合理融合。

近年来执法机关也大多会人性化地执法，夫妻两个涉嫌共同犯罪，一般情况下只抓一个，身体有严重疾病的会取保候审，情节轻微的会不予起诉。

本案中吕某妹夫妻均被抓，意味着一个家庭可能家破人亡，妻离子散。家庭是社会的细胞，家庭的和谐稳定关系到整个社会的安全稳定，辩护人据此希望法庭审理时也能体现司法的人性化特征，对吕某妹从轻处理，让其早日出来照顾家庭。

## 四、对吕某妹的罚金刑应当按最低幅度判处

人们存在很多误区，比如认为走私犯罪利润很高，走私分子都很有钱。其实不然，很多案件被告人进货的钱都是东拼西凑出来的，走私货物被查扣没收后鸡飞蛋打，随即便陷入了极为贫困的状态。判决生效后判处的高额罚金基本不会得到主动履行，罚金财产刑移交执行后也很难被强制执行，被告人只能被列为失信被执行人，上法院黑名单，凭空增加社会的不诚信、不和谐因素，故此建议对吕某妹的罚金刑按最低幅度判处。

办理此案过程中笔者产生了一点联想：走私、贩卖甚至食用穿山甲等国家一、二级珍贵、濒危野生动物构成犯罪已成社会共识，那么食用野鸡、野兔是否构成犯罪呢？

根据《野生动物保护法》，我国对野生动物实行分类分级保护制度，野生动物分为国家重点保护野生动物及各省、自治区、直辖市确定的地方重点保护野生

动物,国家重点保护野生动物又分为一级保护野生动物和二级保护野生动物,地方重点保护野生动物也多分为一级、二级两个级别。此外,还有一个有重要生态、科学、社会价值的陆生野生动物名录,即“三有”动物(也有称为“三级保护野生动物”)也属于国家保护野生动物。近年来受“鹦鹉案”等重大案件的影响,对于危害国家重点保护野生动物的行为构成犯罪,大家并不陌生。但是,对于非国家保护的野生动物,比如日常生活中常见的野鸡、野兔等,是不是就可以放心猎捕、买卖和食用呢?答案是否定的!

一直以来,我国民间都有食用野生动物的习俗,民间普遍认为,野生动物更加营养、美味,食用野生动物也更能彰显身份、地位,因此,食用野生动物的现象屡禁不止,甚至愈演愈烈。为了人类莫须有的虚荣心,不少野生动物付出了“身死族灭”的惨重代价。当然,这也不断反噬着人类,既造成了生态环境的恶化,也带来了巨大的公共健康隐患。研究表明,SARS、MERS 和尚在流行的新冠病毒等传染疾病都不排除与食用野生动物有密切关系。

2020 年 2 月 24 日,在新冠疫情暴发伊始,全国人大常委会颁布《关于全面禁止非法野生动物交易、革除滥食野生动物陋习、切实保障人民群众生命健康安全的决定》,要求在《野生动物保护法》的基础上,以全面禁止食用野生动物为导向,扩大法律调整范围,确立了全面禁止食用野生动物制度,从源头上防范和控制重大公共卫生安全风险。根据该决定,一方面,全面禁止食用国家保护的“三有”陆生野生动物以及其他陆生野生动物,包括人工繁育、人工饲养的陆生野生动物;另一方面,全面禁止以食用为目的猎捕、交易、运输在野外环境自然生长繁殖的陆生野生动物。

在此背景下,全国人大常委会于 2020 年 12 月 26 日表决通过的《刑法修正案(十一)》增设了“非法猎捕、收购、运输、出售陆生野生动物罪”,将“违反野生动物保护管理法规,以食用为目的非法猎捕、收购、运输、出售第一款规定以外的在野外环境自然生长繁殖的陆生野生动物,情节严重的”行为规定为犯罪。本罪的设立,扩大了对野生动物的保护范围,加强了对野生动物的保护力度。

首先,本罪的保护对象不限于国家重点保护的野生动物,也不限于地方重点保护野生动物和“三有”动物,而是包括所有陆生野生动物。也就是说,即便以食用为目的猎捕、买卖、运输野兔、野鸡等生活中常见的野生动物,也有构成犯罪的可能。当然,对保护对象也作了两个限定:一是只限于陆生野生动物,而不包括水生野生动物；二是仅包括野外环境自然生长繁殖的陆生野生动物，而不包括人工饲养、繁殖的陆生野生动物。

其次，本罪的主观方面要求具有食用的目的。这是本罪的立法动机之一，也贯彻了全面从严禁食野生动物的要求，打击了滥食野生动物的陋习。对于以药用、试验等为目的的上述行为，则不构成本罪。根据最高人民法院、最高人民检察院《关于办理破坏野生动物资源刑事案件适用法律若干问题的解释》（法释〔2022〕12 号）第 11 条的规定，对于“以食用为目的”，应当综合涉案动物及其制品的特征，被查获的地点，加工、包装情况，以及可以证明来源、用途的标识、证明等证据作出认定。实施本解释规定的相关行为，具有下列情形之一的，可以认定为“以食用为目的”：(1)将相关野生动物及其制品在餐饮单位、饮食摊点、超市等场所作为食品销售或者运往上述场所的；(2)通过包装、说明书、广告等介绍相关野生动物及其制品的食用价值或者方法的；(3)其他足以认定以食用为目的的情形。

最后，构成本罪应达到“情节严重”的程度。根据最高人民法院、最高人民检察院《关于办理破坏野生动物资源刑事案件适用法律若干问题的解释》（法释〔2022〕12 号）第 8 条第 1 款的规定，违反野生动物保护管理法规，以食用为目的，非法猎捕、收购、运输、出售《刑法》第 341 条第 1 款规定以外的在野外环境自然生产繁殖的陆生野生动物，具有下列情形之一的，应当认定为《刑法》第 341 条第 3 款规定的“情节严重”以非法猎捕、收购、运输、出售陆生野生动物罪定罪处罚：(1)非法猎捕、收购、运输、出售有重要生态、科学、社会价值的陆生野生动物或者地方重点保护陆生野生动物价值 1 万元以上的；(2)非法猎捕、收购、运输、出售第一项规定以外的其他陆生野生动物价值 5 万元以上的；(3)其他情节严重的情形。

根据现行《刑法》及司法解释，以食用为目的，猎捕、交易、运输任何类型的陆生野生动物，都有构成犯罪的可能。野生动物不一定营养、美味，也不一定能彰显身份、地位，反倒有可能将人“送进去”。保护野生动物，人人有责！

# 网络犯罪案件可聘请专家辅助人协助辩护，刑期“倒挂”羁押期可申请先行取保

——刘某荣等38人网络团伙犯罪案罪轻辩护

## 案件基本信息

1. 裁判文书号：广州市南沙区人民法院(2020)粤0115刑初273号

2. 案由：非法获取计算机信息系统数据、非法控制计算机信息系统罪；侵犯公民个人信息罪

## 基本案情

(一)提供侵入、非法控制计算机信息系统程序、工具罪

2018年3月，被告人陈某展为销售微信账号，遂让被告人陈某巍、王某帮其开发操作软件。后被告人王某在被告人陈某巍提供的微信底层接口协议的基础上，先后编写了“黑客数据助手”“黑客检测助手”“黑客销售助手”等系列软件。2018年年底，被告人陈某展等人为牟取利益，将上述软件放在互联网上公开出售。2019年春节后，被告人陈某展为进一步扩大上述软件的销售规模，将上述软件重新包装、更名为“海贼王”，由被告人王某制作了官方下载网站，被告人杜某然制作广告图片、功能介绍视频后进行推广，并先后发展被告人杜某然等13人作为代理，销售“海贼王”软件的使用授权码(每个授权码仅能使用1个月)及点卡。其间，针对“海贼王”系列软件运行过程出现的问题，被告人陈某巍提供技术支持且帮忙租赁服务器，被告人王某不断完善软件功能并开发新的版本。经鉴定，“海贼王”系列软件具有的挂机模式、一键删除好友、添加好友、修改朋友圈、一键洗白、检测账户封号、批量实名认证等功能均是通过获取微信计算机信息系统中对应数据

进而实现,具有获取微信计算机信息系统数据的功能;"海贼王"系列软件能够代替人工,不需操作微信计算机信息系统界面即可完成对微信计算机信息系统的操作,从而实现控制微信计算机信息系统的功能。经司法审计,被告人陈某展销售"海贼王"系列软件共284个,销售金额共计人民币4,560,905元、获利人民币427,940元;被告人陈某巍获利人民币18,238.76元;被告人杜某然等13人均销售几十个到几百个数量不等的"海贼王"系列软件并获取几万元到几十万元不等的非法收入。

(二)非法获取计算机信息系统数据、非法控制计算机信息系统罪

2018年5月至2019年8月,被告人梁某伦、刘某荣等25人为牟取非法利益,使用"海贼王"系列软件侵入并控制深圳市某计算机系统有限公司的计算机系统,批量登入他人微信账号并进行检测、修改密码、实名认证、提取"62数据"等操作,非法获取微信账号数据。经司法审计,被告人龚某森销售经"海贼王"软件处理的微信账号收入人民币78,570元,获利人民币54,678.3元;被告人刘某荣销售经"海贼王"软件处理的微信账号收入人民币87,155元、获利人民币9744.24元;其他被告人销售经"海贼王"软件处理的微信账号收入人民币几万元到几十万元不等,获利人民币几千元到几万元不等。

(三)侵犯公民个人信息罪

2015年至2019年,被告人陈某展、刘某荣等9人通过购买、收受等方式非法获取他人姓名、身份证号等公民个人信息。经司法审计,被告人陈某展购买公民个人信息支付的金额共人民币61,797元(折合购买公民个人信息为21,599条),以公民个人信息换取微信账号后交由马某华出售,销售金额为人民币5100元。被告人刘某荣用公民个人信息实名认证的微信账号销售金额共计人民币8460元。其他被告人电脑中存储公民个人信息几十万条到上百万条不等,出售公民个人信息获利几万元到几十万元不等。

## 案件焦点

此案系新类型案件,涉案人数众多,案情复杂,争议焦点主要是被告人的行为是"情节严重"还是"情节特别严重"。另外,该案审理期限严重超期,刑期"倒

挂”羁押期能否取保也是焦点之一。

## 裁判结果

法院经审理认为，根据审理查明的事实和证据，足以证实公诉机关适用法律正确，指控被告人陈某展等13人犯提供侵入、非法控制计算机信息系统程序、工具罪，被告人陈某展、刘某荣等25人犯非法获取计算机信息系统数据、非法控制计算机信息系统罪，被告人陈某展、刘某荣等9人犯侵犯公民个人信息罪，罪名均成立，其向本院提出的对各被告人的量刑建议适当，予以采纳。依照相关法律规定，判决如下：

被告人梁某伦犯提供侵入、非法控制计算机信息系统程序、工具罪，判处有期徒刑3年11个月，并处罚金人民币6000元；犯非法获取计算机信息系统数据、非法控制计算机信息系统罪，判处有期徒刑3年9个月，并处罚金人民币10,000元；犯侵犯公民个人信息罪，判处有期徒刑3年，并处罚金人民币100,000元；总和刑期10年8个月，并处罚金人民币116,000元；决定执行有期徒刑10年，并处罚金人民币116,000元。

被告人陈某展犯提供侵入、非法控制计算机信息系统程序、工具罪，判处有期徒刑5年，并处罚金人民币10,000元；犯非法获取计算机信息系统数据、非法控制计算机信息系统罪，判处有期徒刑1年，并处罚金人民币2000元；犯侵犯公民个人信息罪，判处有期徒刑3年，并处罚金人民币120,000元；总和刑期有期徒刑9年，并处罚金人民币132,000元；决定执行有期徒刑8年6个月，并处罚金人民币132,000元。

被告人刘某荣犯非法获取计算机信息系统数据、非法控制计算机信息系统罪，判处有期徒刑9个月，并处罚金人民币2000元；犯侵犯公民个人信息罪，判处有期徒刑7个月，并处罚金人民币20,000元；总和刑期有期徒刑1年4个月，并处罚金人民币22,000元；决定执行有期徒刑1年2个月，并处罚金人民币22,000元。

## 实务技术指引

### 一、此类新类型案件专业数据复杂，要咨询专家或聘请专家辅助人参与辩护

非法获取计算机信息系统数据、非法控制计算机信息系统罪，是《刑法修正案（七）》增加的罪名，是指违反国家规定，侵入国家事务、国防建设、尖端科学技术领域以外的计算机信息系统或者采用其他技术手段，获取该计算机信息系统中存储、处理或者传输的数据，或者对该计算机信息系统实施非法控制，情节严重的行为。

所谓“侵入”，是指未经允许而突破、绕过或解除特定计算机信息系统的安全防护体系，擅自进入该系统的行为。所谓“其他技术手段”，是指采用侵入以外的技术手段，如利用网关欺骗技术、“后门软件”、开放端口等，不进入他人的计算机信息系统而获取其存储、处理或者传输的数据。所谓“非法控制”，是指未经允许，违背计算机信息系统合法用户的意愿，操作该计算机信息系统或掌握其活动的行为。

以上只是涉案的其中一个罪名的概念和法律规定，便已因过于专业化而难以为一般人所理解，至于“侵入”“非法控制”等名词更是让人费解。那么，涉案的“海贼王”软件是否符合该罪的犯罪特征，“海贼王”又是如何绕过腾讯的安全验证机制的，诸如此类的问题更是纷繁复杂，而专业机构出具的司法鉴定意见也是晦涩难懂：

“海贼王”通过反编译微信 IPAD/MAC/Windows 等客户端获得相关微信协议，开发者私自封装微信协议，使其成为底层框架，在底层协议伪造正版客户端访问微信服务器的基础上，增加正版微信客户端不具备的功能，如群控、撞库、模拟定位批量群发消息、批量加好友等。“海贼王”软件可以通过解析微信客户端的加密文件或“CompatibleInfo. cfg”，读取获得“62 数据”或“A16 数据”，从而绕过验证机制。

案件辩护中我们积极咨询计算机专家，终于明白原来“海贼王”软件就是一个非法的客户端，它修改了微信的底层代码来实现微信客户端所不具有的功能，这些功能是未经腾讯授权的。后来我们又发现了司法鉴定意见在统计被告人涉案金额时存在的问题。鉴定结论统计的是被告涉案期间的微信和支付宝的收入

和支出，其中的差额即为非法收入。但这种计算方法其实是很不准确的，现在人们在工作和生活中大多使用微信和支付宝结算，其中有很多正常的收支往来，鉴定结论并没有甄别清楚、予以扣减。此类案件涉案金额非常关键，关系到被告人的犯罪情节属于“情节严重”还是“情节特别严重”，而这两种情形的量刑档次是有很大差别的。

## 二、刑期“倒挂”羁押期时应当申请法院及时对被告人取保候审

《刑法》第285条第2款规定，违反国家规定，侵入前款规定以外的计算机信息系统或者采用其他技术手段，获取该计算机信息系统中存储、处理或者传输的数据，或者对该计算机信息系统实施非法控制，情节严重的，处3年以下有期徒刑或者拘役，并处或者单处罚金；情节特别严重的，处3年以上7年以下有期徒刑，并处罚金。最高人民法院、最高人民检察院《关于办理危害计算机信息系统安全刑事案件应用法律若干问题的解释》（法释〔2011〕19号）第1条第1款、第2款规定，非法获取计算机信息系统数据或者非法控制计算机信息系统，具有下列情形之一的，应当认定为《刑法》第285条第2款规定的“情节严重”：（1）获取支付结算、证券交易、期货交易等网络金融服务的身份认证信息10组以上的；（2）获取第1项以外的身份认证信息500组以上的；（3）非法控制计算机信息系统20台以上的；（4）违法所得5000元以上或者造成经济损失10,000元以上的；（5）其他情节严重的情形。

实施前款规定行为，具有下列情形之一的，应当认定为《刑法》第285条第2款规定的“情节特别严重”：

（1）数量或者数额达到前款第1项至第4项规定标准5倍以上的；

（2）其他情节特别严重的情形。

本案涉嫌的罪名并非重罪，按照法律规定大部分被告人的量刑都应当在3年以下，但此案诉讼期限漫长，用尽了法律规定可以延长的所有期间，仅司法鉴定期限就好几个月。对一些罪刑较轻的被告人，在法庭宣判时可能会出现刑期“倒挂”羁押期的问题，导致罪刑不相适应，违反公正原则。对此，在诉讼期间应当根据被告人的实际情况，积极向检察院、法院申请取保候审。包括我们辩护的刘某荣在内，本案的十几名被告人都是在开庭前或判决前先行取保出来的。近

年来司法机关的人性化执法受到了社会的广泛称赞。

## 三、法院判决要在天理人情方面充分体现有利于被告人的原则

近年来,动辄成百上千人的集团犯罪层出不穷,本案也是如此。辩护人注意到,38 个被告人都是非常年轻的面孔,全部是"80 后",最年轻的是 1998 年出生,他们可以称作计算机网络犯罪史上最年轻的犯罪集团。当然,无论年龄大小,主观是否明知,构成犯罪就要承担相应的刑事责任,是谓国法。但从某些方面讲,本案的年轻人集体犯罪,甚至社会上众多的集团犯罪,都存在包括社会刑事风险教育缺失、互联网计算机领域法规不健全、相关部门监管不力等方面的原因。质证阶段,辩护人留意到公诉人称起诉时已经最大限度地考虑到了有利于被告人的原则,法庭也对羁押期有可能超过量刑期限的被告人先行取保释放。辩护人在为司法人性化点赞的同时,又再次表达了希望法院判决也能充分体现有利于被告的原则,对被告人作出法律允许范围内最轻的判决,兼顾国法、天理和人情。最终,我们的罪轻辩护取得圆满成功。

# 贩卖毒品还是非法持有毒品差异大

## ——徐某贵非法持有毒品、非法持有枪支案罪轻辩护

## 案件基本信息

1. 裁判文书号：

广东省佛山市中级人民法院(2014)佛中法刑一初字第118号

广东省高级人民法院(2016)粤刑终879号

广东省佛山市中级人民法院(2018)粤06刑初27号

广东省高级人民法院(2019)粤刑终1267号

2. 案由：走私、贩卖、运输、制造毒品罪；非法制造、买卖、运输、邮寄、储存枪支、弹药、爆炸物罪；非法持有毒品，非法持有、私藏枪支、弹药罪

## 基本案情

2013年11月下旬，黄某在广东省清远市某酒店门口将毒品贩卖给徐某贵，此后徐某贵将部分毒资汇入黄某账户。11月30日17时许，徐某贵在清远市清城区某休闲中心门口被抓获，警方随后在徐某贵位于清远市清城区的住处查获毒品，经鉴定，毒品为甲基苯丙胺507.45克，甲基苯丙胺片剂0.53克。此外，警方在抓获徐某贵现场附近的草丛里，搜获其逃跑过程中丢弃的一把手枪。2014年3月6日，佛山市公安局南海分局以涉嫌贩卖毒品罪将案件移送至南海区人民检察院审查起诉。南海区人民检察院认为此案重大，同案犯罪嫌疑人有可能被判处无期徒刑以上徒刑，遂将此案移送至佛山市人民检察院。佛山市检察系统在两次退回公安机关补充侦查后，于2014年10月20日向佛山市中级人民法院提起公诉。公诉机关认为，徐某贵在公安机关的第一讯问笔录中已经承认购买毒品是为了贩卖，且购买毒品数量巨大，不符合

吸毒者一次购买少量毒品的特征，徐某贵持枪以贩卖为目的而非法购买毒品的行为构成贩卖毒品罪、非法持有枪支罪，建议对其判处无期徒刑。

佛山市中级人民法院先后三次开庭审理此案，2015 年 12 月 21 日，佛山市中级人民法院以非法持有毒品罪判处徐某贵有期徒刑 10 年。同案主犯黄某被判处死刑。

主犯黄某及同案犯不服一审判决提起上诉，广东省高级人民法院 2017 年 10 月 26 日作出(2016)粤刑终 879 号刑事裁定，以原判认定事实不清、证据不足为由，撤销广东省佛山市中级人民法院(2014)佛中法刑一初字第 118 号刑事判决，发回佛山市中级人民法院重审。佛山市中级人民法院依法另行组成合议庭，于 2019 年 6 月 5 日作出(2018)粤 06 刑初 27 号刑事判决，改判主犯黄某死刑，缓期执行。宣判后，黄某等仍不服重审判决，提出上诉。2020 年 6 月 7 日，广东省高级人民法院作出维持重审判决裁定。

## 案件焦点

被告人徐某贵的行为是贩卖毒品还是非法持有毒品？

## 裁判结果

佛山市中级人民法院审理认为，被告人黄某贩卖毒品甲基苯丙胺，数量大，且已被起获 7906.69 克甲基苯丙胺，其行为构成贩卖毒品罪；被告人徐某贵非法持有甲基苯丙胺等毒品，其行为构成非法持有毒品罪；被告人徐某贵非法持有枪支，其行为均已构成非法持有枪支罪。公诉机关指控被告人徐某贵犯贩卖毒品罪证据不足，指控的罪名不成立。在黄某等共同贩卖毒品的犯罪中，黄某起主要作用，是主犯，依法应当按照其参与的全部犯罪处罚；徐某贵一人犯数罪，依法应数罪并罚。黄某曾因故意犯罪被判处有期徒刑以上刑罚，在刑罚执行完毕 5 年以内再犯应当判处有期徒刑以上刑罚之罪，是累犯，依法应当从重处罚。依照相关法律规定，作出如下判决：

(1)被告人黄某犯贩卖毒品罪，判处死刑，剥夺政治权利终身，并处没收个人全部财产。

…………

(4)被告人徐某贵犯非法持有毒品罪,判处有期徒刑 10 年,并处罚金人民币 100,000 元;犯非法持有枪支罪,判处有期徒刑 1 年 3 个月;决定执行有期徒刑 11 年,并处罚金人民币 100,000 元。

佛山市中级人民法院重审改判主犯黄某死缓的理由判决书没有陈述。徐某贵在原审及重审中罪名及刑期没有变化。

广东省高级人民法院认为,上诉人黄某贩卖甲基苯丙胺 8006.69 克,数量大,其行为构成贩卖毒品罪;原审被告人徐某贵非法持有甲基苯丙胺等毒品,其行为构成非法持有毒品罪;原审被告人徐某贵非法持有枪支,其行为构成非法持有枪支罪。在黄某等共同贩卖毒品的犯罪中,黄某起主要作用,是主犯,依法应当按照其参与的全部犯罪处罚;徐某贵一人犯数罪,依法应数罪并罚。黄某曾因故意犯罪被判处有期徒刑以上刑罚,在刑罚执行完毕 5 年以内再犯应当判处有期徒刑以上刑罚之罪,是累犯,依法应从重处罚。原判认定的主要事实清楚,证据确实、充分,定罪准确,量刑适当,审判程序合法,唯对黄某贩卖甲基苯丙胺的数量认定不当,予以纠正。黄某上诉要求改判无罪以及其辩护人要求减轻处罚等意见,不予采纳。依照《刑事诉讼法》第 236 条第 1 款之规定,裁定如下:驳回上诉,维持原判。本裁定为终审裁定。

根据《刑事诉讼法》第 284 条的规定,本裁定即为核准以运输毒品罪判处被告人黄某死刑,缓期 2 年执行,剥夺政治权利终身,并处没收个人全部财产的刑事裁定。

## 实务技术指引

此案有 8 名被告人,涉嫌走私、贩卖、运输、制造毒品,非法制造、买卖、运输、邮寄、储存枪支、弹药、爆炸物,非法持有毒品,非法持有、私藏枪支、弹药等多个罪名,审理期限长达 6 年。主犯黄某拒不认罪,律师也为其作无罪辩护。在团伙犯罪中,辩护律师既要关注全案特别是主犯的犯罪情节及认罪态度,又要及时剥离自己辩护的被告人与主犯及其他被告人的关系。本案就是如此,主犯黄某拒不认罪,其零口供导致徐某贵的口供成了孤证,没有贩卖就没有购买,这是能够改变罪名的前提和关键。尽管案卷中有被告之间互相转钱的客观证据,但并未形成指控的贩卖毒品罪完整的证据链条,这也是法庭对徐某贵作出留有余地的判决的重要原因。

我国《刑法》第 347 条第 1 ~4 款规定,走私、贩卖、运输、制造毒品,无论数量多少,都应当追究刑事责任,予以刑事处罚。走私、贩卖、运输、制造毒品,有下列情形之一的,处 15 年有期徒刑、无期徒刑或者死刑,并处没收财产:(1)走私、贩卖、运输、制造鸦片 1000 克以上、海洛因或者甲基苯丙胺 50 克以上或者其他毒品数量大的;(2)走私、贩卖、运输、制造毒品集团的首要分子;(3)武装掩护走私、贩卖、运输、制造毒品的;(4)以暴力抗拒检查、拘留、逮捕,情节严重的;(5)参与有组织的国际贩毒活动的。走私、贩卖、运输、制造鸦片 200 克以上不满 1000 克、海洛因或者甲基苯丙胺 10 克以上不满 50 克或者其他毒品数量较大的,处 7 年以上有期徒刑,并处罚金。走私、贩卖、运输、制造鸦片不满 200 克、海洛因或者甲基苯丙胺不满 10 克或者其他少量毒品的,处 3 年以下有期徒刑、拘役或者管制,并处罚金;情节严重的,处 3 年以上 7 年以下有期徒刑,并处罚金。第 348 条规定,非法持有鸦片 1000 克以上、海洛因或者甲基苯丙胺 50 克以上或者其他毒品数量大的,处 7 年以上有期徒刑或者无期徒刑,并处罚金;非法持有鸦片 200 克以上不满 1000 克、海洛因或者甲基苯丙胺 10 克以上不满 50 克或者其他毒品数量较大的,处 3 年以下有期徒刑、拘役或者管制,并处罚金;情节严重的,处 3 年以上 7 年以下有期徒刑,并处罚金。

由此可见,贩卖毒品和非法持有毒品量刑差别巨大。本案中徐某贵涉案毒品甲基苯丙胺超过 500 克,公诉机关指控其构成贩卖毒品罪并建议判处无期徒刑。如果不能改变指控罪名,徐某贵将面临难以承受的重刑。作为徐某贵的辩护律师,我们把改变公诉机关指控的罪名即定性辩护作为唯一的辩护重点。我们在多次会见被告人、认真研究案情的基础上,大胆地提出公诉机关指控被告人构成贩卖毒品犯罪证据不足,被告徐某贵的犯罪行为应定性为非法持有毒品。理由如下:

(1)徐某贵本人吸毒且毒瘾很大,购买毒品是为了自己吸食,并非用于贩卖;

(2)没有证据证明黄某将购买的毒品贩卖给了徐某贵;

(3)本次毒品交易的过程是徐某贵先收取毒品后再付毒资,其本人也没想到黄某会给他那么多毒品;

(4)贩卖毒品必然需要使用电子秤等分装工具,而警方并没有在徐某贵的住处搜查到分装毒品的工具；

(5)公安机关的第一次讯问涉嫌刑讯逼供，该讯问笔录应当作为非法证据予以排除；

(6)徐某贵在第二次以后的多次讯问中均稳定供述自己购买毒品是为了自己吸食而非贩卖；

(7)在指控罪名证据不足的情况下，应当按照有利于被告的原则作出对被告有利的罪名认定。

辩护人对公诉机关指控徐某贵构成贩卖毒品罪不予认可，认为徐某贵仅构成非法持有毒品罪，建议量刑 8～10 年。最终采纳了张文明律师的辩护意见和量刑建议，将检察机关指控的贩卖毒品罪变更为非法持有毒品罪，与非法持有枪支罪数罪并罚，从轻判处徐某贵有期徒刑 11 年。

# 定性辩护公安加持，变更罪名减轻量刑

## ——聂某销售假冒注册商标商品案罪轻辩护

### 案件基本信息

1. 裁判文书号：广东省清远市清城区人民法院(2022)粤1802刑初129号
2. 案由：生产、销售伪劣产品罪，销售假冒注册商标商品罪

### 基本案情

2019年年底，被告人梁某某得知销售假冒注册商标"dyson"（戴森）吹风机有利可图，便指使他人对正品"dyson"吹风机进行拆解研究。发现可以投入组装、生产后，被告人梁某某找到被告人朱某某，称由其负责提供原材料，以每件15元至20元的加工费作为报酬让被告人朱某某建厂帮助其生产、组装吹风机、卷发棒。随后，被告人朱某某找到被告人黄某某一起合作，二人共同租赁位于广东省佛冈县汤塘镇某村的一铁棚，并建设带有生产线的加工厂。

2020年5月加工厂开始招募工人正式投入生产，被告人黄某某招募被告人黄某2作为加工厂的主管，督促加工厂的生产和管理。被告人梁某某让被告人梁某2对接原材料的供应商，并派出在其公司工作的农某某和其妹夫吴某某协助加工厂生产。其中，被告人农某某作为技术指导，指导工人装配、生产"dyson"吹风机、卷发棒，并对成品吹风机、卷发棒进行检测，登记吹风机的出货情况。被告人吴某某负责将生产的成品"dyson"吹风机、卷发棒运往买家的指定地点。

2020年5月至2021年4月，加工厂共生产"dyson"吹风机47,728台、卷发棒464台，被告人梁某某将加工厂生产的吹风机和卷发棒全部销售给

了彭某某，销售金额达人民币14,738,822元。

2021年4月27日，公安机关在佛冈县汤塘镇湴江村委会船围村加工厂扣押涉案成品吹风机183台(带包装165台，不带包装18台)，卷发棒22台，吹风机半成品、零部件一批。

2020年6月开始，被告人聂某明知上家彭某某销售的吹风机和卷发棒是假冒注册商标“dyson”的产品，仍购买并转手加价销售。2020年6月至2021年4月，被告人聂某从上家彭某某处购入吹风机8424台、卷发棒152台，并通过支付宝向彭某某支付货款2,817,612元。后被告人聂某将从彭某某处购买的假冒注册商标“dyson”吹风机、卷发棒以450元至800元不等的价格，通过微信等平台全部销售给下家李某某等人。案发后，被告人聂某家属主动向公安机关退缴聂某违法所得人民币5000元。

需要说明的是，上述基本案情是公诉机关变更起诉罪名后的案情摘要。公诉机关第一次起诉的罪名是生产、销售伪劣产品罪，主要证据是相关部门出具的一份鉴定报告，鉴定结论为，上述工厂生产的涉案产品“dyson”吹风机、卷发棒为不合格产品。

## 案件焦点

本案诸被告人是构成制造、销售伪劣产品罪还是销售假冒注册商标商品罪？被告人聂某犯罪金额究竟是多少？

## 裁判结果

本院认为，被告人梁某某等人未经注册商标所有人许可，在同一种商品上使用与其注册商标相同的商标，其行为均构成假冒注册商标罪，情节特别严重，公诉机关的指控，事实清楚，证据确实、充分，本院予以支持。依照相关法律规定，判决如下：

(1)被告人梁某某犯假冒注册商标罪，判处有期徒刑7年，并处罚金人民币600万元；

(2)被告人彭某某犯销售假冒注册商标的商品罪，判处有期徒刑6年，并处罚金人民币500万元；

(3)被告人聂某犯销售假冒注册商标的商品罪,判处有期徒刑4年,并处罚金人民币150万元。

## 实务技术指引

笔者团队是在审理阶段介入此案辩护的,原来公安机关移送审查起诉时,起诉意见书上的罪名为销售假冒注册商标商品罪,检察机关起诉时将涉案罪名变更为生产、销售伪劣产品罪。两种罪名量刑差别相当大,被告聂某及其亲属非常着急,在原来已有一名当地辩护律师的情况下,通过朋友找到笔者,声称要聘请大城市的专业刑辩律师来增加辩护力量,主要目的是变更公诉机关起诉的生产、销售伪劣产品的罪名。委托人的目标很明确,辩护律师的辩护策略和重点当然要与委托人的要求一致。

### 一、聂某不构成销售伪劣产品罪

1. 聂某主观上没有欺诈的故意。生产、销售伪劣产品罪的主观特征就是行为人对消费者具有欺诈的故意。本案中包括聂某在内的所有被告人,在生产、销售假冒的戴森牌产品时均没有对消费者进行欺诈,消费者也明知是高仿产品,案涉产品的销售价格与正品价格的巨大差价也说明诸被告人主观上没有欺诈的故意。

2. 起诉书也认为聂某只是明知售假而不知售劣,起诉书第7页倒数第二行显示:被告人聂某明知上家彭某某销售的吹风机和卷发棒是假冒注册商标"dyson"的产品……

3. 不能因为本案存在一个可有可无的检测报告就让诸被告人承担生产、销售伪劣产品重罪的量刑。辩护团队搜索了大量的销售假冒戴森牌及其他品牌吹风机的判决书,大部分案件侦查机关并没有委托相关部门进行产品质量的检测,大部分案件法院也是按照销售假冒注册商标的商品罪予以定罪科刑的。

4. 按生产、销售伪劣产品定罪将会陷入找不到"被害人"的尴尬境地。本案的来源是戴森公司的举报,显然戴森公司是作为被害人进行举报的,销售假冒注册商标的商品罪侵犯的客体为国家对商标的管理制度和他人注册商标的专用权,生产、销售伪劣产品罪的犯罪客体则主要是广大消费者的合法权益。本案中所有涉案产品的购买者都是“知假买假”,根本不承认自己的合法权益被侵害,不承认自己是所谓的受害人。所以本案不符合生产、销售伪劣产品罪的构成要件。

## 二、公安机关的起诉意见书应得到重视

此案对辩护非常有利的一个情节是,辩护律师的观点得到了公安机关的支持。公安机关在起诉意见书中认为诸被告人涉嫌的罪名是销售假冒注册商标的商品罪。辩护人注意到,涉案产品的检测报告出具的日期为 2021 年 6 月 3 日,公安机关出具起诉意见书的时间为 2021 年 9 月 2 日,公安机关应该是在仔细研究了检测报告等案件材料后慎重作出的定性意见,公安机关的起诉意见应当得到法庭的重视。

## 三、统一变更罪名的辩护意见

本案 14 名被告人,其中两名被告人涉嫌的罪名为非法制造商标标识和假冒注册商标,其余 12 名被告人第一次开庭时被指控的罪名均为生产、销售伪劣产品罪。对此,辩护律师的意见并不统一,被控非法制造商标标识和假冒注册商标罪被告人的辩护律师对其他辩护人改变罪名定性之辩护并不感兴趣,甚至排位靠后、已经认罪认罚的一名被控销售伪劣产品罪被告人的辩护律师也认为变更罪名意义不大。

辩护团队内部意见不统一显然不利于整体的辩护效果,利用庭审间隙,笔者积极与持不同意见的辩护律师进行沟通,终于,第二次开庭时所有的 16 名出庭辩护律师达成共识,一致认为公诉机关指控的生产、销售伪劣产品罪的罪名不成立。相信此举对检察机关最终变更罪名起到了一定的作用。

## 四、公诉机关指控的犯罪金额有误,应当将借款、预付款及未销售的产品价款予以扣除

经济犯罪的涉案金额是犯罪情节是否严重或特别严重的重要标准,直接关

系到被告人的量刑，销售假冒注册商标商品罪更是如此。《刑法》第 214 条规定，销售明知是假冒注册商标的商品，违法所得数额较大或者有其他严重情节的，处 3 年以下有期徒刑，并处或者单处罚金；违法所得数额巨大或者有其他特别严重情节的，处 3 年以上 10 年以下有期徒刑，并处罚金。据此，应当将减少涉案金额作为辩护的重点之一。

最高人民法院、最高人民检察院《关于办理侵犯知识产权刑事案件具体应用法律若干问题的解释》（法释〔2004〕19 号）第 9 条将“销售金额”解释为“销售假冒注册商标的商品后所得和应得的全部违法收入”。“所得”是指行为人出售假冒注册商标的商品后已经得到的违法收入；“应得”是指行为人已经出售假冒注册商标的商品后按照合同或者依照约定将要得到的违法收入。从严格意义上讲，公诉机关指控聂某的犯罪金额并不符合上述法律规定，即并未查清实际销售假冒注册商标商品的价值，而是直接将其与上家彭某某的交易流水作为犯罪金额，这样难免会出现一些简单的错误。比如，指控的犯罪金额未将彭某某向聂某借的 80 万元予以扣除，未将聂某订货而没有发货的 50 万元预付款扣除，未将被公安机关扣押的 45 台吹风机的价值扣除。

另外，被告人聂某在深圳的家中还有未销售出去的 196 台吹风机，此部分吹风机的价值也应当予以扣除。本案因疫情多次延期开庭，为辩方提供了充足的辩护时间和空间。辩方及时委托公证部门上门进行公证，将放在被告人家中、未销售出去的 196 台吹风机进行了数量公证，并按照有利于被告的原则计算出了该批产品的价值。庭审时，我们向法庭提交了公证书，要求将聂某涉案的金额减去此部分未销售出去的吹风机的价值。

## 五、检测报告的抽样方法和检测结论存在重大问题，不能作为定案依据

本案的检测报告是公诉机关指控诸被告人构成生产、销售伪劣产品罪的主要证据。经分析我们认为，检测报告的抽样方法和检测结论存在重大问题，不能作为定案依据：

1. 抽样检测的产品并非实际销售的产品。检测报告显示，抽样的是未出厂的成品，而实际销售的产品需要先经过工厂内部检测机器检测合格后才能出厂。不能因未出厂产品不合格而推断已出厂销售的产品都不合格。

2. 抽样的方法不规范。抽样应当是对每一段时间、每一批产品分别抽取样品进行检测。案涉产品的抽样的时间是2021年5月12日，是工厂被查封时生产的最后一批产品，不能因此推断之前一年时间内生产的产品均不合格。

3. 公安查扣吹风机183台、卷发棒22台，抽样检测其中吹风机、卷发棒各2台，不能由此推断生产销售的47,728台吹风机、464台卷发棒都不合格。

4. 检测结论是28项检测项目中仅有3项不合格，并没有吹风机、卷发棒整个产品不合格的结论，起诉书以偏概全，轻率地认为整个产品不合格。

# 高利放贷、“过桥”垫资不构成“涉黑”及诈骗犯罪

## ——梁某组织、领导、参加黑社会性质组织，诈骗，寻衅滋事案罪轻辩护

## 案件基本信息

1. 裁判文书号：

广州市公安局番禺分局穗公番诉字(2019)03014号

广州市番禺区人民法院(2020)粤0113刑初643号

2. 案由：组织、领导、参加黑社会性质组织，诈骗，寻衅滋事

## 基本案情

2010年至2015年，被害人陈某因公司资金周转之需，多次向被告人梁某借款。2015年12月，陈某有一笔农商银行的贷款到期需资金“过桥”，梁某主动要求帮陈某“过桥”垫资，条件是必须先偿还之前陈某借梁某的借款本息1099万元，其中本金780万元，利息319万元。梁某与同案犯罪嫌疑人曾某密谋后，诱骗受害人陈某向曾某借款偿还梁某前述款项，陈某急需“过桥”资金，只能按照梁某要求向曾某借款人民币980万元并自筹人民币119万元，将1099万元还给被告人梁某。梁某得到这笔钱后，立即转回980万元给曾某。然而在陈某按梁某要求借款还款后，梁某并没有履行承诺帮助陈某“过桥”垫资，导致受害人陈某资金链断裂，无法及时偿还银行和犯罪嫌疑人曾某的借款。此后梁某又以曾某的名义，以陈某向曾某借款人民980万元的借款合同为依据向法院提起诉讼，要求陈某偿还本息共计人民币1200万元。法院判如所请，判决生效后陈某的物业被法院拍卖，资产贱卖后还给曾某人民币400多万元，至今仍拖欠曾某人民币800多万元。为

讨要欠款,2015 年 5 月 12 日中午,梁某带领同案被告人廖某及另外十几名社会人员到陈某公司追债。梁某等人将陈某公司大门围堵,辱骂、恐吓公司员工,要挟陈某夫妇,影响陈某公司生产秩序,并持续到当天下午 17 时许。2016 年 10 月 25 日,梁某和曾某指使廖某带领 10 多名社会人员到陈某工厂催收欠款,廖某等人用一辆面包车堵住陈某工厂门口,导致生产经营车辆无法进出,并拉起事先准备好的一条白底黑字“陈某欠债还钱”的横幅在厂区内示威,围堵工厂 7 小时。2016 年 10 月 28 日中午,梁某和曾某再次指使廖某带领 10 多名社会人员来到陈某工厂催收欠款,廖某等人将“陈某欠债还钱”的横幅绑在工厂铁门上,有组织地堵塞工厂员工出入通道,在厂区内喊叫要陈某欠债还钱,围堵、喧闹至下午 18 时许。廖某等人几次围堵陈某工厂大门并未能要回欠款。廖某事后从梁某处获取辛苦费人民币 2 万元。

## 案件焦点

犯罪嫌疑人梁某被刑事拘留时涉嫌的罪名是组织、领导、参加黑社会性质组织,公安机关提请批准逮捕时,犯罪嫌疑人的罪名增加到三个,即诈骗罪,寻衅滋事罪,组织、领导、参加黑社会性质组织罪,且被公安机关指控为黑社会性质组织事务部的骨干成员之首。检察机关批准逮捕决定书上的罪名是诈骗罪和参加黑社会性质组织罪。公安机关起诉意见书上的罪名是诈骗罪和寻衅滋事罪。检察院起诉、法院判决的罪名为寻衅滋事罪。梁某的行为究竟构成何罪?

## 裁判结果

法院经审理认为,被告人梁某、廖某无视国家法律,恐吓他人,情节恶劣,其行为均已构成寻衅滋事罪,依法应当对其适用“五年以下有期徒刑、拘役或者管制”的量刑幅度予以处罚。公诉机关指控被告人梁某、廖某犯寻衅滋事罪的事实清楚,证据确实、充分,指控的罪名成立。被告人梁某、廖某当庭自愿认罪,且自愿签署认罪认罚具结书,可酌情从轻处罚。辩护人以上述理由建议对二被告人从轻处罚的辩护意见有理,本院予以采纳。本院根据法定刑幅度、法定的量刑情节、酌定的量刑情节,并考虑各被告人犯罪的具体事实、认罪态度等因素确定宣告刑。综合以上情节,依照相关法律规定,判决如下:

(1)被告人梁某犯寻衅滋事罪,判处有期徒刑1年4个月;

(2)被告人廖某犯寻衅滋事罪,判处有期徒刑1年2个月。

## 实务技术指引

### 一、高利放贷、“过桥”垫资不属于黑社会性质犯罪,要求公安机关分案处理

2019年4月广州市公安局某区公安分局宣布破获一起重大的黑社会性质犯罪集团案件,抓获30余名犯罪嫌疑人。65岁的犯罪嫌疑人梁某被公安机关指控为黑社会性质组织事务部的骨干成员之首。家属收到的拘留通知书上赫然写着,犯罪嫌疑人涉嫌“组织、领导、参加黑社会性质组织”。

梁某被逮捕后,犯罪嫌疑人亲属找到张文明律师团队,经研讨案件,辩护律师团队认为,梁某既不构成诈骗犯罪,也不“涉黑”,更不是什么“黑社会性质组织事务部的骨干成员之首”。

司法实践中,组织、领导、参加黑社会性质组织的犯罪往往与高利放贷、诈骗、寻衅滋事、强迫交易、敲诈勒索等犯罪纵横交错,共生共存。本案中,梁某确实存在高利放贷和承诺“过桥”等行为,但并不构成“涉黑”犯罪。梁某主观上没有加入黑社会性质组织的意愿,客观上也没有接受黑社会性质组织的领导、管理,并非黑社会性质组织的成员;梁某与黑社会性质组织不存在任何经济往来,也未参与该组织的犯罪活动;梁某不符合黑社会性质组织成员的认定标准。辩护律师依据相关规定和政策精神及时与公安机关沟通,递交梁某不涉及“组织、领导、参加黑社会性质组织”犯罪的法律意见书,要求公安机关分案处理。

最终公安机关采纳了辩护律师的意见,主动去掉了梁某的“组织、领导、参加黑社会性质组织”的犯罪罪名,在将20余名涉黑犯罪集团成员通过市公安局移送至市检察院审查起诉时,对梁某进行分案处理,由某分局移送至某区检察院审查起诉。

此案犯罪嫌疑人梁某被逮捕后的侦查期限历经一延、二延、再延,公安机关起诉意见书的罪名变成了诈骗罪和寻衅滋事罪。

## 二、梁某借款给陈某属于民间借贷行为，不构成诈骗罪

### （一）陈某向梁某借贷由来已久，属于正常的民间借贷行为

在案证据显示，从2010年开始陈某就陆续向梁某借款周转，借款金额、期限及利息基本上由双方口头约定。达成借款协议后，梁某会先扣除第一个月利息后再将剩余的本金给陈某，陈某按月支付利息，到期后再还本金。有时候，如果陈某没有钱给利息，梁某会将拖欠的利息增加到本金那里，以利滚利的形式增大本金和利息。可见，陈某与梁某之间存在长期的民间借贷关系，如果是诈骗行为，双方不可能长期维持。

### （二）陈某对借款利息存在清晰的认识，没有陷入认识错误而被骗

2015年，陈某没有钱支付利息给梁某，截至2015年12月，陈某欠梁某本金780万元加上利息319万元，共1099万元。基于陈某与梁某多年的借款习惯以及放款前双方的约定，陈某对于涉案欠款产生的利息应当有清晰的认识，不存在被欺骗的情况。梁某收取的是借款本金及利息，未获取任何不正当利益，不具有非法占有目的。陈某出于资金周转的需要，自愿接受较高的利息，即使将这一借贷行为认定为高利借贷，按当时的法律也不属于犯罪行为。

### （三）梁某的行为不属于“套路贷”等诈骗行为

根据最高人民法院、最高人民检察院、公安部、司法部《关于办理“套路贷”刑事案件若干问题的意见》（法发〔2019〕11号）的规定，民间借贷是为了获取利息收益，借贷双方都对实际借得的本金和将产生的利息有清醒的认识，出借人通常希望借款人能按时还本付息。在民间借贷中，虽然常会出现出借人从借款本金中预扣利息、收“砍头费”的现象，但在这种情况下，预扣的利息、收取的费用是基于借贷双方的约定，借款人对于扣除利息、收取费用的金额也心知肚明，出借人后续亦不会实施故意制造违约、恶意垒高借款等行为。因此，区分“套路贷”和民间借贷，要根据案件事实和证据综合评判，不能只关注某个因素、某个情节。

本案中，梁某的目的是获取利息收益，借款发生前双方就对于借款与还款利息达成合意，陈某实际支付的本息也未超出双方合意的标准。梁某没有实施“套路贷”犯罪常见的签订空白文书、故意制造违约等行为，不存在“套路贷”诈

骗行为。

### (四)梁某、曾某与陈某之间的借贷纠纷已经法院判决调解结案,不能再用刑法手段重复评价

2017 年,陈某向番禺区人民法院起诉梁某,诉请梁某返还多支付的利息。番禺区人民法院作出(2016)粤 0113 民初 11483 号判决,驳回陈某的全部诉讼请求。陈某向广州市中级人民法院上诉,广州市中级人民法院作出(2017)粤 01 民终 13473 号判决,再次驳回陈某的全部诉讼请求。

曾某起诉陈某要求返还借款,经番禺区人民法院调解后,陈某同意分期还清欠曾某的本金及利息。随后番禺区人民法院作出(2016)粤 0113 民初 5534 号民事调解书,送达双方并生效。

法院的上述生效民事判决书、调解书,也能印证涉案款项属于正常债务,目前判决还未能得到完全履行,陈某并未遭受损失,没有诈骗的损失存在,诈骗犯罪如何成立?所以说,不能再用刑法手段重复评价法院已作出裁判的民事纠纷,梁某不构成诈骗罪。

# 刑民交叉

# 被执行人名下有5台车是否构成拒不执行判决、裁定罪

## ——广东首例拒不执行判决、裁定刑事自诉案的代理

### 案件基本信息

1. 裁判文书号：

广东省广州市白云区人民法院（2017）粤0111刑初1776号

广东省广州市中级人民法院（2017）粤01刑终1638号

广东省广州市白云区人民法院（2017）粤0111刑初字2298号

2. 案由：拒不执行判决、裁定罪

### 基本案情

被告黄某拖欠原告龚某货款20余万元。龚某在多次追要未果后选择向法院起诉。2016年12月23日，某区法院对此案作出判决，要求被告黄某支付拖欠的货款及利息。判决生效后，被告不主动履行生效判决，原告向法院申请执行。进入执行阶段后，被执行人黄某拒签执行文件、拒不申报财产，甚至拒绝接听执行法官的电话。然而，在被执行人名下有5台车辆的情况下，执行法官竟宣称无法强制执行，并作出了终止执行的裁定。

张文明律师团队经研究认为，被执行人黄某的行为已经构成拒不执行判决、裁定罪，遂要求法院执行局将案件移送公安机关立案追究被执行人的刑事责任，而执行法官却称要请示领导。此外，代理申请人向公安机关进行控告，公安机关连控告材料都不予接收，要求检察机关对公安机关进行立案监督也没有结果。

万般无奈的情况下，我们代理控告人到该区法院提起刑事自诉，立案庭

经过近两个月的审查后驳回起诉，我们坚持向中级人民法院提出上诉，终于等来了好的结果。2018 年 4 月 27 日，中级人民法院下达裁定，撤销不予立案的一审裁定，指令该区法院立案。广东首例拒执罪刑事自诉成功立案。此案获得 2018 年广州市律协业务成果奖，获得广东省律协十大案例奖。

## 案件焦点

被执行人名下有 5 辆车是否具有执行法院判决、裁定的能力？被执行人下落不明是否可以终结执行？被执行人的行为是否构成拒不执行判决、裁定罪？

## 裁判结果

一审法院经审查认为，根据自诉人提供的被告人的地址邮寄传票传唤被告人到本院接受询问，但被告人未到庭接受询问，故本院目前无法联系到被告人，无法查明被告人现在的有关情况。因此，自诉人控告被告人拒不执行判决、裁定罪证据不足，依据相关法律法规，裁定对被告人的自诉，本院不予受理。

二审法院经审查认为，被起诉人名下有 5 辆被原审法院查封的车辆，虽车辆下落不明，但车辆下落不明的原因是被执行人（被起诉人）不配合法院执行，故该情况显然不属于“被执行人没有可供执行的财产”的情况，被起诉人属于“对人民法院的判决、裁定有能力执行而拒不执行，情节严重的”情形，故上诉人控诉被起诉人犯拒不执行判决、裁定罪，基本罪证充分。原审裁定对上诉人的刑事自诉不予受理不当，本院予以纠正。上诉人及其代理人提出的上诉及代理意见，理由成立，本院予以采纳。依照相关法律规定，裁定如下：撤销白云区人民法院（2017）粤 0111 刑初 1776 号刑事裁定；指令区人民法院立案受理。

## 实务技术指引

### 一、拒执罪自诉立案难原因之法律分析

我国《刑法》第 313 条规定了拒不执行判决、裁定罪，根据之前的司法解释，

拒执罪属于公诉类案件，由公安机关立案侦查。根据司法实践需要，最高人民法院于 2015 年 7 月 20 日颁布《关于审理拒不执行判决、裁定刑事案件适用法律若干问题的解释》（法释〔2015〕16 号，已被修改），其中第 3 条规定，对于符合条件的拒执类案件，人民法院可根据申请执行人的申请，以自诉案件立案受理。自此，我国建立起“公诉为主、自诉为辅”的拒执罪追诉制度。现阶段，根据司法实践所构建的“公诉为主、自诉为辅”的拒执罪追诉制度在保证国家公诉主义原则性的前提下，给予申请执行人另一救济途径，有效保障申请执行人的合法权利，且有助于降低诉讼成本，节约司法资源，具有保障实体正义和程序正义的积极意义。但是，从司法实践来看，拒执罪自诉程序的司法适用并未达到立法目的。

自 2015 年《关于审理拒不执行判决、裁定刑事案件适用法律若干问题的解释》颁布以来，通过自诉程序立案的拒执罪案件寥寥无几。拒执罪的自诉程序启动难、适用率低，导致立法虚置和司法困境。以广东省为例，“中国裁判文书网”公布的数据显示，广东省拒执罪案件共 200 例左右，但自诉程序的案例仅有 13 例，其中 11 例被法院裁定不予受理，2 例自诉人撤回自诉。可见拒执罪自诉程序启动和适用的难度之大！笔者结合案例，提出以下几点导致上述情况发生的原因。

1. 程序上，拒执罪自诉程序的前置条件发生异化

2015 年《关于审理拒不执行判决、裁定刑事案件适用法律若干问题的解释》第 3 条在赋予申请执行人自诉权的同时，也规定了申请执行人提起自诉的两个前置条件，其一为“申请执行人曾经提出控告，而公安机关或者人民检察院对负有执行义务的人不予追究刑事责任”。此外，《刑事诉讼法》和最高人民法院《关于适用〈中华人民共和国刑事诉讼法〉的解释》亦有相同规定。根据上述规定，申请执行人在向法院提起自诉时，需向法院提供证据证明自己曾经提出控告，而公安机关或者检察院对负有执行义务的人不予追究刑事责任。但在司法实践中，申请执行人在向法院提起自诉时，经常无法提供有效的证据以证明自己曾经提出控告而公安机关或检察院不予立案，从而导致自诉程序无法启动。本案中，龚某及其代理律师在向公安机关提出控告时，公安机关便以各种理由拒绝接受材料，拒绝出具不予立案决定书，法院则要求申请人提供公安不予立案的书面证据，如此便导致第一次自诉立案受阻。

2. 实体上，拒执罪的立案标准不统一

《刑法》第 313 条对拒执罪客观行为的规定较为原则和模糊，司法实践难以操作。鉴于此，2002 年 8 月 29 日，全国人大常委会《关于〈中华人民共和国刑法〉第三百一十三条的解释》对该条所规定的“有能力执行而拒不执行，情节严重的”情形进行列举，包括 4 种具体情形和一个兜底条款。2015 年 7 月 20 日，《关于审理拒不执行判决、裁定刑事案件适用法律若干问题的解释》在《关于〈中华人民共和国刑法〉第三百一十三条的解释》的基础上，结合司法实践，又对《关于〈中华人民共和国刑法〉第三百一十三条的解释》的兜底条款“其他有能力执行而拒不执行，情节严重的情形”规定了 8 种具体情形。《关于〈中华人民共和国刑法〉第三百一十三条的解释》和《关于审理拒不执行判决、裁定刑事案件适用法律若干问题的解释》试图通过列举方式逐步细化和完善拒执罪行为，但社会生活错综复杂，现有规定挂一漏万，无法完全涵盖实践中拒执犯罪的种种行为。这造成司法机关在实践中对拒执罪的理解和适用存在争议，缺乏统一标准，加之刑法谦抑理念的影响，法院往往以被告人的拒执行为达不到犯罪立案标准而不受理申请执行人的自诉请求。以本案为例，在强制执行阶段，法院已经获取黄某 5 辆汽车的档案资料，应当说，黄某具备偿还货款的能力。在此情况下，黄某拒不履行偿款义务的行为涉嫌“有能力执行而拒不执行，情节严重”，应当刑事立案，但一审法院却以无法联系黄某、难以查明情况为由不立案。可见，法院在认定拒执罪立案标准时，存在较大的恣意性。

3. 证据上，申请执行人的举证能力有限

在拒执罪自诉程序中，申请执行人需“有证据证明对被告人侵犯自己人身、财产权利的行为应当依法追究刑事责任”，即申请执行人至少要向法院提供证据证明被告人的行为达到刑事立案标准。刑事案件对证据的要求比较严格，与之相矛盾的是，申请执行人的举证能力却十分有限。首先，申请执行人作为非专业人士，对证据的认识较为主观，其向法院提交的证据往往在形式和内容上都达不到法定标准；其次，拒执案件中，被告人的行为通常比较隐蔽，申请执行人缺乏条件和能力收集相应的证据；最后，法院执行部门在办案过程中会掌握较为全面的证据，但对于是否必须向申请执行人移交这些证据，法律并未明确规定。因此，“实践中，不少自诉案件，犯罪事实确实存在，但因被害人提不出足够的证据被驳回自诉，被害人的合法权利得不到法律保护，犯罪分子不能受到法律追究”。本案即如此。值得注意的是,法院执行局在强制执行阶段,应当已经掌握了较为充分的关于黄某的信息资料,但却并未向立案庭移交,这过分增加了龚某的举证压力。

拒执罪自诉程序的司法困境导致人们对其信心不足,甚至有学者提出彻底废除刑事自诉制度的主张。但笔者认为,现阶段,拒执罪自诉程序仍然发挥着积极的作用。笔者统计发现,执行案件一旦通过自诉程序刑事立案,可以实现接近100%的执结率,本案即是例证。因此,与其废除该制度,不如结合理论和实践对拒执罪自诉程序进行优化和完善。

程序上,严格的拒执罪自诉程序是准确适用拒执罪的基础,既是程序正义的体现,也是实体正义的保障。立法机关、司法机关应当严格规范拒执罪自诉程序。2018 年 5 月 30 日,最高人民法院《关于拒不执行判决、裁定罪自诉案件受理工作有关问题的通知》(法〔2018〕147 号)对这一问题作出了积极的回应。立法上,立法机关、司法机关应当在《关于〈中华人民共和国刑法〉第三百一十三条的解释》《关于审理拒不执行判决、裁定刑事案件适用法律若干问题的解释》的基础上继续通过法律解释、审判指引、案例指导等方式具体和完善拒执罪的行为类型,逐渐规范和统一拒执罪的认定标准,保证拒执罪自诉立案有章可循。以上是从立法和司法层面对拒执罪自诉程序提供优化路径,但对于律师来说,在现有法律的框架内,最大限度地发挥自诉程序的效用,则显得更加现实和重要。

## 二、善于获取控告证据,努力突破“前置障碍”

前已述及,对于申请执行人的控告,公安机关往往不予受理和立案,且不出具相应的书面材料,这使得自诉程序难以启动。律师在协助申请执行人进行控告时,应当充分发挥自己的法律思维和实践经验,据理力争,坚决要求公安机关出具相应书面材料。同时,律师也可以充分利用其他多种方式获取曾经向公安机关控告的证据。比如,使用录音设备录制与公安机关的对话,委托公证机构进行公证,通过 EMS 邮寄控告书并保存邮寄凭证等。总之,律师应当积极发挥能动性,在法律允许的范围内,采取各种途径获取控告证据,努力突破“前置障碍”。一旦突破该“障碍”,自诉程序将得以顺利进行。

## 三、积极与执行法官沟通，获取执行法官的支持

鉴于申请执行人在自诉程序中的举证能力有限，难以提供有效的证据，而法院执行部门在执行工作中已经掌握了较为全面的关于被执行人“有能力执行而拒不执行，情节严重”的证据资料，同时考虑到申请执行人与执行法官的目标一致，律师在办理此类案件时，应当积极主动地同执行法官联系沟通，获得执行法官的支持，实现证据材料从执行局向立案庭和审判庭的移送，保证自诉程序的顺利启动和开展，弥补申请执行人举证能力的缺陷，避免申请执行人的自诉申请因证据不足而被法院驳回。

# 刑事案件被害人要求赔偿的选择困惑及精神赔偿争议

## ——故意伤害致死刑民交叉案件被害人的代理

### 案件基本信息

1. 裁判文书号：

广州市番禺区人民法院(2015)穗番法少刑初字第54号

广州市番禺区人民法院(2016)粤0113民初1700号

广州市中级人民法院(2017)粤01民终15861号

2. 案由：故意伤害罪、强制猥亵妇女罪、抢劫罪；侵权责任纠纷

### 基本案情

2015年5月17日早晨6时许，警方接到群众报警，称在广州市番禺区某路段遇到一名面部淤肿、下身流血、一丝不挂的裸体年轻女子坐在路边向其求助。警方接到报警后立即派出民警赶赴现场处置，并通知医务人员到场，协助将受伤女子送往医院治疗。2015年5月18日15时许，未成年凶手黎某向公安机关投案自首，并交代了其令人发指的犯罪行为。被告人和被害人事前并不认识，2015年5月16日晚，被告人黎某与被害人分别应邀与其他两个朋友聚餐饮酒，酒后被告人主动要求骑摩托车送被害人回家，途中被告人故意将被害人拉到荒无人烟的江边，下车后被告人强制猥亵被害人，并要求与其发生性关系。遭到拒绝后，被告人变本加厉，为泄私欲，在被害人无力反抗时用力抠其私处，致其阴道肛管直肠破裂出血昏迷，趁被害人昏迷之机，拿走被害人的手机等财物逃之夭夭。2015年5月31日，被害女子经抢救无效死亡。2015年6月2日，张文明律师团队接受死者亲属委托代

理此案件，受害人亲属听从律师建议没有提出刑事附带民事诉讼。2015 年 9 月 14 日，公诉机关向法院提起公诉，开庭时张文明律师作为受害人亲属代理人出庭发表代理意见，拒绝接受被告人亲属提出的十几万元赔偿，对被告人的犯罪行为不予谅解，要求法庭对被告人令人发指的犯罪行为加重处罚。2016 年 3 月 11 日，张文明律师代被害人父母将未成年被告人的父母、请被告人吃饭喝酒的邓某、劝被告人及被害人喝酒的金某作为共同被告一并告上法庭，索赔百万元(其中要求精神赔偿 30 万元)。

## 案件焦点

此案错综复杂，焦点很多，争议很大。被告人系未成年人，但作案手段却惨无人道。被告人系自首，如果被害人亲属对其刑事谅解，会大幅减轻被告人的刑罚；民事被告人难以确认，刑事附带民事诉讼被告人仅一人，民事诉讼被告人则可以列 4 人以上；被告人、被害人及一起吃饭的两个朋友均互相劝酒至醉酒，共同被告人的赔偿责任难以划分；部分被告人的身份难以查证；民事诉讼不同的诉讼方式赔偿数额将会有数十倍的差别；精神赔偿能否得到支持……

## 裁判结果

1. 法院刑事法庭经审理认为，被告人故意伤害他人身体，并致一人死亡，其为满足私欲，强制猥亵妇女并抢走被害人财物，公诉机关指控被告人黎某犯故意伤害罪、强制猥亵妇女罪、抢劫罪罪名成立。鉴于被告人黎某犯罪时未满 18 周岁，应从轻或减轻处罚；案发后第二天能主动投案，坦白交代所犯罪行，是自首，可从轻或减轻处罚。依照相关法律规定，判决如下：被告人黎某犯故意伤害罪，判处有期徒刑 13 年；犯强制猥亵罪，判处有期徒刑 2 年 6 个月；犯抢劫罪，判处有期徒刑 1 年 6 个月，并处罚金 500 元；决定执行有期徒刑 15 年 10 个月，并处罚金 500 元。

2. 法院民事法庭经审理认为，公民享有生命、健康、身体权，行为人因过错侵害他人民事权益，应当承担侵权责任。本案中，本院作出的已发生法律效力的(2015)穗番法少刑初字第 54 号刑事判决书认定黎某故意伤害被害人身体并致其死亡，两原告作为被害人的近亲属，有权请求黎某赔偿其因此所遭受的损失。

关于被告人及其父母的连带赔偿责任问题，本院认为，黎某出生于1997年6月25日，至案发时间2015年5月17日为17周岁，黎某及其父母提供的证据虽表明黎某名下可能有财产，但不足以证明黎某在案发时能够以自己的劳动取得务工收入并能维持当地群众一般生活水平。因此，本院认为，不能认定被告人为以自己的劳动收入为主要生活来源的完全民事行为能力人，对黎某造成被害人死亡导致的损失，应由黎某及其父母承担连带赔偿责任。原告主张由黎某承担赔偿责任，其父母承担补充赔偿责任，本院予以支持。

关于精神损害抚慰金问题，本院认为，虽然最高人民法院《关于是否受理刑事案件被害人提起精神损害赔偿民事诉讼问题的批复》规定，对于刑事案件被害人由于被告人的犯罪行为而遭受精神损失提起的附带民事诉讼，或者在该刑事案件审结以后，被害人另行提起精神损害赔偿民事诉讼的，人民法院不予受理，但是并没有禁止在刑事案件审结后被害方在民事诉讼中一并提出精神抚慰金赔偿要求。且根据最高人民法院《关于确定民事侵权精神损害赔偿责任若干问题的解释》第8条第2款"因侵权致人精神损害，造成严重后果的，人民法院除判令侵权人承担停止侵害、恢复名誉、消除影响、赔礼道歉等民事责任外，可以根据受害人一方的请求判令其赔偿相应的精神损害抚慰金"及《侵权责任法》第22条"侵害他人人身权益，造成他人严重精神损害的，被侵权人可以请求精神损害赔偿"的规定，黎某虽受到刑事处罚，但不能免除其承担精神损害抚慰金的责任。黎某故意伤害并致人死亡，对两原告精神方面造成严重损害，两原告主张赔偿精神损害抚慰金合理合法，本院予以支持。

综上，依据相关法律规定判决如下：被告黎某在本判决发生法律效力之日起10日内向原告赔偿736，610.73元，赔偿精神抚慰金100，000元，被告人父母承担补充赔偿责任。

被告人不服提起上诉，中级人民法院判决：驳回上诉，维持原判。

## 实务技术指引

本案涉及三个方面的困难选择，首先是是否出具刑事谅解书。审理前，被告人亲属曾多次找到被害人亲属及代理人，称愿意给予一定的经济赔偿，要求被害人亲属对被告人的行为予以谅解并出具刑事谅解书。此案的被告人系未成年人，且主动投案自首，如果再得到刑事谅解，刑事处罚将会减轻许多，难以做到罪刑相当。被害人父母开厂办公司，并不需要多少金钱抚慰，需要的是严惩凶手、为自己无辜的女儿讨回公道。鉴于此，代理人建议对被告人的犯罪行为不予谅解，开庭时与公诉人一起对被告人的犯罪行为进行控诉，严正指出，本案被告人的主观恶性极大、作案手段极为残忍、作案后果极为严重，根据相关法律规定，尽管其系主动投案自首，但仍不能减轻其应负的刑事责任。最终，法庭采纳公诉人及被害人代理人建议，判处被告人 15 年以上的重刑。

其次是选择刑事附带民事诉讼，还是另行提起民事诉讼。《刑事诉讼法》(2012)第 99 条第 1 款第 1 句规定："被害人由于被告人的犯罪行为而遭受物质损失的，在刑事诉讼过程中，有权提起附带民事诉讼。"据此，附带民事诉讼赔偿的一般是被害人由于被告人的犯罪行为而遭受物质方面的直接损失，数额只有医疗费、丧葬费等几万元，甚至不包括几十万元的死亡赔偿金和精神损害抚慰金。而另行提起民事诉讼，则可以要求包括上述两项在内的近百万元的赔偿数额。显然，法律规定不尽合理，我们无法改变但完全可以选择。另外，此案的一个重要特点是被告人是未成年人，没有财产进行赔偿。根据案发时生效的《民法通则》第 133 条第 1 款第 1 句规定，无民事行为能力人、限制民事行为能力人造成他人损害的，由监护人承担民事责任。所以将未成年凶手的监护人作为被告，另行提起民事诉讼成了本案的最佳选择。这一规定也为《民法典》所肯定，如根据《民法典》第 1188 条的规定，无民事行为能力人、限制民事行为能力人造成他人损害的，由监护人承担侵权责任。监护人尽到监护职责的，可以减轻其侵权责任。有财产的无民事行为能力人、限制民事行为能力人造成他人损害的，从本人财产中支付赔偿费用；不足部分，由监护人赔偿。

最后是本案在民事被告的选择上也颇费心思。凶手的监护人是当然的被告，没有争议。但在是否将请客吃饭、互相劝酒的其他人以及向未成年人提供酒精饮品的餐饮经营者列为被告方面却产生了很大分歧。请客吃饭及劝酒者被判赔偿已经有许多判例，但大多是醉酒者自身受到损害或伤害，此案则是醉酒者丧失部分控制能力后去伤害他人。但正像被告在庭审时所供述的那样，如果不是饮酒至醉，他肯定不会也不敢用残忍的手段去伤害别人。请客的邓某、邀请被害人去吃饭的金某明明知道被告系未成年人还劝其饮酒，且酒后没有尽到安全护送的附随义务，所以综合考虑全案情况，将被告的父母、请客吃饭互相劝酒的其他两人一并列为了被告。

# 刑事诈骗造成的房产损失如何通过民事方式给予追回

——买卖房屋合同纠纷刑民交叉案件的代理

## 案件基本信息

1. 裁判文书号：
广州市番禺区公安局穗公番拘通字(2017)04197号
广州仲裁委员会(2017)穗仲案字16566号
2. 案由：诈骗、合同纠纷

## 基本案情

2017年9月，卖房人受买房人及其妻子的蛊惑，将自己价值近300万元的房屋，作价150万元出售给买方。双方签订了《存量房买卖合同》，约定：首期付45万元后卖房人须办理产权过户登记、房屋实际交付。买方口头承诺：与实际价值相差的余款，另行支付给卖房人，以减少税费。卖房人信以为真，在买方向其支付了45万元后，就如约于2017年10月24日将房屋过户登记到买方名下，并将房屋实际交付买方使用。没有想到的是，买方在取得房产证、接收房屋后立即失联、人间蒸发，没有支付合同约定的余款，口头承诺的差额款项就更不用说了。另据了解，买房人还涉嫌诈骗卖房人弟弟等人巨额钱款，其诈骗金额可能至上千万元。

## 案件焦点

本案系刑民交叉复杂疑难案件，买房人既涉嫌诈骗犯罪又涉嫌民事违约，涉嫌诈骗数额特别巨大，是通过刑事追赃还是通过民事程序挽回损失？民事程序是行使合同解除权、要求买方退还房产，还是要求对方继续履行合同、支付余款，均是案件的焦点。

## 裁判结果

通过刑事控告，警方对买房人的诈骗行为刑事立案并上网通缉涉嫌诈骗犯罪的买房人。

广州市仲裁委员会依据相关法律规定裁决如下：

(1)解除《存量房买卖合同》(合同编号：穗存量房合字 17090374205 号)；

(2)第一被申请人、第二被申请人(买房人及其妻子)应于该裁决书送达之日起 15 日内协助申请人(卖房人)将广州市番禺区沙湾镇福贤路 268 号雍容北台 2 栋 303 房登记到申请人名下；

(3)第一被申请人、第二被申请人支付申请人违约金 19, 425 元；

(4)本案仲裁费 28, 150 元由第一被申请人、第二被申请人承担，该费用已由申请人预缴，本会不予退回，由第一被申请人、第二被申请人径付申请人。

## 实务技术指引

### 一、弄清案件性质，确定整体工作思路

本案可以通过刑事控告追究买房人的刑事责任，但其经济状况已经恶化、严重资不抵债，仅通过刑事手段很难挽回实际损失，必须在启动刑事程序的同时启动民事程序。双方签订的《存量房买卖合同》约定的房屋价格只有 150 万元，远低于真实价值，如果要求买方继续履行合同支付余款 105 万元，卖方也将遭受重大损失。另外，房屋已经登记在买方名下，随时有被其他债权人申请查封、冻结或被公安机关刑事查封、冻结的风险。处理此案的最佳方案是进行刑事控告“以刑促民”，提起民事程序要求解除合同，但要求解除合同前还需要进行证据的调查和固定。针对本案特殊情况，律师团队决定立即采取如下具体措施：

(1)以卖房人弟弟被诈骗的其他事实进行控告，请求公安机关立案追究犯

罪嫌疑人的刑事责任。刑事控告暂不涉及该房屋,防止刑事立案后无法就同一事实提起仲裁申请,曲线救房。

(2)对买房人妻子进行调查取证,固定证据,并力求能实际占用房屋。

(3)立即申请诉讼保全,查封涉案房屋。

(4)按照《存量房买卖合同》约定的争议解决方式提请仲裁,请求解除合同,要求买房人返还房屋。

## 二、刑事控告成功,犯罪嫌疑人被网上通缉

本案情况特殊,既要启动刑事控告程序,给犯罪嫌疑人造成强大的心理压力,“以刑促民”,迫使其在民事调查取证及仲裁程序中予以配合;又要有所保留,刑事控告的犯罪事实必须“技术处理”,暂时不涉及涉案房产被骗事实,为启动民事程序留下空间。团队为此研究起草了高质量的刑事控告书,张文明律师多次亲自前往公安机关进行交流、沟通,终于促成公安机关依法刑事立案,对下落不明的犯罪嫌疑人进行网上通缉。

## 三、主动调查取证,为启动民事程序做好铺垫

刑事程序难以挽回委托人的实际损失,经办案律师缜密研究,制定了紧急查封、提请仲裁、通知解除合同、暂不退款的法律“组合拳”。刑事立案后,犯罪嫌疑人妻子压力很大,表示愿意与卖方协商处理房产纠纷,办案律师要求委托人将其带到律师事务所,由团队三名律师在场对其进行调查、询问,同步录音、录像并制作调查笔录。办案律师严正声明,买房人涉嫌刑事犯罪,如果不退还房屋,将会增加嫌疑人的犯罪金额,被判处更重的刑罚。买房人妻子经过慎重考虑后明确表示,同意解除房屋买卖合同,愿意交还房屋,并表示回去就把房屋钥匙交还卖房人。这个调查取证为本案的仲裁胜诉埋下重要伏笔,也使得卖方得以立即收回房屋钥匙并实际占有涉案房屋。

合同解除权是形成权,通知对方即生效,但本案买房人已经失联,如何通知成为难题。再有,合同约定如解除合同,须同时退还已付房款。退还已付房款即刻就能完成,返还房屋则较为复杂,即使买房人配合也须经历繁杂的过户流程,

在买房人失联被通缉的情况下卖方主动退回已付房款，还是会面临钱、房两空的风险。对此，必须启动民事程序才能达到目的。

## 四、仲裁完胜，申请人仲裁请求全部得到支持

按照房屋买卖合同约定的争议解决方式，代理律师及时向广州仲裁委员会提起仲裁。仲裁程序中，“失联”的买方聘请了经验丰富的资深律师提出抗辩：(1)本案房屋买卖是合法有效的民事法律行为，不构成刑事犯罪；(2)没有私下约定，只认合同约定的150万元房价，并要求继续履行合同，同意立即付清105万元余款，买方妻子可以代为付清全部余款；(3)认为本案买方是瑕疵履行，卖方是完美履行，卖方完美的实际履行行为应视为其以实际行为接受了对方的瑕疵履行，构成对原合同内容的变更，卖方已丧失了合同解除权；(4)广州市现有购房政策规定，购房两年内不得卖出、变更，依据该限购、限售规定，涉案之房屋过户不足两年，不能返还。

面对上述强势抗辩，何才荆律师、江晓琪实习律师引经据法、有理有据地逐一进行了反驳并得到仲裁庭的认可。

2018年5月18日，广州市仲裁委员会作出裁决，何才荆、江晓琪律师的观点均被采纳，卖方的仲裁请求全部被支持。尤其值得一提的是，因对方未提起反诉仲裁请求，卖方应退还的购房款45万元未在裁决事项中提及，仲裁完胜。另外值得交代的是，在仲裁胜诉的同时，卖方向公安机关提供了犯罪嫌疑人精准的藏匿地点，涉嫌诈骗的买房人在广东博罗被抓获归案，现羁押于广州市番禺区看守所，全案大获全胜。

## 五、强制执行，房产终于完璧归赵

为免夜长梦多，在仲裁裁决书确定的履行期届满后，办案律师第一时间到广州市中级人民法院立执行案，希望尽快依法为当事人收回房屋。

奈何好事多磨，执行难的困窘在本案中同样得到体现。执行法官认为：(1)执行文书送达已经失联的当事人和已经被羁押的当事人可能会需要较长时间；(2)被执行人尚需交纳执行费等相关费用，针对此案特殊情况，建议执行费

在已付的首期房款中扣除;(3)执行法院需要先裁定解除原有的查封、冻结,才能再裁定返还过户,这也需要一定的时间。另外,还有税收问题需要一并处理。办案律师向税务机关核实:本案是返还房屋,可以免予征税,但需要在执行法院下达相关法律文书后,当事人提出免税申请,税务机关需要审查、核实、批准,并出具免税证明,当事人凭免税证明方可到房管部门办理过户手续。

为保万无一失,办案律师三次约见执行法官,提出自己的建议,赢得了执行法官的同情和理解。执行法官不仅加快执行进度,还亲自与有关方面协调,最终得以使当事人顺利免税过户登记、拿到房产证。

买房人设圈套,意欲以45万元极小的代价骗取价值近300万元的房产,结果是"搬起石头砸自己的脚",房屋买卖合同被依法解除、房屋已经被收回,买房人涉嫌诈骗被羁押,等待他的将是严厉的刑事制裁。尽管历经千辛万苦,但本案的办理经历和结果,还是让代理律师感到非常自豪和骄傲。

# 火灾三人殒命，伪造证书是否构成犯罪？被害人亲属要求赔偿是合同纠纷还是民事侵权

——火灾引起的被害人维权刑民交叉案件代理

## 案件基本信息

1. 裁判文书号：

广东省清远市中级人民法院(2014)清终法民一终字第166号

广东省高级人民法院(2016)粤民申8089号

广东省高级人民法院(2017)粤民再235号

2. 案由：合同纠纷、侵权责任纠纷

## 基本案情

2009年12月，某供电局在进行配网工程改造时，将被害人住处301房的保险丝熔断式保护开关拆除，统一更换了由某公司生产的漏电断路器。2010年11月26日凌晨，301房发生火灾，李某及妻子、儿子一家三口全部遇难。2010年12月3日，公安消防局出具火灾事故认定书，认定起火原因是室内电器线路短路引燃附近易燃物导致火灾。2013年2月25日，中国质量认证中心确认，涉案漏电断路器的证书编号与该中心实际颁发的证书编号不一致，涉嫌伪造。

2012年，死者父母作为原告向县法院提起民事诉讼，要求供电局赔偿250万余元。至此，该案进入民事诉讼程序。

## 案件焦点

伪造“三C”认证证书是否构成刑事犯罪？公安机关为何不予立案？生产厂家是否需要承担责任，法院为何驳回对生产厂家的起诉？本案是侵权纠纷还是供用电合同纠纷？民事侵权责任如何划分？请求权竞合，当事人有自主选择请求权的权利。

## 裁判结果

2013年11月20日，一审法院作出判决，认为本案法律责任应按供电设施产权归属确定，由于引起火灾的线路产权属于被害人所有，且被害人在室内电路的安装和电器的使用方面存在重大安全隐患，没有尽到安全用电的义务，故被害人应承担主要责任。而供电局安装了涉嫌伪造“三C”认证的漏电断路器，未完全尽到安全防护义务，存在一定的过失，应根据比例承担30%的民事责任，赔偿原告552,776.76元。

原告、被告均不服一审法院的判决，分别向中级人民法院提起上诉。2014年11月1日，中级人民法院综合比较了被害人与供电局的行为对于损害事实发生或扩大的原因力，判决供电局对事故损失承担50%的民事责任，赔偿原告921,294.61元。

供电局不服中级人民法院的二审判决向省高级人民法院申请再审，2015年11月6日，省高级人民法院裁定驳回其再审申请。

2016年12月6日，原告向省高级人民法院提起再审申请，2017年4月19日，省高级人民法院作出再审并提审的裁定，2017年7月18日，省高级人民法院判决增加供电局向受害人亲属赔偿精神损害抚慰金200,000元。

## 实务技术指引

### 一、刑事手段干净利落，刑民交叉案件的办理思路应该是先刑后民

既然火灾是室内电路短路导致，如果漏电断路器能正常工作及时切断电源，

火灾怎么可能发生？死者亲属、本案原告百思不得其解，遂委托当地质监局向中国质量认证中心申请对涉案的漏电断路器进行认证查询。中国质量认证中心回函称，涉案漏电断路器的证书编号与该中心实际颁发的证书编号不一致，涉嫌伪造。这个结论是让人万万没有想到的，有人竟胆敢生产、销售未经认证的伪劣漏电断路器产品，导致涉案的漏电断路器在事故中根本没有起到任何保护作用。

漏电断路器质量事关消费者生命财产安全，国家对此类产品制定了极为严格的强制性产品认证制度，所有生产销售的此类产品必须通过中国质量认证中心的“三 C”认证。被告单位却公然违反法律规定，置消费者的生命、财产于不顾，销售未经“三 C”认证的伪劣产品，生产厂家更是胆大妄为，伪造“三 C”认证证书，明显涉嫌刑事犯罪。

刑民交叉案件疑难复杂，刑事手段的效果最为明显，故此首先应当想到的是利用刑事手段。具体到此案就是发现生产厂家伪造“三 C”证书后，应当先刑后民，向公安机关控告生产厂家和供电局，要求追究其伪造“三 C”证书、销售不合格的电器产品导致三人死亡严重后果的刑事责任。应当说，事故发生后在当地引起很大的舆情，如果抓住时机进行刑事控告，完全有可能刑事立案，或者以刑促民获得高额赔偿。

但遗憾的是，我们介入此案的时间是案发 4 年后、中级人民法院已经开完庭还未判决之时，公安机关得知案件已经进入了民事二审，很难再受理刑事控告，法院在审理过程中如果发现刑事犯罪会中止民事案件审理会将案件移交公安机关，当事人无须再进行刑事控告。

此案还有一个遗憾之处，是不知当初为何没有将漏电断路器的生产厂家列为被告。我们介入案件后想弥补这一缺憾但已为时过晚。2016 年 1 月 27 日，我们代理原告以产品责任为由将供电局和涉案漏电断路器生产商一并告上法庭。2016 年 7 月 6 日，法院认为起诉已超过诉讼时效且供电局已向原告赔偿，原告以同一事实再次起诉不符合法律规定，据此判决驳回原告的全部诉讼请求。

## 二、案由之争关乎的赔偿项目及数额，在请求权竞合的情况下，当事人有自主选择请求权

本案案由争议较大，原告在起诉、上诉及申请再审时均认为是侵权责任纠

纷,要求赔偿死亡赔偿金、被扶养人生活费、丧葬费、精神抚慰金、直接财产损失及受火灾毁损部分房地产及装修费用等。二审法院认为供电局作为供电企业向被害人供电,被害人作为用电户向供电局支付电费,双方之间存在供用电合同关系。原告起诉要求供电局承担赔偿责任的理由是供电局安装的漏电断路器没有起到保护作用而引起火灾事故。而供电局为用电户提供安装漏电断路器是属于供用电合同中的附随义务,本案案由应为供用电合同纠纷。

二审确定本案案由为供用电合同纠纷明显错误,按照合同纠纷的违约责任赔偿的项目和数额也比较少。省高级人民法院最终采纳代理人关于案由的代理意见,纠正了二审案由的错误。省高级人民法院认为,在请求权竞合的情况下,人民法院应当让当事人自主选择请求权,根据当事人诉争的法律关系的性质,确定相应的案由。本案中,原告选择的是侵权之诉,而非合同之诉,故本案案由应定性为侵权责任纠纷。二审判决定性为供用电合同纠纷不当,省高级人民法院予以纠正。

再审纠正了二审关于案由的错误,继而支持了原告主张的精神损害抚慰金。根据最高人民法院《关于审理人身损害赔偿案件适用法律若干问题的解释》(法释〔2022〕14 号)第 1 条第 1 款、最高人民法院《关于确定民事侵权精神损害赔偿责任若干问题的解释》(法释〔2020〕17 号)第 5 条的规定,死者近亲属遭受精神损害,赔偿权利人向人民法院请求赔偿精神损害抚慰金的,可以根据受害人一方的请求判令其赔偿相应的精神损害抚慰金。本案中,原告因其子女在涉案火灾中身亡,其主张遭受精神损害并要求赔偿义务人供电局支付精神损害抚慰金,符合上述规定,应予支持。

## 三、被告申请再审已被驳回,原告可以再次向省高级人民法院申请再审

诉讼索赔复杂曲折,面对被告的违法侵权甚至刑事犯罪的行为,原告却处于得不到法律全面保护的尴尬境地:一是刑事控告未被受理;二是另诉生产厂家被驳回;三是原告提起的生命权赔偿纠纷和产品质量纠纷均未被二审法院认可,二审法院将案由改为供用电合同纠纷继而判决数额很少的赔偿;四是供电局申请再审已经被省高级人民法院驳回,原告是否还能重新申请再审?在进展曲折、索赔无望的情况下,张文明律师团队没有气馁,经分析研究认为,相关再审法律规

定并没有限制申请再审的主体和次数,被告申请再审被驳回,原告仍然可以向省高级人民法院申请再审,甚至可以先以其中一个原告的名义申请再审,如果被驳回还可以另外一名原告身份再次申请再审。经过缜密细致的工作,省高级人民法院裁定受理再审并直接提审,经省高级人民法院再审开庭审理并作出终审判决,改变了案由,增加了部分赔偿项目和数额,较好地维护了被害人的合法权益。

# “历史”挖的坑如何让企业家陷了进去

## ——非法占用农地行刑交叉案件的代理与辩护

## 案件基本信息

1. 裁判文书号：
广东省肇庆市鼎湖区人民法院(2019)粤1203行初395号
广东省肇庆市中级人民法院(2020)粤12行终107号
2. 案由：不服罚款行政处罚纠纷

## 基本案情

2018年6月8日，企业家周某与广东省某市某村村民签订《土地承包协议》，合同约定村民将其承包的原村委会砖厂147.4亩土地转包给周某承包经营。周某以此为经营地址注册成立了公司，公司的环保砖项目取得了当地镇政府的建设项目用地规划意见许可，建设项目环境影响评估还取得了区环境保护局的批复。随后周某投入了数百万元采购设备、兴建厂棚、招募工人，正当公司生产经营逐渐步入正轨时却突遭变故。2018年9月18日，当地国土资源局下发责令停止违法行为通知书，认为周某未经国土资源部门批准，擅自占用砖厂土地填土、动工建设厂棚，在坑塘水面、采矿用地、水田堆填石材粉，责令其立即停止违法行为，并缴纳200多万元的巨额罚款。2019年4月17日，自然资源局作出国土资高执法(2019)8号行政处罚告知书和听证告知书，告知处以违法占地罚款2,433,462.6元的处罚内容及陈述、申辩、申请听证权利。2019年5月15日，该自然资源局又作出与2019年4月17日作出的行政处罚告知书和听证告知书相同文号的行政处罚告知书和听证告知书，告知对非法占用土地处以罚款2,408,135.6元的处罚内容及陈述、申辩、申请听证权利。2019 年 5 月 29 日，周某委托律师向自然资源局申请听证，2019 年 6 月 11 日举行了听证会，2019 年 7 月 11 日，该局正式作出（2019）8 号行政处罚决定书，决定对非法占用土地行为处罚 935,466 元。

周某对行政处罚不服，依法提起行政诉讼。但令人没想到的是，提起行政诉讼后周某遭遇了更大的麻烦：行政诉讼开庭前几天，周某突然被当地公安机关以非法占用农地罪刑事拘留。

2020 年 2 月 14 日，一审法院采纳原告代理律师意见，判决撤销自然资源局作出的（2019）8 号行政处罚决定书。被告不服提起上诉，2020 年 7 月 29 日，二审法院作出维持撤销行政处罚的判决结果。

## 案件焦点

本案属于疑难复杂的行刑交叉案件。行政处罚纠纷的争议焦点有三个：一是周某是否为适格的违法主体？二是自然资源局作出的行政处罚决定书是否违反程序？三是行政处罚决定书认定的事实是否清楚，证据是否确实？

刑事责任上，周某是否构成非法占有农地罪存在争议，且前者是后者的前提，行政处罚如果成立，周某极有可能涉嫌刑事犯罪。

## 裁判结果

一审法院经审理认为，本案属于行政处罚纠纷，争议焦点在于自然资源局作出的案涉行政处罚决定书认定事实是否清楚，证据是否确实、充分，适用法律、法规是否准确，程序是否合法。首先，根据证据证实，周某的公司于 2018 年 6 月 8 日成立，住所地为案涉土地，建设项目的申请有相关部门的批复，且公司已进行运作，周某是该公司的股东，对于本案的涉案行为是周某个人行为还是代表公司的行为，自然资源局仅凭对周某的询问笔录就认定周某为违法主体，且在周某提出申辩后仍不向与案涉土地有关的公司调查核实，即案涉行政处罚决定书对违法主体并未调查清楚，属于事实不清。又根据《行政处罚法》第 31 条的规定，行政机关在作出行政处罚决定之前，应当告知当事人作出行政处罚决定的事实、理由及依据，并告知当事人依法享有的权利。自然资源局在作出处罚前虽然履行了事先告知的义务,但却在不同的时间出具两份相同文号的行政处罚告知书和听证告知书,该两份告知书认定的违法事实和处罚内容不一致,并且还与行政处罚决定书认定的违法事实和处罚内容不一致,属于未提前告知行政相对人行政处罚的事实,剥夺了周某对实际处罚事项的知情权,故自然资源局作出的行政处罚违反了法定程序。综上所述,自然资源局作出的(2019)8 号行政处罚决定书主要证据不足,违反法定程序,应当予以撤销。依照《行政诉讼法》第 70 条第 1 项、第 3 项的规定,判决如下:

撤销某市自然资源局作出的(2019)8 号行政处罚决定书。

被告自然资源局不服一审判决提起上诉,二审裁定:驳回上诉,维持原判。

2020 年 2 月 10 日,因检察院未批准逮捕,周某被取保候审获得释放,一年后取消取保候审。

## 实务技术指引

### 一、案涉土地实际使用人系环保科技有限公司,并非原告周某个人,原告不是本案的适格相对人

1. 环保科技有限公司以案涉土地为注册登记地。周某承租案涉土地后,将承租的案涉土地交由其作为股东的环保科技有限公司使用,并以案涉土地为公司住所地在工商部门进行了注册登记。国家企业信用信息公示系统显示的工商登记住所信息,可以证明涉案土地的实际使用人为环保科技有限公司而非周某个人。

2.《建设项目用地规划意见》及《环境评估报告》均是以环保科技有限公司名义申请。环保科技有限公司向规划部门申请在案涉土地上进行项目的建设,2018 年 6 月 20 日,环保科技有限公司收到规划部门出具的《建设项目用地规划意见》,原则上同意环保科技有限公司在案涉地块建设新型墙体材料厂。

在确认案涉土地具备建设条件后,环保科技有限公司又委托第三方评估机构对案涉土地开展项目对环境的影响进行评估,评估报告出具后,环保科技有限公司向环境保护局申请进行环保砖生产。2018 年 8 月 10 日,环境保护局书面批复,同意环保科技有限公司按照呈报表内容实施前述项目。由此可见,无论是向

规划部门申请在案涉土地上进行项目建设,还是委托第三方公司对案涉土地进行环评,申请人均是环保科技有限公司而非周某个人。

3. 周某以本人名义签订《土地承包协议》及在询问笔录中自认其本人是案涉土地的实际使用人,不能就此认定其本人是本案的适格相对人。

首先,根据环保科技有限公司的企业信息可知,周某系环保科技有限公司的股东,并且为公司的发起人,由于在与案外人伍某签订《土地承包协议》时,公司并未完成注册登记,公章还未刻制,不能以公司名义对外签订合同,周某只能以个人名义签订合同。

其次,周某法律知识水平不高,对股东与公司法人的关系及概念并不清晰。因此,在执法机关询问中,回答是其本人在实际使用,实属于法律上的认识错误。

因此,被告人在庭审答辩中所谓的"案涉土地的承包合同签订主体是原告本人,且《询问笔录》中原告也承认其本人是案涉土地的实际行为人,所以对原告作出处罚的对象无误"的观点不成立。

## 二、行刑交叉案件,重点要消除行政处罚的事实和法律依据

案涉土地分几种情况,一种是坑塘,其形成于20世纪八九十年代,当时村里为发展养殖业,鼓励村民承包土地挖水塘养鱼;另一种是集体砖厂用地,同样形成于20世纪八九十年代,该土地用途已经变更为采矿用地,还有一些是面积不多的水田和林地。尽管土地性质不同,但无一例外均是几十年历史形成的现状。2018年6月8日,周某与当地一村民签订《土地承包协议》,合同约定村民将其承包的原村委会砖厂147.4亩土地转包给周某承包经营。此前,案涉土地已经几次易手,几经周转才到了周某手中。搞清楚这段历史很重要,几十年"历史"挖的"坑",让现承包该案涉土地的周某陷了进去。

无论是行政处罚还是刑事拘留,"官方"给出的理由均是非法占用农用地。但这个理由非常牵强,行政处罚决定书未充分考虑涉案土地存在的历史遗留问题。涉案土地早在几十年前被村民承包后就已经开挖了水塘,村委的砖厂用地早已经变更为工矿用地。环保科技有限公司接手时,并未改变水塘和砖厂的土地现状,村委对此也出具了证明。堆填的石材粉系自然材料没有任何污染,并未改变土地使用性质或造成土地严重损坏。行政处罚决定在认定事实方面存在以

下错误。

1. 周某并未非法占用建设用地

行政处罚决定书认为周某的行为属于非法占用建设用地的情形,“对非法占用的26,600平方米(折合39.9亩)采矿用地处以10元/平方米的罚款”。

《土地管理法》第4条规定:建设用地是指建造建筑物、构筑物的土地,包括城乡住宅和公共设施用地、工矿用地、交通水利设施用地、旅游用地、军事设施用地等。根据被告提供的证据“某市某区土地利用现状图(局部)”可知,案涉土地中39.9亩的工矿用地本身就属于建设用地。因此,周某并未改变用地性质。

周某已通过签订合同等方式取得了案涉地块的使用权,且在项目实施前已就该地块性质向某镇规划建设办公室征询过意见。2018年6月20日,该镇规划建设办公室作出建设项目用地规划意见回复,“原则上同意周某的公司在案涉土地东侧地块上建设新型墙体材料厂”。该办公室是镇政府土地规划的主管部门,其出具的文件应当具备一定的公信力。同时,某区环境保护局亦作出书面批复,同意周某的公司使用案涉地块开展仿古青砖与环保砖项目建设。

因此,环保砖生产用地的地块性质本身就是建设用地,开展项目也已取得相关主管部门的同意,根本不存在非法占用建设用地的情形。

2. 周某也未非法占用行政处罚决定书所称的水田、林地

被告在处罚决定书中认定周某非法占用水田、林地,并对该行为作出罚款决定。然而,在原告签订承包合同并接手案涉土地时,该地块已不存在水田、林地的现状。通过证人伍某的询问笔录及《承包土地开发鱼塘及取土合同》可知,案涉土地的水田、林地在周某承包前即已被开挖改变用途。因此,周某及其公司不存在非法改变水田、林地的用途,且案涉土地系经合法流程承包所得,周某及其公司享有合法的使用权,不存在非法占用水田、林地的事实。

3. 坑塘水面为砖厂取土制砖形成,周某仅是将无任何污染的生产原料临时存放在坑塘里

涉案土地中的坑塘系几十年前砖厂为制砖开挖取土而形成,其原本的农业用途不是水塘,且在周某接手前也并非用于养殖的鱼塘,周某将生产原料堆放到水塘仅仅是临时存放生产原料。由于周某公司项目设施尚在完善过程中,机器设备处于调试状态,用于生产环保砖的原料无地可放,故暂时堆放于水塘。经过检测,该原料对环境不产生任何污染,更不会对未来农业可持续发展造成不利

影响。

## 三、周某不构成刑事犯罪，要把辩护重点放在检察院，争取不批捕

经过上诉分析可以看到，被告对原告的行政处罚缺乏一定的事实和法律依据。但没有想到的是，公安部门在行政案件开庭前几日突然将周某刑事拘留，涉嫌的罪名是非法占用土地。律师团队经过研判认为，周某不是违法主体，更不是犯罪主体，涉案行为明显不构成非法占用土地的刑事犯罪。公安机关既然对周某立案并采取刑事拘留措施，要其主动撤销案件或者对周某取保候审几无可能，所以应把辩护的重点放在检察院，争取使检察院不予批准对周某的逮捕。按照此思路，在公安机关拘留周某后，辩护律师立即与检察机关进行沟通并递交周某不构成非法占用土地罪、建议不予批捕的法律意见书。辩护律师的工作很快有了效果，法定期限内，检察机关并未批准对周某的逮捕，周某被取保候审。

# 隐瞒已经报警事实提起诉讼是否属于恶意诉讼

——涉外不当得利刑民交叉案件的代理

## 案件基本信息

1. 裁判文书号：
广东省佛山市禅城区人民法院(2017)粤0604民初1005号
广东省佛山市中级人民法院(2017)粤06民终10795号
2. 案由：不当得利

## 基本案情

原告系外商，被告系进出口代理商。2015年被告收到了原告一笔56,349.11美元的外汇，按照惯例，被告在扣除少许代理费后，将货款转付给原告在邮件中指定的国内供应商，供应商收款后迟迟没有发货导致纠纷发生。2016年4月，原告称因电子邮箱被国外黑客入侵而更改汇款信息，错将56,349.11美元的款项汇入被告账户，要求被告退款。被告回复该款项已经转给原告指定的供应商，无法退还。2017年2月，原告一纸诉状将被告诉至法院，要求被告退还涉案款项。原告认为其与被告从未有过交易，所谓指定的供应商也始终没有发货，被告收到的货款属于不当得利，应予退还。2017年8月28日，一审法院以被告收取货款的行为构成不当得利，判决被告向原告返还涉案款项。二审撤销一审判决，驳回了原告的全部诉讼请求。

## 案件焦点

此案纠纷系第三方诈骗引起，究竟是诈骗的犯罪行为还是不当得利的民事纠纷争议很大，一审法院以不当得利纠纷判决被告返还不当得利明显欠妥，二审对一审的错误予以了纠正。

## 裁判结果

一审法院认为，根据《民法通则》（案发时有效）第92条规定："没有合法根据，取得不当利益，造成他人损失的，应当将取得的不当利益返还受损失的人。"原告向被告汇款56,349.11美元，被告已收到该笔汇款并于当日结汇为人民币370,712.46元。原告主张该笔款项为支付给被告的货款，结合一审法院采信的证据，原告一直认为该笔款项是汇给案外公司的，且原告汇款时备注的信息与案外公司发货的发票号均能一一对应，原告在进行汇款时填写的账户名亦为案外公司，虽其之后向银行发出修正电文将账户名变更为被告，但从其与案外公司郑某的微信聊天记录中可以看出，原告系基于错误认识或指示进行修正并导致向被告账户汇款，故一审法院对原告的该主张予以采纳。

关于被告收取涉案款项是否有合法根据。据查证，原告、被告之间此前没有直接经济往来，且从被告收到款项至本案第二次庭审之日已逾一年半，被告尚未指示发货，显然与常理不符。因此，被告提供的证据不足以证明其收取款项有合法依据，故其应承担举证不能的不利后果。

被告收取涉案款项的行为已构成不当得利，依法应予返还，原告诉请被告返还人民币365,666.28元，有事实和法律依据，一审法院予以支持。对于原告诉请的利息，被告在得知原告错误汇款后仍然拒绝返还，其应承担相应的利息，根据最高人民法院《关于贯彻执行〈中华人民共和国民法通则〉若干问题的意见（试行）》（案发时有效）第131条的规定，返还的不当利益，应当包括原物和原物所生的孳息。故一审法院确定按照中国人民银行同期同类活期存款利率计算，自2016年1月7日起计算至实际清偿之日止的利息。但是，原告诉请的利息计算标准过高，过高部分一审法院不予支持。

综上，依照相关法律规定法院判决：(1)被告于判决发生效力之日起10日内向原告返还人民币365,666.28元及利息（利息按中国人民银行活期存款利率自2016年1月7日起计算至实际清偿之日止);(2)驳回原告的其他诉讼请求。本案一审案件受理费7114元,由原告负担279元,被告负担6835元。

二审法院认为,最高人民法院《关于在审理经济纠纷案件中涉及经济犯罪嫌疑若干问题的规定》第11条规定:"人民法院作为经济纠纷受理的案件,经审理认为不属经济纠纷案件而有经济犯罪嫌疑的,应当裁定驳回起诉,将有关材料移送公安机关或检察机关。"本案中,结合原告与证人郑某(被告员工)的陈述以及原告提供的微信聊天记录、部分电子邮件信息可知,原告于2016年1月至3月,通过账户名为pau×××@ seleniny. com的邮箱,分别与账户名为380×××@ qq. com、138×××@ qq. com的邮箱有电子邮件往来,380×××@ qq. com与138×××@ qq. com邮箱的备注名称均为LUCKY,在邮件往来中,均以Lucy和Paul相称。原告与被告发现涉案款项转入被告银行账户后,双方在沟通过程中均意识到可能存在电子邮箱被入侵,被告发出的邮件被他人截获,原告受并非来自被告的邮件指引而将款项转入被告账户之情形,且双方均称已就此向公安机关报案。现原告以不当得利纠纷提起本案诉讼,认为被告收取涉案款项的行为构成不当得利并要求其返还,而被告是否构成不当得利所依据的事实属于刑事侦查的范围,不属于民事诉讼的受理范围,且原告已向公安机关报案,根据最高人民法院《关于在审理经济纠纷案件中涉及经济犯罪嫌疑若干问题的规定》第11条的规定,本案应裁定驳回原告的起诉,由公安机关处理。

据此,依照最高人民法院《关于在审理经济纠纷案件中涉及经济犯罪嫌疑若干问题的规定》第11条、最高人民法院《关于适用〈中华人民共和国民事诉讼法〉的解释》第330条的规定,裁定如下:

(1)撤销广东省佛山市禅城区人民法院(2017)粤0604民初1005号民事判决;

(2)驳回原告的起诉。

该裁定为终审裁定。

## 实务技术指引

### 一、被告收取原告汇付的款项合法有据,不属于不当得利

所谓不当得利是指没有合法依据,有损于他人而取得利益。不当得利的法

律事实发生以后，就在不当得利人与利益所有人（受害人）之间产生了一种权利义务关系，即利益所有人有权请求不当得利人返还不应得的利益，不当得利者有义务返还。这也就在双方之间产生一种债的关系。在此行为之中，取得利益的人称受益人，遭受损害的人称受害人。受益人与受害人之间因此形成债的关系，受益人为债务人，受害人为债权人。

本案原告正是基于上述理论对被告提起诉讼的，一审判决要求被告返还不当得利，被告不服一审判决找到了张文明律师团队代理二审，律师团队研究认为，被告收取原告的货款具有事实和法律依据，被告作为专门从事代理进出口的企业，其收取外汇、转付供应商的行为是正常的国际贸易行为。根据惯例，真正的交易双方是原告与供应商，原告、被告之间无须任何直接的交易。本案被告收取的3000元代理费合理合法，其收取的外汇款已支付给原告在邮件中指定的供货商，被告并未获取任何不当利益。

## 二、被告合法经营，没有任何过错

国家外汇管理局将外贸型企业分成A、B、C三类，其中被评定为A类的企业在网上服务平台上申报结汇即可。被告公司合法成立，多年来诚信经营，属于A类企业，在收到涉案款项之后10日内，即根据交易信息在国家外汇管理局网上服务平台申报了货物名称，并一直在等候办理出口报关手续。纠纷发生的原因是原告指定的供应商没有发货，与被告无关，被告也不存在任何过错。

## 三、被诈骗也不能恶意诉讼，刑民交叉案件应当先刑后民

原告发现异常后已经向警方报警，在警方迟迟破不了案的情况下，原告故意隐瞒被黑客诈骗及自己已经报警的事实，向法院提起民事诉讼属于恶意诉讼。所谓恶意诉讼，是指当事人以虚假的事实提起诉讼，利用诉讼获取不正当利益的诉讼行为。恶意诉讼对司法制度和社会安定带来的影响是显而易见的。司法机构，特别是法院若对此处理不当，势必会造成公众对诉讼的不信任感和对社会的抵触情绪。恶意诉讼和伪造证据、虚假陈述、作伪证等违法诉讼活动，不仅侵害了相关人权益，无端给法院制造了诉讼压力，也损害了正常的诉讼秩序。恶意诉

讼的行为应当受到惩罚，只有严格处罚一切破坏诉讼秩序的行为，才会体现诉讼活动的严肃性，最大限度地遏制诉讼违法活动，并树立人民法院的权威性。本案一审法院的处理明显不当，二审法院撤销一审判决后，没有对上诉人恶意诉讼的行为予以处罚令人遗憾！

此案属于刑民交叉的疑难案件，处理此类纠纷必须防止单方面地认定案件事实，既要弄清民事法律关系，更应考虑是否涉及刑事犯罪问题。最高人民法院《关于在审理经济纠纷案件中涉及经济犯罪嫌疑若干问题的规定》（法释〔2020〕17 号）第 11 条规定，人民法院作为经济纠纷受理的案件，经审理认为不属经济纠纷案件而有经济犯罪嫌疑的，应当裁定驳回起诉，将有关材料移送公安机关或检察机关。

# 无效辩护

# 辩方提交的司法审计意见没被采纳，被告人提出认罪认罚没能得到回应

——刘某某等20人非法吸收公众存款罪无效辩护

## 案件基本信息

1. 裁判文书号：广州市中级人民法院(2020)粤01刑初482号
2. 案由：集资诈骗罪、非法吸收公众存款

## 基本案情

自2015年8月起，被告人黄某某、张某某先后纠集刘某某等20人以"消费全返""数字货币稳赚不赔"等为幌子利用"云付通产业平台"，在全国范围内诱使广大社会公众进行消费返利投资，大肆从事非法集资犯罪活动。

2015年8月24日，被告人黄某某伙同几名同案被告人成立云付通支付科技(深圳)有限公司，又先后在全国各地成立或控股广东云付通公司等数10家关联公司。上述公司在不具备吸收公众存款和支付结算业务资质的情况下，自2015年8月30日起，先后上线"云付通App"及云返地产、云返汽车、云返票务、云返教育、云商珠宝、云智硬件、云洗科技、云返服饰等子平台，组成"云付通产业平台"，以微信推送、建立网站公开宣传及召开宣传推广活动等手段在全国范围内公开宣传，以"消费全返""消费分红"等口号为噱头，在无实质经营的情况下，诱使社会公众进行"消费返利"投资，大肆吸纳公众资金，严重扰乱经济社会秩序。

被告人黄某某、张某某等人通过云付通产业平台诱使销售者加盟，消费者可在其App上注册成为会员，并将会员分为普通会员、VIP会员、金钻会员。普通会员免费注册，会员缴纳100元人民币可升级为VIP会员，会员缴

纳1000元人民币可升级为金钻会员。

被告人黄某某、张某某为扩大非法集资规模,设立合伙人项目,分为全国、省级、市级和县级4种等级,只有金钻会员才可以申请成为合伙人。全国合伙人需缴纳500万元至750万元人民币、省级合伙人需缴纳100万元至150万元人民币、市级合伙人需缴纳30万元至100万元人民币、县级合伙人需缴纳5万元至15万元人民币。

经司法鉴定:(1)截至2019年11月26日,被告人黄某某、张某某等人利用云付通产业平台,在全国发展会员6,279,311人,发展合伙人4872个,非法吸收公众资金共计人民币67,962,469,824.71元,其中:收取会员费人民币458,016,200元,收取合伙人费用人民币637,190,000元;收取消费、转账、发红包等交易资金累计人民币66,867,263,624.71元。(2)上述消费、转账、发红包等交易资金由云付通产业平台进行再次分配,其中云付通产业平台截留交易金额的15%及0.5%手续费合计人民币10,011,930,420.86元,收取云币返现12%的平台服务费为人民币1,326,489,170.6元;云付通产业平台收取会员费、合伙人费用、手续费、平台服务费合计人民币12,433,625,791.47元。(3)云付通产业平台会员余额账户总余额为人民币5,986,311,303.94元,云币账户总余额为78,626,112,494.65元,积分账户总余额为119,884,637.07元,以上余额均无法兑现。(4)1,137,474个会员损失金额共计人民币4,037,417,457.25元。

被告人刘某某是云返票务公司股东、法定代表人、总经理,以云付通"消费全返"模式,吸引社会公众投资云返票务公司股权和返模消费。经审计被告人刘某某吸收资金共计人民币305,371,449.59元。

## 案件焦点

有真实票务交易的金额能否被认定为犯罪金额?辩方提交的司法审计意见能否被采纳?被告人提出认罪认罚能否得到检察机关的回应?

## 裁判结果

法院认为,被告人黄某某、张某某以非法占有为目的,使用诈骗方法非法集资，数额特别巨大，其行为已经构成集资诈骗罪。被告人刘某某等人违反国家金融管理制度，以“消费全返”为名利用消费投资平台变相非法吸收公众存款，扰乱金融秩序，数额巨大，其行为已经构成非法吸收公众存款罪。公诉机关指控各被告人的犯罪事实清楚、证据确实充分，罪名成立，法院予以支持。现依据相关法律规定，判决如下：

(1)被告人黄某某犯集资诈骗罪，判处无期徒刑，剥夺政治权利终身，并处没收个人全部财产；

(2)被告人张某某犯集资诈骗罪，判处有期徒刑 15 年，并处罚金人民币 50 万元；

…………

(8)被告人刘某某犯非法吸收公众存款罪，判处有期徒刑 7 年，并处罚金人民币 40 万元；

其他被告分别以非法吸收公众存款罪被判处 1 年至 9 年有期徒刑。

## 实务技术指引

作为被告人刘某某的辩护人，此案的辩护策略是罪轻辩护。针对控方审计报告存在的问题，辩方另行委托审计机构对涉案金额进行了审计，认为公诉机关指控的涉案金额中有真实票务交易的近一半的数额不能认定为犯罪金额。尽管辩方提交的审计意见最终没有被法庭采纳，但对辩方而言，敢于大胆地委托相关部门对涉案金额进行另行审计，不失为一个特别的辩护措施。因案发前笔者团队介入了刘某某的云返票务公司进行刑事风险防控，提前备份了该公司的所有财务数据，所以才能够另行委托进行鉴定，20 名被告中也只有我们有条件并采取了此项辩护措施。这里也要称赞一下接受辩方委托的鉴定机构，刑事大案中敢于接受辩方委托进行司法鉴定的机构还真的不多。团队预估的刑期为 4 ~ 5 年，但判决结果为 7 年，所以此案的辩护没有达到预期的目的，是谓无效辩护。

### 一、刘某某经营的云返票务公司具有航协资质，从事合法的票务经营活动，其没有参与云付通的其他活动，仅仅是利用云付通产业平台进行结算

(1)刘某某经营的云返票务公司是从事合法票务经营的企业。云返票务公

司主营业务为销售机票、火车票,因服务好、价格公道积累了良好的客户口碑,业绩逐年增长。2018 年,云返票务公司因业绩出色,取得中国航空运输协会颁发的航空销售代理业务资质认可书。

(2)刘某某没有参与云付通的管理工作,云付通与云返票务公司不存在实质意义上的从属关系。刘某某没有在云付通担任职务,也没有参与云付通的管理和运营,其身份为云返票务公司法定代表人,经营云返票务公司。云返票务公司与云付通是两个相互独立的法人,不存在隶属关系。云返票务公司是独立的公司法人,既不是由云付通设立,也不是云付通的子公司。云返票务公司最开始是以普通商户的身份入驻云付通产业平台的,直到 2017 年云付通才入股云返票务公司,云返票务公司才成为云付通的产业平台。云付通持股云返票务公司股权最多时也仅有 35%,并非云返票务公司的大股东,持股期间云付通并未缴付任何出资,也未参与云返票务公司的管理和运营,更未领取分红。

(3)云返票务公司除使用云付通产业平台作为交易结算渠道外,没有参与云付通的其他活动。云返票务公司与云付通之间仅存在商户与支付平台间的正常业务合作关系,云返票务公司开展的都是合法正规的机票、火车票等业务,使用云付通作为支付工具进行结算,在性质上与淘宝商家使用支付宝进行交易结算没有区别。在云付通产业平台上,使用云付通支付的商户高达 13 万家,云返票务公司的模式与上述商家并无明显区别。

## 二、云返票务公司与云付通开展的一系列合作是由云返票务公司决策的,合作产生的收益归属云返票务公司,涉案行为应认定为云返票务公司的单位犯罪

(1)云返票务公司是合法设立并以提供票务服务作为主要经营活动的企业,不是为了犯罪而设立,也没有以犯罪活动作为主要经营活动。也正是因为云返票务公司专门从事票务经营,经营状况良好,才能取得中国航空运输协会颁发的航空销售代理业务资质认可书。云付通产业平台只是作为开展票务服务活动的一种支付结算工具,除云付通外,云返票务公司还有部分经营业务使用支付宝等工具进行结算。

(2)与云付通合作等公司的重大经营事项,都经过正规的决策程序,不是刘

某某以个人身份单独拍板决定的,这一事实在发问环节中已经予以证实。云返票务公司与云付通合作是云返票务公司单位意志的体现,刘某某可以作为主要责任人承担相应责任,但不应对此承担全部责任。

(3)云返票务公司的经营收益归属公司,而不是刘某某。刘某某只是云返票务公司的法定代表人和股东之一,不是收益的直接归属者。收益的归属是判断是否属于单位犯罪的标准之一,根据最高人民法院、最高人民检察院、公安部《关于办理非法集资刑事案件若干问题的意见》(高检会〔2019〕2 号)第 2 条规定,单位实施非法集资犯罪活动,全部或者大部分违法所得归单位所有的,应当认定为单位犯罪。在本案中,云返票务公司与云付通合作所获得的收益都归属云返票务公司,应认定为单位犯罪。

## 三、辩护人对起诉书指控的刘某某犯罪金额不予认可,大部分金额属于刘某某及云返票务公司的合法经营往来金额,应予以剔除

1. 云返票务公司、刘某某销售商品所获收入不具备融资属性,不应认定为非法吸收公众存款罪的犯罪金额。云返票务公司的云付通账户收款金额基本为客户购买飞机票、火车票、演唱会门票等商品所支付的货款。刘某某登录名为“12999”的云付通账户实际由云返票务公司使用,该账户收取的是客户向云返票务公司购票所付货款。刘某某的其他云付通账户的主要收入为刘某某个人名下的博睿通达实业有限公司销售商品所得货款。上述收入都是从事商业活动所得的货款,是交易行为而不是融资行为,不具备非法吸收公众存款行为所必需的融资属性。

商业活动与融资行为的区别在于不同的交易目的和不同的交易条件。(1)从交易目的来看,商业活动以获取商品或者服务为目标,即提供商品(服务)→货币→获取商品(服务);融资活动则以货币增值为目标,即货币→商品(服务)→货币(增值)。从提供资金方的角度看,商业交易中提供资金方以获取商品或者服务为目的;非法集资中提供资金方以获取高额提成、分红或者返利等回报为目的。从接受资金方的角度看,商业交易中接受资金方以赚取交易利润为目的,非法集资中接受资金方以筹集资金为目的。本案中,客户向云返票务公司、刘某某购买的机票等商品都具有很强的实用性,购买后基本都通过乘坐等方

式使用完毕，目的明显在于获取商品或者服务。云返票务公司、刘某某通过出售机票等商品赚取利润，收取的货款除去极少的利润和经营成本外大部分都支付给了航空公司等上游供应商，没有留存收入进行融资。

（2）从交易条件来看，非法集资中接受资金方不提供真实的商品和服务，或者以次充好、以少换多，提供商品和服务价值远远低于购买方支付的资金数额，甚至所提供的商品和服务虚拟化或者证券化，购买者并不能真正行使商品的支配、使用或者处分等权能；非法集资中接受资金方也不把自己作为真正的消费者看待，对于商品或者服务的真实性和等价性并不在意，对于虚假销售行为具有主观明知或予以默许。本案中，云返票务公司、刘某某销售的机票等商品与市场价无异，不存在价格虚高，机票等商品都可以正常乘坐、使用，不存在虚构交易进行融资的情况。

2. 在认定犯罪金额时，应将云返票务公司购货的款项、刘某某销售商品所获的合法收入扣除。起诉书指控刘某某吸收资金 305, 371, 449. 59 元，该金额系司法审计云返票务公司总收款金额 247, 720, 500. 09 元与刘某某总收款金额 57, 651, 449. 5 元相加所得，未扣除绝大部分不应认定为犯罪金额的合法收入。

（1）云返票务的涉案金额我们另行作了审计，公诉机关指控的 3 个多亿的犯罪金额中有近 1. 5 个亿是票务公司向上游供应商支付的各类购票款。辩护人提交了中审华会计师事务所对云付通非吸案涉及广东云返票务有限公司 2017 年和 2018 年支付的购票款执行商定程序的报告，报告审计出 2017 年、2018 年云返票务公司向上游供应商支付购票款合计 149, 678, 704. 57 元。该笔金额性质属于消费，不应认定为非法吸收公众存款的金额，应当予以剔除。

（2）控方审计报告云返票务公司银行账户收到的备注为“投资款、代理费、定金保证金”655 万元是正常的股权投资行为，黄某某等投资人通过成立深圳某合伙企业，成为某合伙企业的合伙人，再由深圳某合伙企业入股云返票务公司，投资手续完备并办理了工商登记。这些投资款是支付给云返票务公司的股权投资款，与云付通无关，不能因为只是通过云付通支付，就认定这些款项属于非法吸收公众存款的金额。

（3）控方审计报告刘某某个人的云付通账户和银行账户收款金额的起算时间点有误。审计报告分别以 2015 年 9 月、2015 年 12 月起算刘某某的云付通账户、银行账户收款时间，然而云返票务公司是 2016 年 8 月成立，对其收款金额的审计也应从2016年8月起算,应当剔除2016年8月前刘某某账户的收款金额。

对于起诉书指控犯罪金额的异议详见下表。

<table>
<tr><th>收款账户</th><th>款项来源</th><th>辩护意见</th></tr>
<tr><td rowspan="8">云返票务公司<br>收款总额<br>205,038,888.83元</td><td>1. 收到消费付款202,024,056.87元</td><td>该金额为云返票务公司收取客户的购票款,且已支付给出票公司,不属于非吸犯罪金额</td></tr>
<tr><td>2. 代理款1,205,964.7元</td><td rowspan="7">这些款项的性质是否属于非吸犯罪金额存在争议</td></tr>
<tr><td>3. 合伙人报名、门票费、培训费363,244.26元</td></tr>
<tr><td>4. 认购款42,500元</td></tr>
<tr><td>5. 入股988,498.15元</td></tr>
<tr><td>6. 升级233,630.15元</td></tr>
<tr><td>7. 酒款178,178.7元</td></tr>
<tr><td>8. 会员升级合伙人/会员获得佣金2816元</td></tr>
<tr><td rowspan="4">刘某某收款<br>总金额<br>47,369,853.99元</td><td>1. 账户12999收到消费付款、转账款、商家付款36,640,118.42元</td><td>该账户为云返票务公司实际使用,所收款项为客户购买飞机票等商品的货款,不属于非吸犯罪金额</td></tr>
<tr><td>2. 账户138138收到消费付款、转账款、商家付款6,055,721.91元</td><td>该款项是刘某某名下博睿通达实业有限公司销售商品所得货款,不属于非吸犯罪金额</td></tr>
<tr><td>3. 账户66666、88888、222222、688688收到消费付款、转账款、商家付款4,187,702.15元</td><td>审计报告未注明该部分款项的具体来源</td></tr>
<tr><td>4. 红包、会员/账户充值、下线升级佣金等486,311.51元</td><td>该款项的性质是否属于非吸犯罪金额存在争议</td></tr>
<tr><td rowspan="2">总计</td><td>244,719,897.2元</td><td>不应认定为犯罪金额</td></tr>
<tr><td>7,688,845.62元</td><td>来源不明及存在争议金额</td></tr>
</table>

## 四、刘某某和云返票务公司也是受害者，没有获得不法利益，通过合法经营所得的资金全部亏损

云返票务公司一直使用云付通支付平台与客户结算票款，云返票务公司的运营资金也大多存在其云付通账户中。2018 年，云付通无法提现直接导致云返票务公司资金链断裂，无法继续经营，云返票务公司在云付通账户中的 2800 万元全部损失。此外，在云付通的引诱下，云返票务公司陆续投入 1700 余万元投资云付通数字货币，投资后数字货币的价值暴跌，投入的资金全部亏损殆尽。由上述可见，刘某某和云返票务公司并未获得非法利益，反而亏损了数千万元，与云付通的众多受害商户并无本质区别。

## 五、本案是互联网创新经营模式还是新类型的非吸犯罪存在争议，应当作出留有余地的判决

本案无论是从云付通公司的运营方式还是在犯罪金额的认定方面均存在较大争议，法律层面也难以把握。团队作的是罪轻辩护，但听了第一被告人黄某某的自我辩护，笔者都有点怀疑自己的观点了。据说，云付通公司在正式运营前曾找北京的经济、法学专家论证过公司的经营模式，难道顶级的专家学者的观点都是错误的吗？还有，非吸犯罪金额的认定也存在很大的问题，从全案看，审计报告显示的 679 亿元资金中有 668 亿元是消费、转账、发红包等有真实交易的资金，这部分资金不宜认作犯罪金额，此案将 11 亿元的会员费、合伙人费用，甚至可将云付通产业平台收取的 15% 手续费等 100 多亿元作为犯罪金额将更加合理。在犯罪行为及犯罪结果均存在较大争议的情况下，法庭应当作出留有余地的从轻判决。

## 教训与反思

审查起诉阶段，作为刘某某的辩护人，我们多次电话和书面向公诉机关表达了愿意认罪认罚的意愿，甚至可以说是强烈的意愿，但都没有得到公诉机关的正

面回应。

从量刑结果看,部分被告人显然没有享受到自愿认罪认罚制度给予的法律福利,值得反思的一点就是,审查起诉阶段,面对主办检察官的不回应,没有及时向检察机关反映情况。《人民检察院办理认罪认罚案件开展量刑建议工作的指导意见》第21条规定,检察官应当全面审查事实证据,准确认定案件性质,根据量刑情节拟定初步的量刑建议,并组织听取意见。案件具有下列情形之一的,检察官应当向部门负责人报告或者建议召开检察官联席会议讨论,确定量刑建议范围后再组织听取意见:

(1)新类型、不常见犯罪;

(2)案情重大、疑难、复杂的;

(3)涉案犯罪嫌疑人人数众多的;

(4)性侵未成年人的;

(5)与同类案件或者关联案件处理结果明显不一致的;

(6)其他认为有必要报告或讨论的。

检察官应当按照有关规定在权限范围内提出量刑建议。案情重大、疑难、复杂的,量刑建议应当由检察长或者检察委员会讨论决定。

依据上述规定,此案既属于"案情重大、疑难、复杂的"又属于"涉案犯罪嫌疑人人数众多的",检察官应当向部门负责人报告或者建议召开检察官联席会议讨论认罪认罚问题。

# 专家辅助人法律意见没有被法庭采纳

## ——张某故意伤害致人死亡案无效辩护

### 案件基本信息

1. 裁判文书号：广州市增城区人民法院(2021)粤0118刑初24号

2. 案由：故意伤害罪

### 基本案情

2020年5月21日晚，被告人张某与被害人李某遥及李某等多名同事在某餐馆聚餐后，由李某驾驶车牌号为粤DEK3XX的沃尔沃SUV汽车载被告人张某与被害人李某遥去广州市增城区找朋友邹某基。2020年5月22日凌晨0时许，经珠三角环线高速行驶至增城区荔湖大道时，因当天下暴雨路面积水严重，汽车涉水抛锚，被告人张某和被害人李某遥在下车推车过程中发生争执，随后被告人张某持一根金属棍多次殴打坐在副驾驶位的被害人李某遥，坐在驾驶位的李某进行劝阻亦被被告人张某捅伤，被害人李某遥爬到车后排打开车门往挂绿湖方向跑去，被告人张某继续持棍棒追赶，因追不见被害人李某遥继而放弃追赶，后返回车里。2020年5月22日凌晨2时50分左右，邹某基来到现场，带李某去医院治疗，被告人张某亦随车离开。2020年5月22日被害人的多名同事陆续去案发现场寻找被害人未果，后报案称被害人失踪，被告人张某亦于当日主动投案。被害人李某遥尸体于同月23日9时许在挂绿湖中被发现。经鉴定，被害人李某遥符合被细长、前端带圆弧的金属类锐器作用于右肩前外侧致右肺及肝脏破裂导致大出血合并溺水死亡。

## 案件焦点

两种死亡原因的占比能否明确划分？专家辅助人的法律意见能否被采纳？被告人有多种减轻、从轻情节能否被认定？

## 裁判结果

法院经审理认为，被告人张某无视国家法律，故意伤害公民身体，导致被害人李某遥死亡，其行为已构成故意伤害罪。公诉机关指控被告人张某犯故意伤害罪的事实清楚，证据确实、充分，罪名成立，法院予以支持。被告人张某有犯罪前科，酌情从重处罚。被告人张某经传唤归案，归案后如实供述自己的犯罪行为，乃自首，法院依法从轻处罚。案发后，被告人张某家属代为赔偿被害人李某遥家属的损失，取得被害人家属的谅解，法院酌情对被告人张某从轻处罚。被告人张某及其辩护人关于被告人张某具有自首、赔偿谅解等量刑情节的辩护意见，理据充分，法院予以采纳。被告人张某认罪认罚的情节已经在自首的情节中予以评价，法院不再重复评价。辩护人的其他辩护意见，理据不足，法院不予采纳。综上，根据被告人张某犯罪的事实、性质、情节和对于社会的危害程度，依照相关法律规定，判决如下：

被告人张某犯故意伤害罪，判处有期徒刑 10 年 3 个月，剥夺政治权利 1 年。

## 实务技术指引

本案被害人死因是右肺及肝脏破裂导致大出血合并溺水死亡，专家辅助人出具的法律意见认为，“李某遥损伤出血没有达到失血性休克程度，不构成死因，尸体上的全部征象可以溺死解释”。加上被告人存在自首情节，被告人亲属在侦查阶段已经支付了 150 万元的高额赔偿，并取得死者亲属的谅解，我们预判此案可能在 10 年以下量刑，辩护期间我们还搜索并研究了主审法官以往的判例，不少故意伤害案件都判了缓刑，其中一个多因一果的伤害致死案更是仅判刑 5 年。

另外，此案还有一个从轻处罚的情节，增城区人民检察院曾将此案移送广州市人民检察院审查起诉，辩护人及时与市检察院主办检察官沟通，认为张某存在许多应当减轻、从轻的情节，依据法院管辖法律规定，张某的犯罪行为及存在的量刑情节显然不足以达到中级人民法院管辖的程度。市检察院采纳辩护人建议，将此案退回增城区人民检察院审查起诉。但令人遗憾的是，此案被告人还是被判处10年以上有期徒刑，轻判的目标没有达到，故而谓之无效辩护。尽管没有达到辩护目标，但并不代表我们的辩护措施不到位，不给力。

## 一、此案系突发事件，案发前双方并不认识也不存在矛盾，且被害人李某遥具有过错，应当对张某减轻处罚

双方争执系醉酒后偶然发生，在案的证人证言证明，案发前一天晚上，被告人与被害人及同事一起在某餐馆吃晚饭，两人都喝了很多白酒。鉴定意见通知书记载的“李某遥血液中含有乙醇成分”也可以证实，案发前张某与李某遥都喝了酒。两人分别在不同城市的不同公司工作，案发前，双方并不认识更不存在任何过节矛盾，案发时双方处于醉酒状态，属于酒后发生的突发事件。

被害人具有一定的过错。被告人张某的讯问笔录反映“推车期间，我和李某遥发生争执，当时李某遥用四川口音的脏话骂我”“在我和李某遥吵架的时候，李某遥打了我的额头上方位置”，由此可以看出，被告人李某遥具有一定的过错。结合被害人同事反映的“被害人平时语言不善，说话伤人，为人处世一般，性格有些极端”等情况，张某陈述的李某遥酒后用脏话骂人及先动手殴打人的事实符合逻辑，被害人对事件的发生存在一定的过错。

根据最高人民法院《关于适用〈中华人民共和国刑事诉讼法〉的解释》第276条被害人有无过错及过错程度，是否对矛盾激化负有责任及责任大小，应当作为影响量刑的情节审查及广东省高级人民法院《〈关于常见犯罪的量刑指导意见〉实施细则》被害人对犯罪发生有过错的，根据过错的程度、负有责任的大小，可以减少基准刑的40%以下的规定，在被害人具有一定过错的情况下，应当依法对张某减轻处罚。

## 二、李某遥失踪后，张某联系同事并亲自返回案发现场寻找被害人，属于犯罪中止和事后积极补救行为，应当减轻处罚

李某瑶被打下车逃跑后，张某曾叫同事在事发地点周围多次寻找过受害人，

张某的同事也证实确有此事。斗殴发生后张某主动在周围积极寻找李某遥及打电话要同事帮忙的行为主观上应属于想有效防止犯罪结果发生，尽管没有及时找到、犯罪中止不能成立，但也不能否认其具有犯罪中止的行为，起码可以看作案发后张某具有积极补救的行为。根据广东省高级人民法院《〈关于常见犯罪的量刑指导意见〉实施细则》第 9 条的规定，"对于中止犯，应当综合考虑中止犯罪的阶段、是否自动放弃犯罪、是否有效防止犯罪结果发生、自动放弃犯罪的原因以及造成的危害后果大小等情况，予以从宽处罚"，虽然该事后积极补救行为未能避免危害结果的发生，但可以看出张某的人身危险性不高，主观恶性不大，可以酌情予以从宽处罚。

## 三、专家辅助人关于李某遥死因的分析报告认为，张某的故意伤害行为不是被害人死亡的主要原因，应大幅减轻张某的责任

广州市公安局增城分局鉴定意见通知书显示，李某遥死因的鉴定意见是"右肺及肝脏破裂导致大出血合并溺水死亡"。但两种死亡原因所占的原因力比例并不清晰，刑法上的因果关系对量刑至关重要。事后张某亲属聘请了法医鉴定专家对鉴定意见书进行了研究分析，专家认为"李某遥损伤出血没有达到失血性休克程度，不构成死因，尸体上的全部征象可以溺死解释"。据此应大幅减轻张某的刑事责任。

## 四、本案证据存在重大瑕疵，应当对张某作出留有余地的判决

根据关于李某遥致伤工具的情况说明所述，目前公安机关所收集到的"环卫工人提供的金属管"及"现场花基上的金属管"均不支持形成死者身上创口。另外，公安机关出具的说明显示，案发现场监控摄像头在案发时因暴雨并打雷触发自我保护功能，因此没有将案发经过拍摄记录下来。可见，本案的定案证据存在重大瑕疵。

庭审中，公诉人根据张某的供述及张某持金属管指挥交通的视频，即认为本案的证据已经形成闭环，属证据充分。辩护人认为，公诉人的观点是不成立且矛盾的。公诉人既然认可本案中收集到的金属管非本案致死工具，但又仅凭张某

口供和案发时张某手持金属管指挥交通的视频,即认为已经属于证据充分,明显自相矛盾。

辩护人认为,作案工具未能找到,且无论是张某还是开车的李某的供述,皆不能证明“案发时张某持金属管与李某遥打斗并致李某遥受伤”的事实(案发时下暴雨且处于深夜一片漆黑状态下,两人不清楚李某遥是否受伤的供述符合逻辑)。所以,不能仅凭张某持金属管与李某遥发生打斗的口供,即认定死者李某遥所受创伤是为张某的打斗行为所致。

在李某遥下车逃跑张某追赶未果后,再返回车内途中指挥交通,该过程有被电子摄像头录像记录。虽录像可见张某手持金属管,但也不能就此证明该金属管就是致伤李某遥的工具。李某遥所受创伤是否为张某打斗过程中所致?李某遥逃跑后,是否存在其他造成李某遥损伤的情况?根据目前在案证据,不能排除合理怀疑,本案定案证据存在重大瑕疵。为此,辩护人希望法庭对张某作出留有余地的判决。

## 五、张某存在自首的法定从宽处理情节,应当减轻处罚

公安机关出具的抓获经过显示,“将张某传唤回增城区公安分局雁塔派出所接受审查。经审查,张某对故意伤害犯罪行为供认不讳”。由此可见,张某系自动投案,且到案后如实供述,具有自首的法定从宽处理情节。广东省高级人民法院《〈关于常见犯罪的量刑指导意见〉实施细则》第 13 条规定:“对于自首情节,综合考虑自首的动机、时间、方式、罪行轻重、如实供述罪行的程度以及悔罪表现等情况,可以减少基准刑的 40% 以下……”张某具有自首情节,应当减轻处罚。

## 六、被告人亲属积极赔偿被害人家属,并取得了被害人家属的谅解

案发后,为弥补死者亲属丧子之痛,张某的家属积极与被害人家属沟通联系,真诚道歉、积极赔偿,及时向被害人父母支付了高于标准数十倍的赔偿金 150 万元。被害人公司也向受害人父母赔偿人民币 130 万元,作为案发当时驾驶车辆的当事人李某出于人道关怀也向受害人家属补偿人民币 20 万元。此案

中，被害人父母累计收到了300万元的赔偿抚恤金。

赔偿后，被告人亲属与被害人家属达成谅解协议，取得被害人家属真心谅解，并出具了刑事谅解书，恳请司法机关对张某从轻处罚，给予其改过自新的机会。

根据广东省高级人民法院《〈关于常见犯罪的量刑指导意见〉实施细则》第19条的规定，“对于积极赔偿被害人经济损失并取得谅解的，综合考虑犯罪性质、赔偿数额、赔偿能力以及认罪、悔罪程度等情况，可以减少基准刑的40%以下……”取得被害人家属谅解后，可以对张某减轻处罚。

## 七、张某自愿认罪认罚，可以从宽处罚

根据《关于适用认罪认罚从宽制度的指导意见》的规定，犯罪嫌疑人自愿如实供述自己的罪行，对指控的犯罪事实没有异议，同意人民检察院量刑建议并签署具结书的案件，可以依法从宽处理。

张某到案后一直积极配合公安机关的调查，如实供述自己的罪行，自始至终都是以诚恳的态度配合调查，并且同意认罪认罚，应当予以从轻处罚。

此案辩护的一个亮点，是我们聘请了公安部八大刑侦专家之一、著名法医作为专家辅助人出庭质证并起到了很好的作用。公安机关对李某遥死因的鉴定意见是“右肺及肝脏破裂导致大出血合并溺水死亡”。关于李某遥死因鉴定书的情况说明第二点也明确：“死者死因属联合死因（合并死因），即损伤与溺水联合致死。”专家辅助人认为，“致命伤的定义存在歧义，就死者目前鉴定的伤情而言，如果没有溺水，一定会死亡的观点他是不认可的，且学界大部分专家也不会同意；死者李某遥所受创伤，即便不救治，也不一定必然导致死亡”。专家辅助人还强调“损伤出血造成的死亡，必然会经过失血性休克的过程，但尸体上没有失血性休克改变的特征，可排除出血造成死亡的原因。所以，不能将损伤出血与溺水合并为死因，溺死才是李某遥死亡的直接原因”。

# 教训与反思

此案辩护效果不理想的一个重要原因是，死者亲属拿到巨额赔偿后反悔。

因死者是独生子女,死者亲属受到了很大的精神创伤,短时间内很难平复,开庭前后,死者父母情绪波动很大,对谅解问题出现反悔,即对被告人的行为不愿意予以谅解,要求重判,但其收到的巨额赔偿却不愿返还。故而在庭审前后多次给检察官、法官打电话、写信要求重判被告人,刑期不能低于10年。如果说此案办理存在不足或者教训,那就是赔偿谅解工作做得不够完善,赔得太多了、赔得太早了。

此案值得反思的教训是,被告人亲属着急想让人早点出来,在侦查阶段就已经赔偿完毕。设想一下,如果赔偿金没有一次性支付,死者亲属也就不会有那么大的胃口,如果支付赔偿金的时间拖到庭审前后,就不存在反悔一说,最起码不至于造成目前的“赔了金钱又重判”的尴尬局面。

# 裁判大数据及实务技术指引

# 撤销案件辩护实务技术指引

撤销案件是司法机关终止刑事诉讼的一种方式。公安机关对已经立案的案件,经过侦查认为不构成犯罪或者依法不应当追究刑事责任时,应当作出撤销案件的决定。撤销案件相较于不起诉和无罪判决而言,是维护犯罪嫌疑人权益最快捷、最充分、最节省司法资源的无罪辩护成果,也是“37 天黄金救援期”内刑辩律师应当首先考虑的问题。

《刑事诉讼法》第 16 条规定,有下列情形之一的,不追究刑事责任,已经追究的,应当撤销案件,或者不起诉,或者终止审理,或者宣告无罪:

(1)情节显著轻微、危害不大,不认为是犯罪的;

(2)犯罪已过追诉时效期限的;

(3)经特赦令免除刑罚的;

(4)依照刑法告诉才处理的犯罪,没有告诉或者撤回告诉的;

(5)犯罪嫌疑人、被告人死亡的;

(6)其他法律规定免予追究刑事责任的。

其实,司法实践中对于上述第 2 项至第 6 项可以撤销案件的情形基本就不会立案,反倒是第一种情况所面临的争议往往较大。除此之外,就是犯罪嫌疑人根本不构成犯罪但却被立案侦查的情况。近年来办理的几起公安机关撤销案件的无罪案例所呈现出的总体感觉是:必须采取非常规的辩护措施,才能阻止刑事列车的启动。以下几点体会仅供参考。

1. 调取无罪证据进行反证。争议很大或者根本不够罪案件之所以能够立案,主要是因为公安机关先入为主,偏听偏信控告人一方提供的“有罪”证据。撤销案件辩护最关键的是要想办法调取被控告人无罪的证据,及时提交给办案单位,使办案人员能够“兼听则明”。在一起因配资炒股引发的合同诈骗案中,我们“勘查现场”时在上千页的资料中找到了一份嫌疑人转走合同保证金具有合同依据的无罪证据,成为此案翻盘的关键。

2. 不够罪坚决不申请取保。取保候审是刑事强制措施之一，换言之，只有犯罪嫌疑人涉嫌犯罪才能采取刑事强制措施。如果犯罪行为本身就不构成犯罪，那即便是被采取了拘留、取保等措施也是错误的。此时的应对策略应当是理直气壮地要求公安机关撤案放人，而不是委曲求全申请取保候审。当然，采取这样的非常规措施需要被羁押的无辜者“顽强不屈”，抗住压力才行。正如被监委留置期间，本身没有的事情，只要抗住压力死活不认，留置期满就会雨过天晴。

前些年辩护的一起诈骗案，辩护律师在办理此案的 20 多天时间里，递交了不构成犯罪撤案放人、不予呈捕、不予批捕及撤案监督申请 4 份高质量的法律文书，在警方暗示可以取保候审的情况下坚持不向警方递交取保候审申请书，给警方一个拒绝妥协、抗争到底的强烈印象，促使公安机关最终撤销案件。

3. 直接与公安机关法制部门进行沟通。《公安机关办理刑事案件程序规定》(1998)第 169 条规定，需要撤销案件的，办案部门应当制作撤销案件报告，报县级以上公安机关负责人批准。撤销案件报告包括以下内容：

(1)原来立案的根据和来源；

(2)案件侦查的结果；

(3)撤销案件的理由和根据。

公安机关的办案部门很多，但上述规定中的办案部门主要是指“县级以上机关”的法制部门，只有法制部门才能最终决定案件的走向，立案、刑拘、取保等都需要法制部门作出决定，同样，撤销案件也需要法制部门研究决定。辩护律师在与办案机关沟通时，一定要在适当的时间找准公安机关的关键部门。

4. 进行反控告。有些案件之所以能够立案，主要是控告人“闹”功了得。其实，控告人到处信访告状，无理取闹，在要求赔偿时漫天要价、敲诈勒索等行为也涉嫌违法甚至犯罪。针对这些情况，被控告人完全可以以其人之道反制其人之身，适时对控告人进行反控告，要求公安机关追究控告人的违法犯罪行为。例如，一家公司股东内讧，其中一名女股东多次控告其他两名股东职务侵占、挪用资金、合同诈骗，在广东省茂名市公安机关、中山市经侦支队、中山市某区分局多次作出不予立案决定和撤销案件决定的情况下，还持续不断地变换罪名向公安部、中央巡视组信访告状。在省厅督办初查期间，我们接受被控告方委托，及时对控告人寻衅滋事及诬告陷害等行为提起反控告。尽管反控告未成功，但对于遏制控告人的控告欲望，减轻公安机关的压力还是起到了一定的作用。

5. 申请检察官及检察机关进行撤案监督。对于一些争议较大的案件，公安机关会征求检察机关的意见。对于部分重大案件，检察机关还会提前介入，有的派出所甚至有驻所检察官，负有法律监督职能的检察官及检察机关的话语权份量很重。在办理韶关公安机关的一个撤销案件中，我们发现派出所竟然有检察官驻所办公，在此情况下，我们及时把沟通的重点转到了检察官身上，积极与驻所检察官进行沟通，并向检察机关递交撤案监督申请书，要求检察机关进行撤案监督。

6. 向督查、"110"指挥中心、信访室、纪委、上级机关和领导举报投诉。公安机关是具有武装性质的治安行政力量和刑事司法队伍，但就个体而言，特别对一些违规立案，违法插手民事、经济纠纷的办案人员来讲却是"弱势群体"。有些案件在直接沟通无效的情况下，当事人可以合理利用信访手段向本项标题所列的机关及领导进行举报和投诉，违规办案人员本身理亏心虚，非常害怕举报投诉，此举往往会收到釜底抽薪之效果。

7. 超过规定期限可直接要求公安机关撤销案件。司法实际中经常存在这样的现象：一些犯罪嫌疑人被取保后案件不了了之，有的犯罪嫌疑人取保到期取消取保后没有了下文，还有的立案后未对犯罪嫌疑人采取强制措施，案件被长期搁置。理论上，案件没有撤销或终结，刑事诉讼程序仅仅是按下了暂停键，犯罪嫌疑人随时都有可能被追究责任。最高人民检察院、公安部《关于公安机关办理经济犯罪案件的若干规定》（公通字〔2017〕25 号）第 25 条规定，在侦查过程中，公安机关发现具有下列情形之一的，应当及时撤销案件：（1）对犯罪嫌疑人解除强制措施之日起 12 个月以内，仍然不能移送审查起诉或者依法作其他处理的；（2）对犯罪嫌疑人未采取强制措施，自立案之日起 2 年以内，仍然不能移送审查起诉或者依法作其他处理的。据此，对取保或取消取保后不了了之的案件、对立案后长期搁置的超期案件，可以直接要求公安机关撤销案件。

8. 刑事赔偿取得谅解。有人可能会讲不构成犯罪或者"情节显著轻微、危害不大，不认为是犯罪"为何还要赔偿？其实大多数的控告人都是存在一定的经济损失的，其控告的目的是挽回经济损失。如果及时赔偿并取得谅解，控告人不再要求追究被控告人的刑事责任，对撤销案件肯定会有很大的帮助。

# 不批捕辩护实务技术指引

《刑事诉讼法》第91条第3款所规定的检察机关审查批捕时间是7天，除去两天的双休日，实用时间仅有5天。可见，时间非常紧张和宝贵，甚至称得上“黄金五日”。检察机关批捕与否，对犯罪嫌疑人来讲可以说是性命攸关之头等大事。在“捕诉合一”后，一旦检察机关批捕，则“刑事列车”将加速前行，而犯罪嫌疑人被起诉判刑坐牢的概率也将陡然倍增。如不批捕，则会立即取保释放，后面的刑事程序也将坦途一片：有的会撤销案件；有的会不移送起诉；有的会不予起诉；即使起诉也有免刑和缓刑的极大可能。

尽管司法界对“捕诉合一”褒贬不一，但该制度对审查批捕阶段的辩护而言绝对是一个重大的利好。因为批捕和起诉由同一人负责的制度设计，必然会让检察官提前考虑批捕之后案件能否诉出去的问题，继而会采用更为严格的证据标准和更为审慎的办案态度来审查侦查机关报捕的案件。可以说“黄金五日”是整个刑事辩护程序中辩护空间最大的期间，只要辩护律师高度重视，增强信心，讲求一定的辩护技巧，就有可能取得不批捕的良好辩护效果。

## 一、尽可能多地向侦查机关了解“案件有关情况”

《刑事诉讼法》第38条规定：辩护律师在侦查期间可以向侦查机关了解犯罪嫌疑人涉嫌的罪名和案件有关情况、提出意见。但具体可以向侦查机关了解哪些与案件有关的情况，有关的法律规定并未予以明确规定。笔者曾写公号文《侦查阶段辩护律师可以向公安机关了解哪些“有关情况”?》进行呼吁，期望能规定的具体一些。

哪些是与案件有关的情况呢？笔者理解起码应当包括：犯罪嫌疑人涉嫌犯罪的时间，地点，主要方式，简要过程，犯罪金额，到案经过，认罪态度，刑拘期限，刑拘期限延长，等等。辩护律师要不厌其烦地与办案人员多联系、多沟通，也正因为法律规定的不具体，所以才要尽可能多地去了解。

## 二、刑拘后期要采取“双保险”联系方式，时刻关注案件进程

一般情况下，公安机关会在刑拘期限的最后一日将案件移送到检察机关，如果到期日是双休日，也可能会提前到工作日最后一天移送。但凡事皆有例外，刚刚办理的一起不捕诈骗案，公安机关在犯罪嫌疑人被刑拘的第 26 日将案件移送到了检察院，移送之日并非周五，周六、周日也并非刑拘 30 日的到期日。如果没有及时跟踪掌握案件进程，就有可能压缩甚至错过宝贵的“黄金五日”。

因目前法律并没有关于办案机关应当及时告知律师案件进程的规定，所以辩护律师只能主动联系公安机关，在公安机关不愿告知案件进程的情况下，要采取“双保险”联系方式：在刑拘的最后几天，每天与公安机关进行联系，同时要与检察院的案管中心保持联系，保证第一时间能够获得案件移送的关键信息。

## 三、现场勘查，积极调取犯罪嫌疑人无罪和罪轻的证据

所谓现场勘查，是指侦查机关为了查明犯罪事实，收集犯罪证据，对犯罪处所及其遗留痕迹和其他物证所进行的勘验和调查。显然，现场勘查是公安机关的一项侦查措施，其目的是收集犯罪证据和查明犯罪事实。同样，辩方也需要勘查现场，收集和调取犯罪嫌疑人无罪和罪轻的证据。通常，辩护律师会要犯罪嫌疑人亲属或单位人员提供一些证据材料，但这肯定是不够的，我们的做法是辩护律师要亲自勘查现场，亲自调取证据，防止遗漏重要的辩方证据。

不少人认为经济犯罪没有什么犯罪现场，而且作案工具和赃款赃物已经被公安机关扣押，没有什么证据可以收集了。其实不然，诸如犯罪嫌疑人及其亲属使用的手机、电脑、邮箱、微信、财务账册、银行账号、办公室、住宅、车辆、厂区、仓库等都有可能成为犯罪现场，且警方勘查现场主要目的是收集有罪和罪重的证据，辩方的立场与侦方完全不同，只要认真细致，一定能够调取到对辩护有利的证据。比如，警方扣押了犯罪嫌疑人的手机和办公室电脑，但我们在其家里电脑的 QQ 聊天记录中发现了犯罪嫌疑人没有非法占有目的重要证据；在公司财务的电子账册中发现大量有真实交易、不能作为非法吸收公众存款犯罪金额的交

易流水；在护照的签注页上发现警方指控的作案时间犯罪嫌疑人不在国内的证据。

## 四、以会见犯罪嫌疑人的方式进行“阅卷”

通说称侦查阶段律师是看不到卷宗的，但其实案卷中的部分内容是可以了解到的。比如，犯罪嫌疑人的供述辩解，可以通过会见犯罪嫌疑人的方式对讯问笔录进行还原和复盘；一个案件的控告人急于要犯罪嫌疑人还钱并愿意出具刑事谅解书，多次主动联系犯罪嫌疑人亲属，不经意间又可以了解到控告的事实和证据；再加上律师调取、犯罪嫌疑人亲属提供的一些证据，可以说在审查批捕阶段辩护律师是可以了解到大部分“卷宗”内容的。

该阶段至少要两次会见犯罪嫌疑人，第一次会见主要了解核实基本案情，梳理需要调取的证据清单。另外，会见时要告知犯罪嫌疑人，在收到检察机关送达的权利义务告知书时，可以要求检察官进行提审。第二次会见应安排在与检察官初步沟通之后、检察官提审之前进行，辅导犯罪嫌疑人如何回答检察官的提问，如何简明扼要地向检察官诉说冤情，怎样让检察官相信没有逮捕羁押的必要性，等等。

## 五、不捕法律意见书可附表说明犯罪嫌疑人没有社会危险性

公安机关移送审查批捕时会向检察机关提交提请批准逮捕书，为与此抗衡，辩方要及时递交不批准逮捕法律意见书，侦方在递交提请批准逮捕书的同时，还会附上犯罪嫌疑人具有社会危险性的情况说明表，同样，辩方的不捕法律意见书也可以附表说明犯罪嫌疑人不具社会危险性、没有逮捕羁押的必要性。下表系团队制作的一起贩卖鹦鹉案犯罪嫌疑人不具社会危险性情况说明表。

**某某某不具社会危险性情况说明表**

<table>
<tr><td>犯罪嫌疑人姓名</td><td>某某某</td><td>年龄</td><td>38</td><td>职业</td><td>教师</td></tr>
<tr><td>是否共犯</td><td>否</td><td>是否偶犯、初犯</td><td>是</td><td>地址</td><td></td></tr>
<tr><td colspan="3">《刑事诉讼法》规定的应当逮捕的五种情形即犯罪嫌疑人是否具有法定的社会危险性</td><td colspan="3">证据情况说明</td></tr>
<tr><td colspan="3">1. 可能实施新的犯罪</td><td colspan="3">犯罪嫌疑人有固定职业(证据 1),一贯表现良好(证据 2),不可能实施新的犯罪</td></tr>
<tr><td colspan="3">2. 有危害国家安全、公共安全或者社会秩序的现实危险的</td><td colspan="3">犯罪嫌疑人仅是在网上贩卖几只鹦鹉(证据 3),不可能危害公共安全和社会秩序,更不可能危害国家安全</td></tr>
<tr><td colspan="3">3. 可能毁灭、伪造证据,干扰证人作证或者串供的</td><td colspan="3">犯罪嫌疑人电脑和手机均被收缴(证据 4),网上出售鹦鹉及微信收款的证据均已被警方固定,不可能毁灭和伪造证据,本案并无证人和同案犯,也不可能干扰证人作证或串供</td></tr>
<tr><td colspan="3">4. 可能对被害人、举报人、控告人实施打击报复的</td><td colspan="3">本案系网警巡查时发现,不存在举报人,也没有具体的被害人,不存在打击报复的可能性</td></tr>
<tr><td colspan="3">5. 企图自杀或者逃跑的</td><td colspan="3">犯罪嫌疑人情绪稳定(证据 5),接到电话主动到案,不可能自杀和逃跑</td></tr>
</table>

当然,如果认为不构成犯罪,那就旗帜鲜明地要求检察机关作出无罪的不批准逮捕,不仅如此,还可要求检察机关发挥监督职能,督促公安机关撤销案件。

## 六、不仅要约见检察官当面交流,还要通过书面和电话多次进行沟通

《刑事诉讼法》第 88 条第 2 款规定,人民检察院审查批准逮捕,可以询问证人等诉讼参与人,听取辩护律师的意见;辩护律师提出要求的,应当听取辩护律师的意见。此外,根据广东省检察院《关于依法保障辩护律师执业权利的若干意见(试行)》第 17 条第 2 款的规定,在犯罪嫌疑人辩称无罪的情况下,侦查监督部门、公诉部门办案人员应当主动约请辩护律师听取意见。

在司法实务中,辩护律师有一个共识:公检法三个司法机构中,最容易沟通

的无疑是检察机关。这种状况可能与上述规定有一定的关系。审查批捕阶段，辩护律师要充分利用上述法律规定，主动约见检察官，当面进行沟通交流，从检察官的言谈举止中一定能够读出很多有用的信息。

检察官工作繁忙，"黄金五日"时间宝贵，面对面沟通交流的机会最多只有一次，疫情期间还不一定能够保证会有一次。所以除了面对面交流外，还要特别注重通过书面和电话的方式多次进行沟通。团队曾办理一起不构罪不批捕的成功案例，该案的犯罪嫌疑人根本就不构成犯罪，刑拘期间我们说服当事人坚决不申请取保候审，给警方留下不认罪、不妥协的印象。"黄金五日"密集发力，连续5天递交不构罪法律意见书、约见检察官申请书、提审犯罪嫌疑人建议书、补充法律意见书及上百份1000多页的无罪证据材料，10余次与检察官进行电话沟通，不批捕后还持续与检察官进行沟通，要求检察机关督促公安机关撤销案件，此案最终以公安机关撤销案件完美结案。

# 取保候审裁判大数据分析及实务技术指引

取保候审是我国《刑事诉讼法》规定的刑事强制措施之一，与拘留、逮捕等强制措施相比，取保候审并不完全限制人身自由，强制力较弱。取保候审的立法目的在于既尊重和保障人权又能使刑事诉讼活动顺利进行，充分体现了我国宽严相济、保障人权的刑事政策。但在司法实务中，取保候审的立法目的并没有实现，按照法律规定大多数可以取保候审的犯罪嫌疑人、被告人并没能摆脱被羁押的厄运，在羁押状态下等候审判成为常态。那么近年来我国司法实务中取保候审的概率究竟是多少？哪些案件容易取保？取保后的不起诉、免刑及缓刑率又是多少？我们搜索了近两年上百万份刑事判决书，对上述问题进行了分析梳理。

## 一、取保候审裁判大数据分析

1. 在刑事判决中，取保候审的概率约占 14.6%

笔者团队在阿尔法大数据上检索了 2018 年至 2020 年，除醉驾（占所有刑事案件近 1/5、取保率高达 74.3% 的醉驾为正常统计数据的干扰项，必须排除）外的刑事案件判决书有 1, 349, 172 份，其中犯罪嫌疑人、被告人被取保候审的刑事案件判决书有 197, 289 份，占 14.6%，如下图所示。

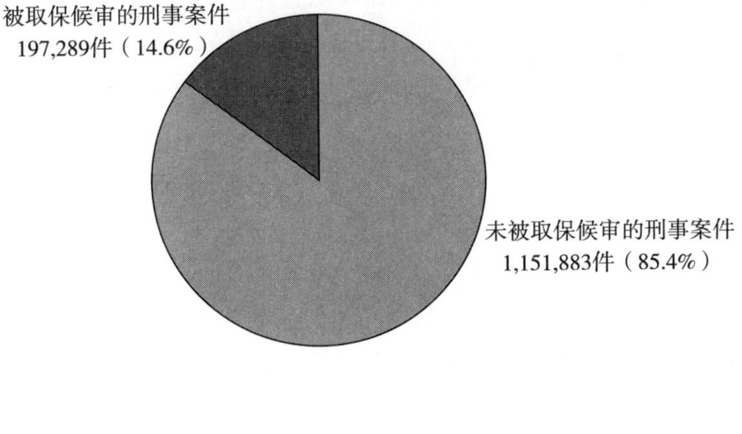

2. 取保候审的案由分布，侵财类案件占比最高

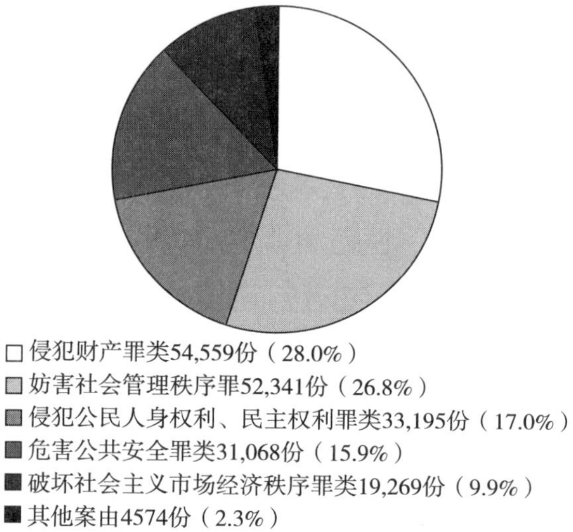


通过对阿尔法大数据上的 197, 289 份犯罪嫌疑人、被告人被取保候审的案件判决书进行检索分析，得出上图。根据该图可知，当事人被取保候审案件的案由分布情况：侵犯财产罪类案件的犯罪嫌疑人、被告人被取保候审的数量最多；其次是妨害社会管理秩序罪类；再次是侵犯公民人身权利、民主权利罪类，危害公共安全罪类紧跟其后；最后是破坏社会主义市场经济秩序罪类；剩余的其他案由占比很小，仅为 2.3%。

3. 数罪并罚案件取保候审的比例非常低，仅占 5.7%

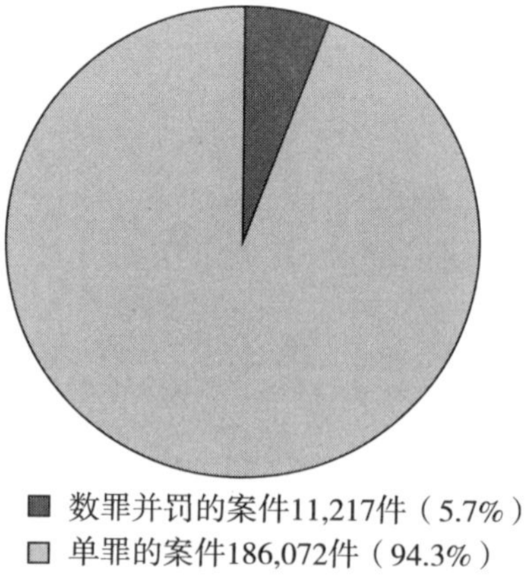

通过对阿尔法大数据上的197,289份犯罪嫌疑人、被告人被取保候审的案件判决书进行检索分析,得出上图。通过该图可知,数罪并罚的案件,犯罪嫌疑人、被告人被取保候审率仅为5.7%,比例非常低。由此可见,如果是触犯数罪的犯罪嫌疑人、被告人,被公检法部门取保候审的难度非常大。

4. 取保候审后,检察院作出不起诉的概率为16.4%

通过对“12309中国检察网”及“把手案例网”自2018年至今的1,165,519份检察院对被取保候审的犯罪嫌疑人作出的起诉书及不起诉决定书进行检索分析,得出下图。

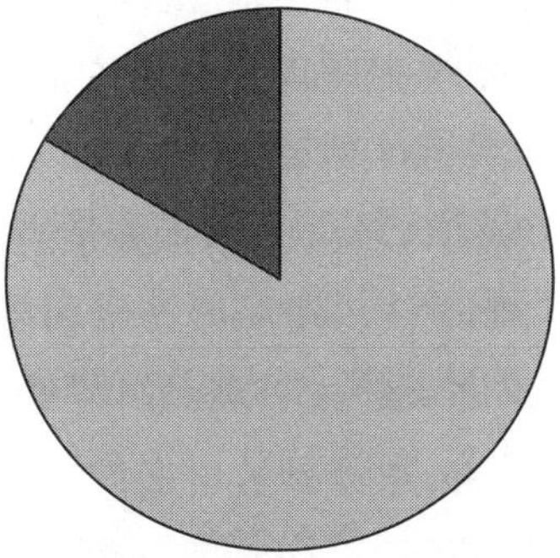

决定起诉的案件 974,830件(83.6%)
决定不起诉的案件190,689件(16.4%)

通过上图可知,犯罪嫌疑人、被告人被取保候审后,检察院作出不起诉决定的概率仅为16.4%,比例相对较低。

5. 被取保候审后,法院判处缓刑的概率高达72.3%

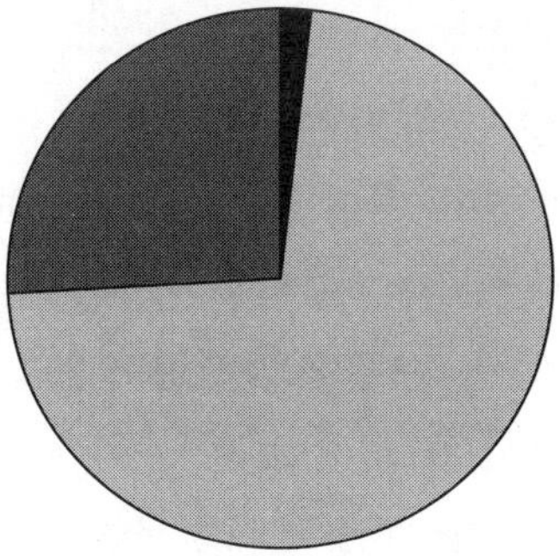

免予刑事处罚的案件3618件(1.8%)
判处缓刑的案件142,601件(72.3%)
其他处罚的案件51,070件(25.9%)

通过对阿尔法大数据上的197,289份被告人被取保候审的案件判决书进行检索分析,得出上图。通过该图可知,案件的犯罪嫌疑人、被告人被取保候审后,法院判处免予刑事处罚判决的比例很低,仅为1.8%,而判处缓刑的概率则超过2/3,高达72.3%,其他的处罚结果占25.9%。由此可见,被取保候审的被告人被判处缓刑的概率很大,免予刑事处罚的概率则非常低。

## 二、取保候审实务技术指引

通过上述数据分析我们看到,取保的确很困难,取保率仅有一成多点。但需要说明的是,上述数据仅仅是根据法院刑事判决书统计出来的数据,如果加上取保后不了了之没有进入审理程序的,取保的比率肯定还会高些,估计能达到两成以上(因无切实数据统计,只能估计)。还有,侦查阶段犯罪嫌疑人、被告人一旦成功取保,不仅能立即摆脱被羁押的困境,下一步面临的刑事道路也会坦途一片。我们简单加一下上述数据即可窥见一斑:取保后的不诉率16.4%+免刑率1.8%+缓刑率72.3%,再加上取保后不了了之的,90%以上的犯罪嫌疑人、被告人都将摆脱牢狱之灾。所以说,刑辩律师接受委托后的第一要务就是为当事人申请取保候审。

取保很难,但并不代表刑辩律师在取保问题上无所作为,只要突破惯性思维,把握时机,主动作为,还是能够取得很好的取保效果的。近两年来,在笔者团队代理的刑事案件中,有数十起成功取保案例,大多在37天"黄金救援期"内恢复了被羁押人的人身自由。下面是我们办理取保候审案件的几点体会。

1. 把握时间节点

办理取保时一定要注意一个细节的问题,就是申请取保的时间要恰到好处,不能过早,更不能过晚。犯罪嫌疑人被刑事拘留后亲属往往都很着急,听说律师可以申请取保,就认为一申请,人马上就可以出来,所以往往催促律师早点申请。岂不知,申请过早往往适得其反,犯罪嫌疑人刚被刑拘,案件处于调查初期,公安机关还在紧张的调查取证中,有的犯罪嫌疑人不认罪,有的犯罪同伙还未归案,根本谈不上研究如何处理的问题,而法律规定是3日之内必须给予答复,所以取保申请往往很快就会被驳回。申请过晚也不行,案件办理完毕已经决定了如何处理后再申请就成"马后炮"了。根据经验,刑拘期7天的申请取保的时间最好在刑拘后第5～6天，刑拘期30天的最好在刑拘后第26～27天申请。

2.找准“有关部门”

侦查阶段，辩护律师申请取保时需要向公安机关的“有关部门”递交申请书。而公安机关内部的办案单位有派出所、治安大队、刑警大队、经侦大队、法制大队、预审大队等，侦查过程进行到不同的阶段，案件由不同的部门具体负责。公安部门办理普通刑事案件的程序为：案件立案犯罪嫌疑人被刑事拘留后，先是由派出所等具体的办案单位办理，在刑拘期限的最后几日案卷要统一交到法制部门，由法制部门最后研究决定对犯罪嫌疑人如何处理，证据不足的或释放或取保，证据充分的呈请检察院批准逮捕，检院批准逮捕的，将案件移送预审部门继续侦查补强证据，检察院不批准逮捕的，公安机关释放或取保候审。换言之，法制部门才是决定如何处置犯罪嫌疑人的关键部门，而办案单位仅仅是提出初步意见而已，并不负责对犯罪嫌疑人的最终处置，向这些单位递交取保候审申请或法律意见书效果往往并不明显。建议律师密切关注案件进程，在刑拘期限的最后几日，直接向公安机关的法制部门“上书”，往往会取得事半功倍的效果。

3.写好取保理由

《刑事诉讼法》第67条规定：人民法院、人民检察院和公安机关对有下列情形之一的犯罪嫌疑人、被告人，可以取保候审：

(1)可能判处管制、拘役或者独立适用附加刑的；

(2)可能判处有期徒刑以上刑罚，采取取保候审不致发生社会危险性的；

(3)患有严重疾病、生活不能自理，怀孕或者正在哺乳自己婴儿的妇女，采取取保候审不致发生社会危险性的；

(4)羁押期限届满，案件尚未办结，需要采取取保候审的。

从上述规定可以看出，除了怀孕和哺乳期妇女算是硬性条件外，其他条件都不好判断，患有严重疾病还得要生活不能自理，除此之外取保的理由主要就是“不致发生社会危险性”。公安机关向检察院提请批准逮捕时要特别说明犯罪嫌疑人具有社会危险性，同样，辩护律师申请取保时也要把申请理由的重点放在“不致发生社会危险性”上。比如，自首、认罪认罚、无前科、有关部门证明一贯表现良好、受害人谅解等因素所起到的作用较好；相比之下，取保申请中常见的家庭困难、照顾老人小孩、一般性疾病等理由则几乎难以发挥切实的作用。

4. 切勿频繁申请

《刑事诉讼法》第97条规定，犯罪嫌疑人、被告人及其法定代理人、近亲属或者辩护人有权申请变更强制措施。上述法律规定犯罪嫌疑人、被告人的近亲属及辩护人均有权申请取保。曾经在案卷中见到过有的案件当事人亲属及律师频繁为犯罪嫌疑人提交申请取保的材料，结果均未成功。法律不是游戏，不是心情越迫切越有用，更不是申请次数越多越好办。相反，申请的次数过多，反而会给司法机关造成不好的印象，导致后面的审查机关产生“前面已经申请多次都不批，我们肯定也是不能批准”的心理。

5. 把争取检察院不批捕作为迂回取保的主攻方向

刑事立案后要让公安机关撤销案件或者主动将被刑拘的犯罪嫌疑人取保释放，难度相当大。在这种情形下，刑辩律师可以另辟蹊径，迂回进攻，把争取检察院不批捕作为迂回取保的主攻方向。密切关注案件进程，在公安机关对犯罪嫌疑人呈捕后，及时与检察院办案人员沟通，提出犯罪嫌疑人不构罪或无须逮捕羁押的法律意见。事实证明，此迂回取保的方法比直接向公安机关申请有效得多。我们团队办理的取保案件中一半多都是通过“检察机关不批捕，然后公安机关予以取保”的迂回路径实现的。

6. 不构罪坚决不申请取保

取保候审适用的前提是犯罪嫌疑人涉嫌犯罪。所谓取保候审，是指在刑事诉讼中公安机关、人民检察院和人民法院等司法机关对未被逮捕或逮捕后需要变更强制措施的犯罪嫌疑人、被告人，为防止其逃避侦查、起诉和审判，责令其提出保证人或者交纳保证金，并出具保证书，保证随传随到，对其不予羁押或暂时解除其羁押的一种强制措施。显然，取保候审对于明显不构成犯罪的嫌疑人并不适用，对不构成犯罪的嫌疑人适用的，应当是撤销案件，无罪释放。然而令人遗憾的是，即使不构成犯罪，办案机关也极少能够主动撤销案件。习惯的做法是，取保候审，不了了之。由是，取保候审的“口袋”装进了许多无罪或“情节显著轻微、危害不大，不认为是犯罪的”人，致使一些不构罪或“不认为是犯罪的人”长期背负着犯罪的枷锁和耻辱的印记。尽管如此，笔者还是建议，不构成犯罪的坚决不申请取保，取而代之的是要求办案单位撤销案件、无罪放人。原因有三：一是辩护律师要严守法律底线，不妥协、不迎合、不和稀泥；二是提高取保成功率，有几起案件我们做无罪辩护，要求撤案放人，最终公安机关未呈捕直接取保放人,在其中一起案件中公安机关还撤销了案件;三是为取保法规完善后犯罪嫌疑人洗刷不白之冤做铺垫。相信随着司法的进步,取保后没有明确结论的现象肯定能得到改善,不构成犯罪的终将会得到一个明确的法律答案,不申请取保、要求撤案放人的举措会对犯罪嫌疑人恢复名誉起到一定的帮助作用。

# 不起诉决定书大数据分析及实务技术指引

在我国目前高羁押率的司法环境下，要法官作出无罪判决相当困难。事实上，2018 年我国法院无罪判决率只有 5‱左右。相较而言，要检察官作出不起诉的决定还相对容易些。近年来我国检察机关的不起诉率逐年上升，2018 年的不起诉率高达 7.5%。侦查阶段，辩护律师应当把取保候审作为首要目标，审查起诉阶段，辩护律师则应当把不起诉作为重要目标。那么作为相对无罪的不起诉，法律是怎样规定的？不起诉的情形有几种？不起诉的概率有多高？哪些罪名不起诉比例比较高？检察院决定不起诉的理由又有哪些？我们搜索了 30 余万份检察院的不起诉决定书，对 200 份不起诉决定书进行重点分析梳理，试图为您厘清脉络、解除疑惑。

## 一、不起诉决定书大数据分析

1. 2018 年不起诉的概率为 7.5%

2019 年 3 月 12 日，张军检察长在第十三届全国人大第二次会议第三次全体会议上的工作报告里提到，2018 年全年提起公诉 1,692,846 人，不起诉人数为 136,970 人，不起诉的概率为 7.5%，如下图所示。

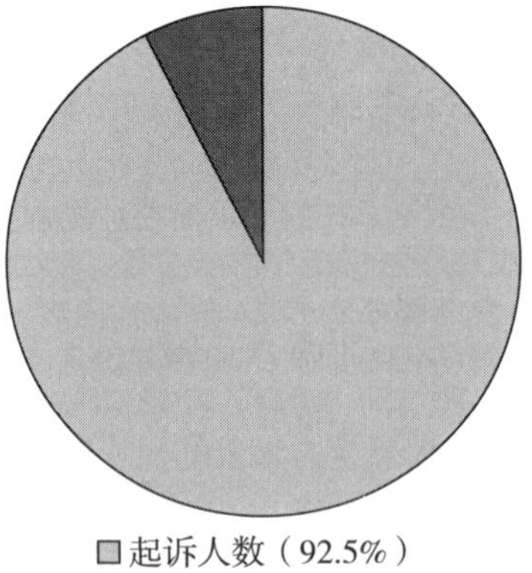

2. 不起诉案由分布

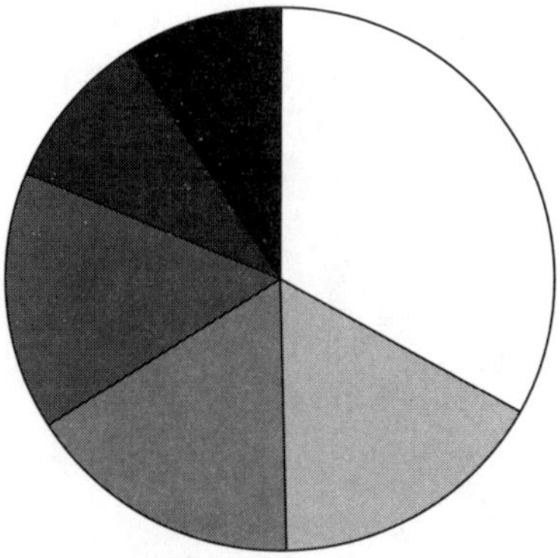


通过对"12309 检察网"公开的案件信息与"把手案例网"的 376,779 份不起诉决定书进行检索分析,得出上图。根据该图可知,检察院作出不起诉决定的案件案由分布情况:危害公共安全罪类(绝大部分是交通肇事和危险驾驶罪)的案件被作出不起诉的数量最多,占所有被不起诉案件的三成;其次是侵犯财产罪类(主要为盗窃罪);妨害社会管理秩序罪类紧跟其后;接着是侵犯公民人身权利、民主权利罪类和破坏社会主义市场经济秩序罪类;剩余的是其他案由。(值得注意的是,上述检察院作出不起诉决定的案件占据前五的案由与法院判处缓刑案件占据前五的案由一模一样)

3. 不起诉文书中取保候审概率高达 88.5%

下图系笔者在"12309 检察网"案件信息公开与"把手案例网"中随机筛选的 200 份不起诉决定书统计得出。通过下图可知,在检察院作出不起诉决定的案件中,取保候审的占比达 88.5%。

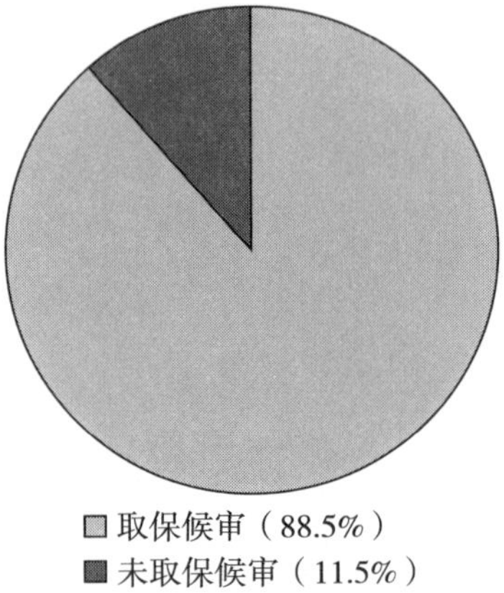


4. 相对不起诉占比最高，法定不起诉占比最小

根据相关法律规定，不起诉可分为四类：法定不起诉、相对不起诉、存疑不起诉以及特殊不起诉。由于特殊不起诉中规定的是未成年人的案件，并且未成年人犯罪的法律文书是不公开的，我们主要是对前三种分类在“12309 检察网”案件信息公开平台进行检索；通过随机对 200 份不起诉决定书进行检索分析，得出下图。

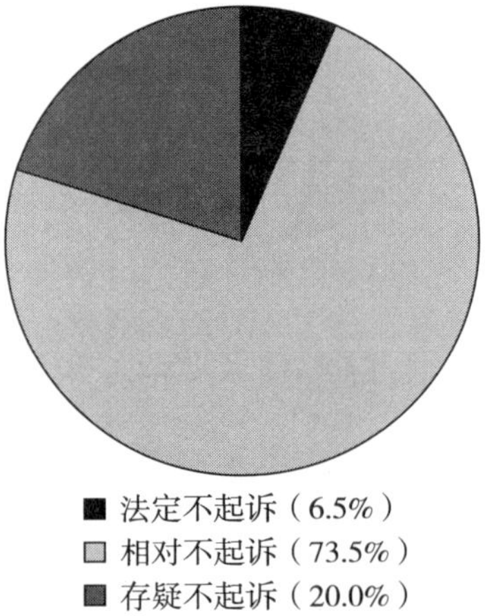


通过上图可知，相对不起诉占比最大，高达 73.5%；存疑不起诉次之，占 20.0%；而法定不起诉占比最小，仅为 6.5%。

5. 作出不起诉决定的理由

(1)经法院审查并两次退回补充侦查，认为公安机关认定的犯罪事实不清、证据不足,不符合起诉条件。

(2)鉴于犯罪嫌疑人的犯罪情节轻微,归案后认罪悔罪态度较好,根据《刑法》第37条的规定,不需要判处刑罚。

(3)犯罪情节轻微,具有坦白情节,自愿认罪认罚,社会危害性不大,依据《刑法》第37条规定,不需要追究刑事责任。

(4)被不起诉人无犯罪前科,属偶起贪念,初次犯罪,主观恶性较小,犯罪情节轻微,并自愿认罪认罚,签署认罪认罚具结书。

(5)自愿如实供述涉嫌犯罪的事实,犯罪情节轻微,与被害人近亲属达成刑事和解,具有自首情节,根据《刑法》第37条的规定,不需要判处刑罚。

(6)被不起诉人为保护自身的人身权利免受正在进行的不法侵害,而采取了制止不法侵害的行为,对不法侵害人造成的损害,属于正当防卫,不负刑事责任。

## 二、不起诉辩护实务技术指引

1.期待检察院不起诉决定书将不起诉的理由作出详尽说明。与法院判处缓刑和罚金刑的判决理由一样,检察机关的不起诉决定书对不起诉的理由论述较少,我们检索了海量的不起诉决定书,绝大多数不会超过两页纸,不起诉的理由更不会超过两行,让人不明就里。在目前的司法环境下,不起诉就是相对无罪,对一个人作出罪与非罪如此重大的决定,应当依据事实和法律充分论证。相信检察机关内部在讨论对一个人作出不起诉决定时会很慎重,会有充分的论证,但为何不能体现到不起诉的法律文书中让大家都看明白点呢?

2.尽快确立不起诉听证制度,给辩护律师一个说话的平台和机会。不起诉权是检察机关特有的权力,检察机关有较大的自由裁量权。在司法实践中,检察机关不起诉决定的作出过程大多不公开,不起诉决定的理由和证据更是无人知晓,犯罪嫌疑人和辩护人、被害人和诉讼代理人无法了解案情并行使权利。其实早在2001年3月,最高人民检察院就发布了《人民检察院办理不起诉案件公开审查规则(试行)》(〔2001〕高检诉发第11号),提出了不起诉公开审查制度,一般也可称作不起诉听证制度。但令人遗憾的是试行了18年仍然没有在法律层面上正式确立这项制度,导致各级检察机关在不起诉案件中极少适用听证程序。

随着认罪认罚制度的广泛实施,检察机关在是否起诉及定罪量刑方面的主导作用越来越大,可以预见的是,不起诉的比例将持续增高,应尽快确立不起诉听证制度,让这项试行 18 年的制度能尽快去掉“试行”两字。

# 缓刑裁判大数据分析及实务技术指引

司法实务中,缓刑与罚金刑一样令人眼花缭乱、一头雾水。判决书判处适用缓刑并不陌生,陌生的是缓刑的判决理由,判决书对自由刑的裁判理由均有详尽的论述,但对适用缓刑的理由却论述较少。什么罪名可以判处缓刑?判处缓刑的概率多大?如何判断"没有再犯罪危险"?本文通过对缓刑裁判大数据进行分析,为您解除疑惑、厘清脉络。

## 一、缓刑裁判大数据分析

1. 刑事案件中,判处缓刑的概率超1/3

通过阿尔法大数据的检索,截至2019年12月9日,刑事判决书共5,827,767份,其中被判处缓刑的有2,011,052份,占34.5%,如下图所示。

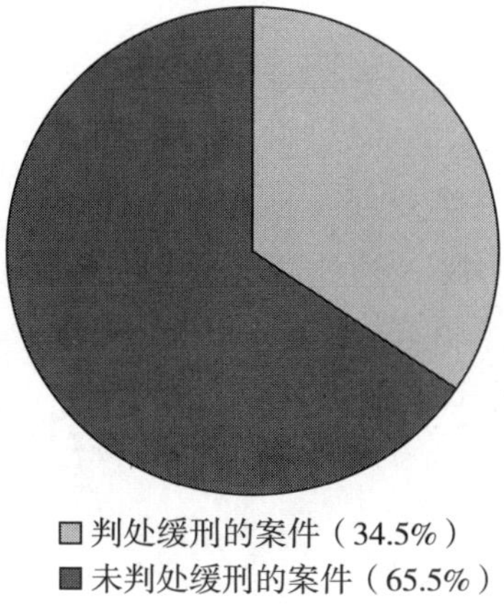

2. 判处缓刑案件的案由分布

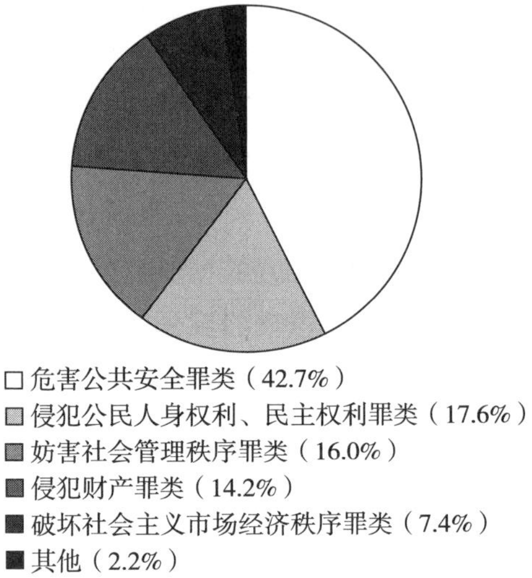


通过对阿尔法大数据上的 2,011,052 份判处缓刑的判决书进行检索分析，得出上图。根据该图可知，判处缓刑的案件案由分布情况：危害公共安全罪类（绝大部分是交通肇事和危险驾驶罪）的案件被判处缓刑的数量最多，超过所有判处缓刑案件的四成；其次是侵犯公民人身权利、民主权利罪类；妨害社会管理秩序罪类紧跟其后；接着是侵犯财产罪类和破坏社会主义市场经济秩序罪类；剩余的其他案由占比很小，仅为 2.2%。

3. 数罪并罚案件判处缓刑的比例非常低

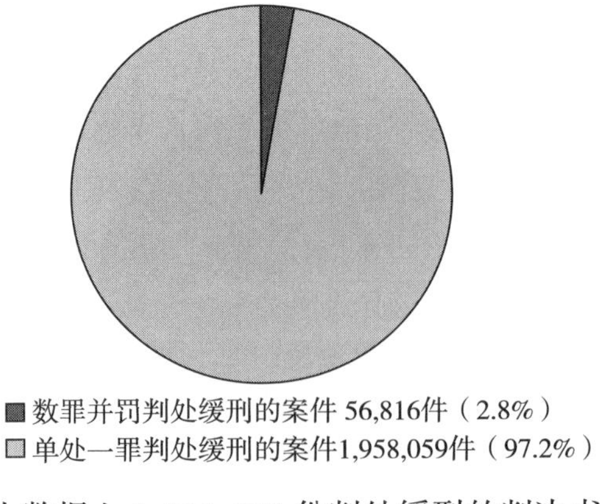


通过对阿尔法大数据上 2,014,875 份判处缓刑的判决书进行检索分析得出

上图。通过该图可知,数罪并罚判处缓刑的案件占比仅为 2.8% ,而单处一罪判处缓刑的案件则高达 97.2% 。由此可见,数罪并罚的案件,法院判处缓刑的概率极小。

4.1 年以下刑期的缓刑占比非常高,1 年至 2 年、2 年至 3 年刑期缓刑占比相同

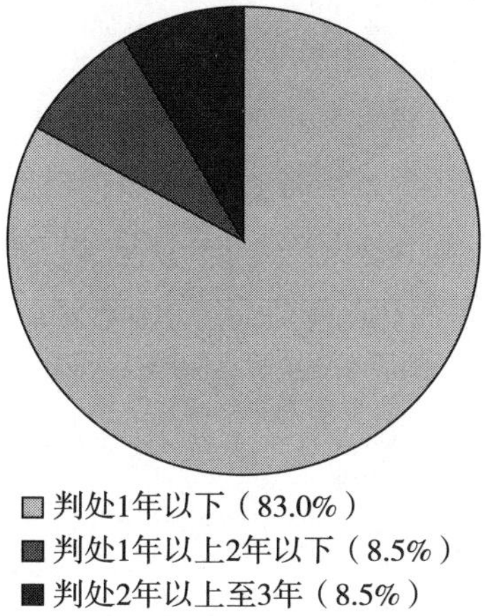


上图系在阿尔法大数据中随机筛选的 200 份判处缓刑的判决书中统计得出。通过上图可知,在适用缓刑的案件中,刑期在 1 年以下的案件占绝大部分,高达 83.0% ,而原判刑期 1 年以上 2 年以下以及 2 年以上至 3 年的比例则相当,皆占 8.5% 。由此可见,在司法实践中,判处缓刑的案件,原判刑期在 1 年以下为主。

5. 缓刑考验期限与原判刑期的关系

根据《刑法》第 73 条的规定,无论是拘役还是有期徒刑的缓刑考验期均在原判刑期以上,即缓刑考验期为原判刑期的 1 倍以上,并规定了拘役的缓刑考验期在 2 个月以上 1 年以下区间,而有期徒刑的缓刑考验期在 1 年以上 5 年以下区间。但是,考验期在法律规定的区间内具体如何判决则无法律规定,全靠法官的自由裁量。我们通过对 200 份判决书进行分析,看看缓刑考验期与原判刑期存在怎样的关系,如下图所示。

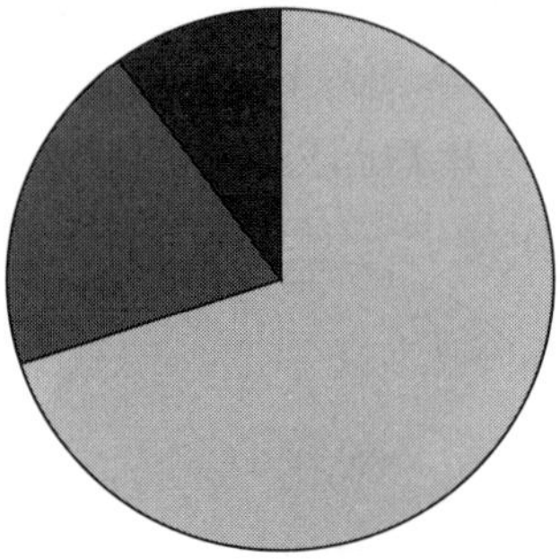


通过上图可知，缓刑考验期在原判刑期 1 倍以上 2 倍以下的占 70%；2 倍以上 3 倍以下的为 20%；而 3 倍以上的仅为 10%，且原判刑皆为拘役。可见，对于缓刑的考验期限，法院主要在原判刑期 1 倍以上 2 倍以下这个幅度范围内作出判决。

6. 判决书判处缓刑的理由

通过对判决书的梳理及分析，得出法院判处缓刑的理由具体如下：

(1) 公诉机关的量刑建议适当，法院依法予以采纳。

(2) 根据犯罪情节和悔罪表现，对其适用缓刑确实不致再危害社会，依法可以宣告缓刑。

(3) 根据本案的事实、性质、情节及对社会的危害程度，依法可以宣告缓刑。

(4) 根据被告人的犯罪情节和悔罪表现，对其适用缓刑对其所居住的社区没有重大不良影响，确实不致再危害社会，可以对被告人宣告缓刑。

(5) 鉴于被告人所在社区愿意接受其参与社区矫正，对其适用缓刑不致再发生社会危害，依法可适用缓刑。

(6) 被告人犯罪情节较轻，有悔罪表现，宣告缓刑对所居住社区没有重大不良影响，法院决定对其宣告缓刑。

## 二、缓刑辩护实务技术指引

1. 有效进行适用缓刑及缓刑考验期的辩护。统计裁判数据发现，缓刑适用率竟然高达34.5%，可见，律师应当大胆进行适用缓刑的辩护。缓刑辩护应当掌握重点和技巧，交通肇事和危险驾驶适用缓刑率非常高，一年以下有期徒刑适用缓刑率也高达80%，数罪并罚再适用缓刑的比例就很小，仅有2.8%。另外，缓刑只是附条件不再执行原判刑罚，如果在缓刑考验期内再犯新罪，或者严重违反缓刑的相关规定，则会取消缓刑执行原判刑罚。而且在缓刑考验期内“禁止犯罪分子在缓刑考验期限内从事特定活动，进入特定区域、场所，接触特定的人”。所以缓刑考验期的长短仍事关被告人的人身自由，这也是律师应当关注的辩点之一，尽量避免被判处过长的缓刑考验期。

2. 把“社区出具愿意接受被告人参与社区矫正的书面意见”作为辩护重点。本文第六部分列出的六个判缓理由中，有三个提到社区矫正问题，可见社区是否同意矫正对缓刑的适用具有重要意义，律师缓刑辩护应当把社区同意矫正作为辩护重点。笔者部门和团队代理过不少判处缓刑的案例，其辩护经验是，要积极建议法官出具非监禁刑委托社会调查函，只要社区出具同意矫正意见，法院基本上就会判处缓刑。

此外，由于《社区矫正法》对社区矫正的执行机关、实施程序以及监督管理作出了细致规定，相信社区矫正的适用数量也会随之大幅上升，希望这能促进法官勇于作出更多的缓刑判决。

# 免予刑事处罚的裁判大数据分析及实务技术指引

免除刑事处罚,也称定罪免刑,是指人民法院认定某种行为构成犯罪,但因犯罪情节轻微等不需要判处刑罚的,判决免予刑罚的一种处罚。近年来法院判处的免予刑事处罚情况如何?免予刑事处罚的案由分布如何?判处免予刑事处罚的理由又是怎样?请看广州地区近一年的裁判大数据分析。

## 一、免予刑事处罚裁判大数据分析

1. 广州地区法院近一年判处免予刑事处罚的概率极低

截至2021年4月11日,在“威科先行·法律信息库”平台检索了广州地区法院近一年公开的所有刑事案件判决书共计11,562份,其中判决结果为免予刑事处罚的仅为21份,占比极低,仅为0.2%,如下图所示。

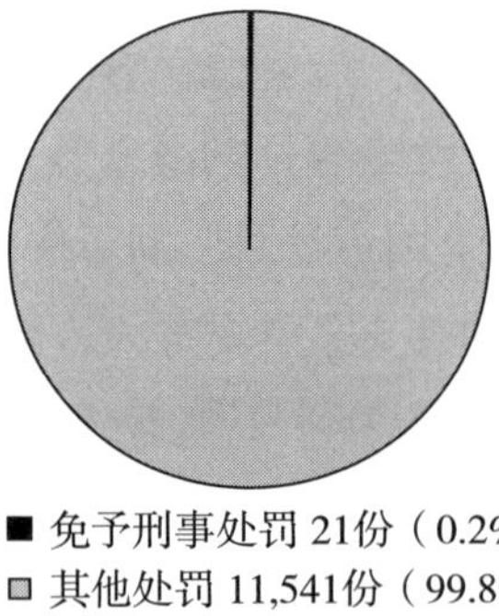


2. 刑事判决书中,辩护律师建议免予刑事处罚的概率较低

通过对上述11,562份刑事判决书进行检索分析得出,辩护律师建议免予刑事处罚的案件数有219件,占比为1.9%,如下图所示。

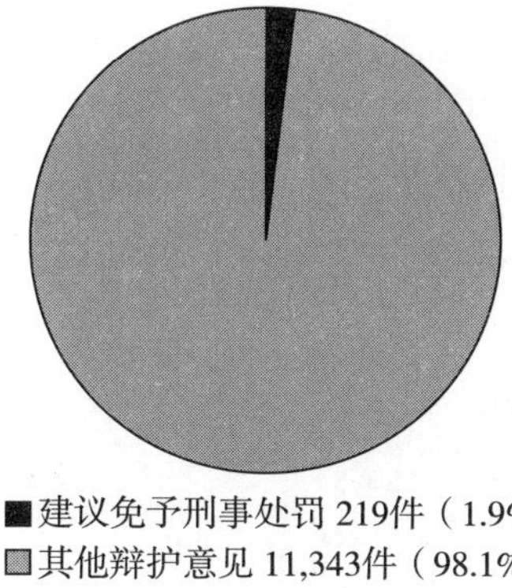


3. 辩护律师建议免予刑事处罚被法院采纳的概率为9.6%

笔者通过对上述219份含有辩护律师辩护提出“免予刑事处罚”辩护意见的判决书进行分析，得出下图。

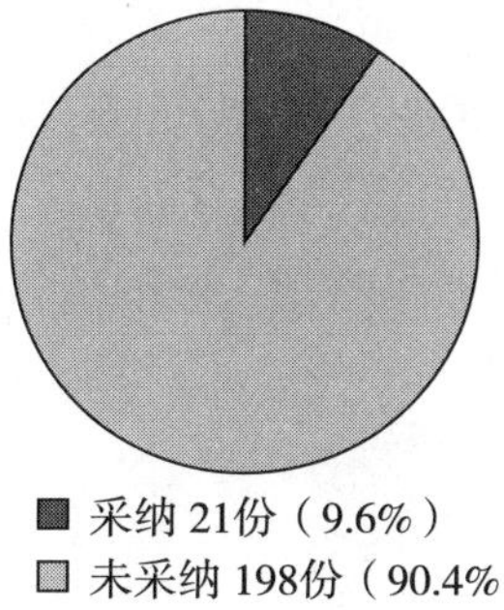


通过上图可知，辩护律师提出“免予刑事处罚”辩护意见被法院最终采纳的概率为9.6%。

4. 判处免予刑事处罚的案由分布

对上述21份判处免予刑事处罚的判决书进行分析得出下图。

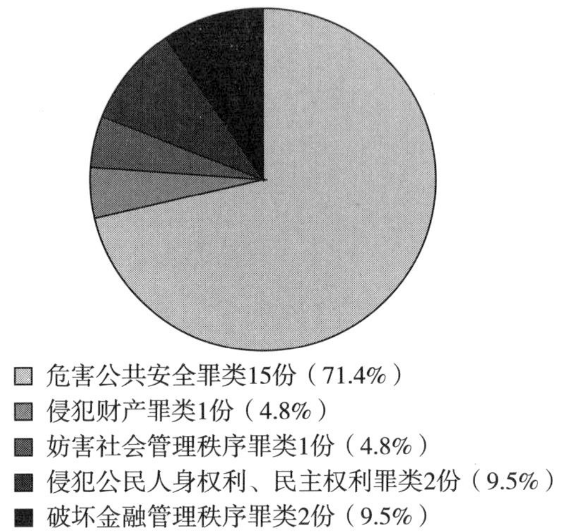


通过上图可知，被判处免予刑事处罚的案由分布情况，危害公共安全罪类占比最大（其中多数是醉驾型危险驾驶罪），高达71.4%；其次是侵犯公民人身权利、民主权利罪类和破坏金融管理秩序罪类，占比均为9.5%；侵犯财产罪类和妨害社会管理秩序罪类紧跟其后，占比均为4.8%。

5. 在判处免予刑事处罚前犯罪嫌疑人被取保候审的概率

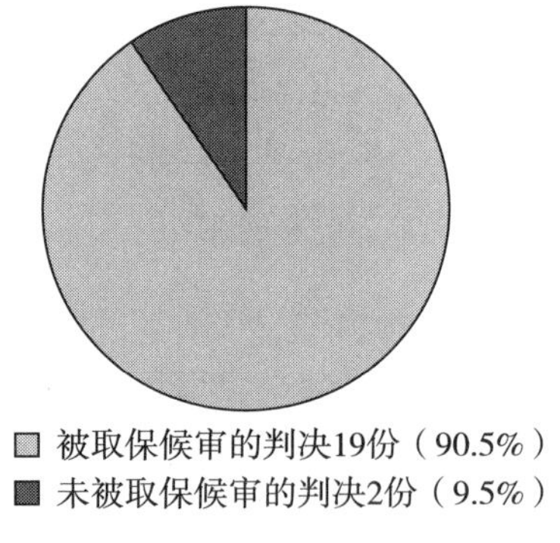


通过对上述21份判处免予刑事处罚的案件判决书进行分析可知，被判处免予刑事处罚的被告人在案件判决前被取保候审的概率高达90.5%。

6. 判决书判处免予刑事处罚的理由

(1)被告人为实施犯罪而制造条件,系犯罪预备,依法可以比照既遂犯从轻、减轻处罚或者免除处罚。综合考量被告人犯罪的事实、性质、情节以及对社会的危害程度,鉴于被告人的犯罪预备行为尚未实施终了,社会危害性不大,情节尚属轻微,对被告人免除处罚。

(2)被告人归案后如实供述犯罪事实,自愿认罪认罚,且已结清欠款并获得被害单位谅解,属犯罪情节轻微,可免予刑事处罚。

(3)被告人案发后留在现场等候处理,如实供述自己的罪行,是自首,依法从轻处罚。被告人与被害人相互之间本无矛盾或纠纷,不存在被告人蓄意报复的行为动机。案件的发生更多是由于双方之间言语不通而引发,犯罪情节轻微,对被告人不需要判处刑罚。

(4)鉴于被告人当庭认罪,盗窃金额较小,自愿认罪认罚,且已取得被害单位谅解,本身有正当职业及稳定收入,其犯罪情节轻微不需要判处刑罚,本着教育挽救为主、惩罚为辅的原则,可以免予刑事处罚。

(5)被告人犯罪时已满 14 周岁不满 18 周岁,应当从轻处罚。被告人未参与殴打被害人,非法获利较少,在共同犯罪中起次要、辅助作用,是从犯,应当从轻、减轻或者免除处罚。被告人归案后如实供述罪行,自愿认罪,且已赔偿被害人并获得谅解,可以从轻处罚。综上,可对被告人免予刑事处罚。

(6)被告人归案后如实供述犯罪事实,自愿认罪悔罪,且其家属在侦查阶段已代为结清所欠全部透支本金并获得被害单位谅解,属犯罪情节轻微,无须科处刑罚。

(7)鉴于被告人在犯罪过程中自动放弃犯罪,是犯罪中止,且没有造成损害,依法应当免除处罚。

## 二、免予刑事处罚辩护实务技术指引

1. 免予刑事处罚之“冬眠”条款应当被激活。《刑法》第 37 条规定,对于犯罪情节轻微不需要判处刑罚的,可以免予刑事处罚,但是可以根据案件的不同情况,予以训诫或者责令具结悔过、赔礼道歉、赔偿损失,或者由主管部门予以行政处罚或者行政处分。这是我国《刑法》关于免予刑事处罚的法律规定,具体可以免予刑事处罚的情形有许多，又聋又哑的人或者盲人犯罪，正当防卫明显超过必要限度造成重大损害应当追究刑事责任的，紧急避险超过必要限度造成不应有的损害的，预备犯、从犯、被胁迫参加犯罪的，自首且犯罪较轻的，自首又有重大立功表现的都可以或者应当免予刑事处罚。还有，对公司企业人员行贿，在被追诉前主动交代行贿行为的，非法种植毒品原植物，在收获前自行铲除的，个人贪污数额较小，犯罪后有悔改表现，积极退赃的，行贿人在被追诉前主动交代行贿行为的，介绍贿赂人在被追诉前主动交代介绍贿赂行为的也都可以免除处罚。

尽管法律规定免予刑事处罚的情形有很多，但从上述大数据分析可以看出，司法实务中免予刑事处罚的法律规定还基本处于休眠状态，法院判决免予刑事处罚的仅占 2‰，有些法院甚至一年都没有一例免予刑事处罚的判决。每年处理那么多刑事案件，难道没有一起符合免予刑事处罚的条件？

免予刑事处罚的条件和不予起诉差不多，近年来全国检察机关的不予起诉率已经达到 12% 以上，检察机关慎捕少诉等一系列司法改革起到了很好的社会效果。法院也应当及时激活这些休眠的法律条款，对一些符合条件的被告人大胆适用免予刑事处罚制度，做到量刑精准化，体现司法人性化。

2. 对公职人员轻微刑事犯罪应当将辩护重点放在免予刑事处罚方面。《公职人员政务处分法》自 2020 年 7 月 1 日实施后引起社会广泛关注。该法第 14 条第 3 款规定，公职人员因犯罪被单处罚金，或者犯罪情节轻微，人民检察院依法作出不起诉决定或者人民法院依法免予刑事处罚的，予以撤职；造成不良影响的，予以开除。换言之就是免予刑事处罚未造成不良影响的可以保留公职。

公职是公职人员的政治生命和经济支柱，律师在为公职人员轻微刑事犯罪进行辩护时，应当将不起诉和定罪免刑作为首要的目标和辩护的重点。大数据显示只有 1.9% 的律师提出免刑建议实在太低，只有律师大胆提出建议，并就此进行充分的论证，才可能使法官在判决时多一项定罪免刑的人性化考量和选择。

# 自首裁判大数据分析及实务技术指引

## 一、自首的定义及主要法律规定

所谓自首,是指犯罪后自动投案,向公安、司法机关或其他有关机关如实供述自己的罪行的行为。我国《刑法》第 67 条第 1 款规定,犯罪以后自动投案,如实供述自己的罪行的,是自首。对于自首的犯罪分子,可以从轻或者减轻处罚。其中,犯罪较轻的,可以免除处罚。

主要法律规定:

1.《刑法》(2020)第 67 条

2. 最高人民法院《关于处理自首和立功具体应用法律若干问题的解释》(法释〔1998〕8 号)

3. 最高人民法院《关于处理自首和立功若干具体问题的意见》

4. 最高人民法院《关于被告人对行为性质的辩解是否影响自首成立问题的批复》(法释〔2004〕2 号)

5. 最高人民法院、最高人民检察院《关于办理职务犯罪案件认定自首、立功等量刑情节若干问题的意见》(法发〔2009〕13 号)

6. 最高人民法院、最高人民检察院《关于常见犯罪的量刑指导意见(试行)》(法发〔2021〕21 号)

7. 最高人民法院《关于贯彻宽严相济刑事政策的若干意见》(法发〔2010〕9 号)

## 二、自首裁判大数据分析

1. 刑事案件中,法院认定自首情节的概率

笔者通过威科先行法律信息库的数据检索,截至 2023 年 6 月 5 日,近一年

广东省刑事案件的裁判文书共计 9100 份。其中,判决书认定被告人有自首情节,从轻处罚的裁判文书为 970 份,占比为 10.7%,如下图所示。

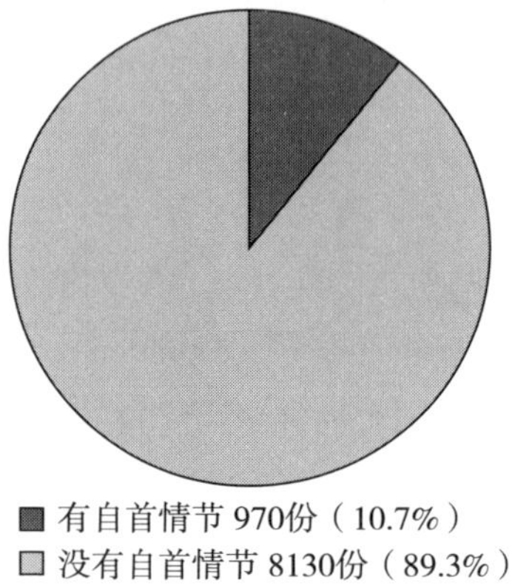


2. 公诉机关在审查起诉阶段认定自首的概率达 49.9%

通过对在上述 970 份法院判决中认定被告人具有自首情节的裁判文书进行分析可知,公诉机关在审查起诉阶段即认定犯罪嫌疑人有自首情节的文书有 484 份。由此可见,公诉机关在审查起诉阶段即认定被告人有自首情节的案件概率为 49.9%,如下图所示。

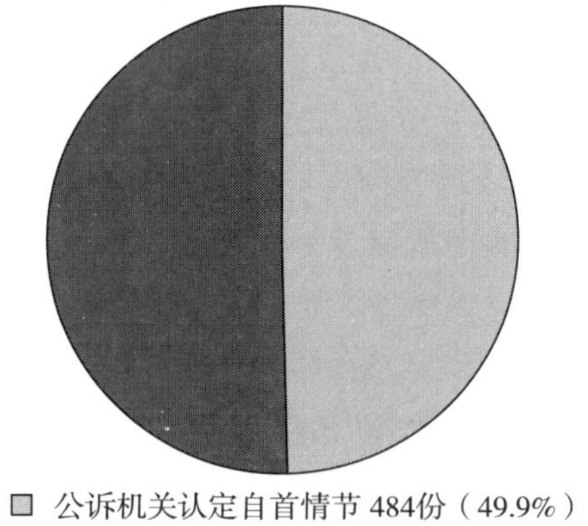

3. 检察机关在审查起诉阶段认定被告人自首情节被法院采纳的概率

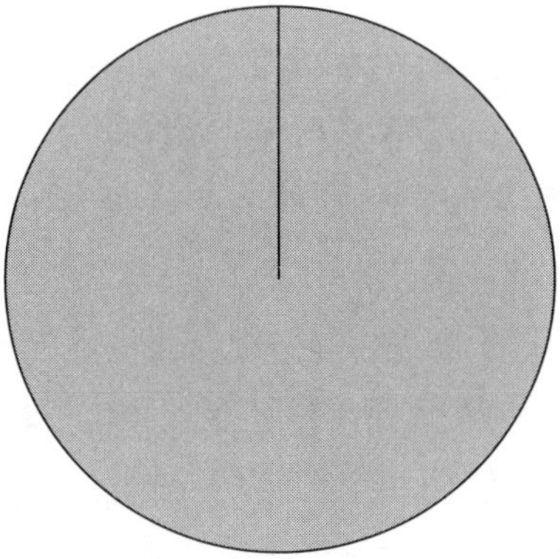

□ 法院采纳484份（100%）
■ 法院未采纳 0份（0）

通过对公诉机关在审查起诉阶段认定犯罪嫌疑人有自首情节的484份裁判文书进行分析得出上图。由该图可知,公诉机关认定被告人具有自首情节,被法院采纳的概率高达100%(可能笔者团队检索数据范畴较小导致该结果,但即便是存在一点误差,也从侧面反映出法院采纳公诉机关认定自首情节的概率非常高)。

4. 公诉机关未认定而法院认定被告人有自首情节的概率达50.1%

在上述检索到的970份认定自首情节的裁判文书中,公诉机关未认定犯罪嫌疑人具有自首情节,而由法院直接认定被告人有自首情节的裁判文书有486份,占比为50.1%,与公诉机关直接认定犯罪嫌疑人有自首情节的比例基本一致。如下图所示。

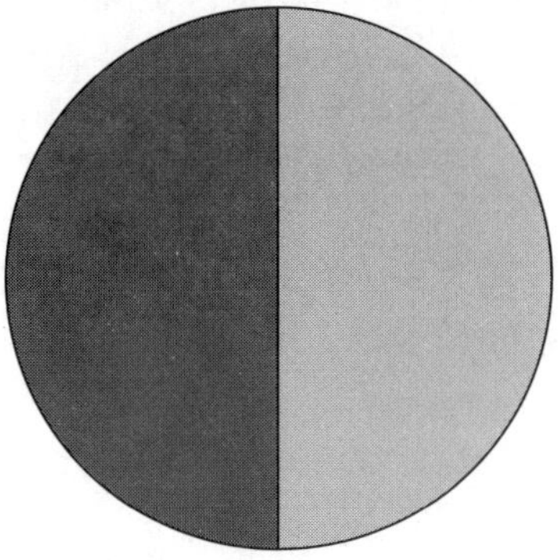

□ 公诉机关认定有自首情节 484份（49.9%）
■ 法院直接认定有自首情节486份（50.1%）

5. 这些判决书认定自首的情节主要有以下几类：

(1)侦查机关掌握线索后至韩某住处开展调查，被告人韩某在接受侦查人员询问过程中主动提供涉案单证并如实交代犯罪事实；

(2)被告人经侦查机关电话传唤到案并如实供述犯罪事实；

(3)被告人李某方、林某健犯罪后自动投案，如实供述自己的罪行，系自首；

(4)被告人杨某浩经电话通知向办案人员投案自首；

(5)被告人林某龙在监察机关立案调查前，在尚未受到调查谈话、讯问或被宣布采取强制措施前向监察机关如实供述犯罪事实，具有自首情节；

(6)被告人明知他人报警仍在现场等待，归案后如实供述犯罪行为，具有自首情节；

(7)被告人张某健在知道被害人黄某报警的情况下，仍在现场等候警察，到案后如实供述其犯罪事实；

(8)被告人谭某经电话传唤到案，到案后如实供述自己的罪行，系自首；

(9)被告人刘某醉驾发生交通事故逃逸，后又主动投案，如实供述罪行，构成自首；

(10)王某主动到案，被公安机关询问时没有全部如实供述，但在公安机关立案后被讯问时如实供述全部犯罪事实，构成自首。

6. 法院认定自首情节后，判处缓刑的概率较高

通过对认定被告人具有自首情节、从轻处罚的970份裁判文书进行分析，得出判处被告人缓刑的有432份。由此可见，在判决书认定自首情节的案件中，被判处缓刑的概率高达44.5%，如下图所示。

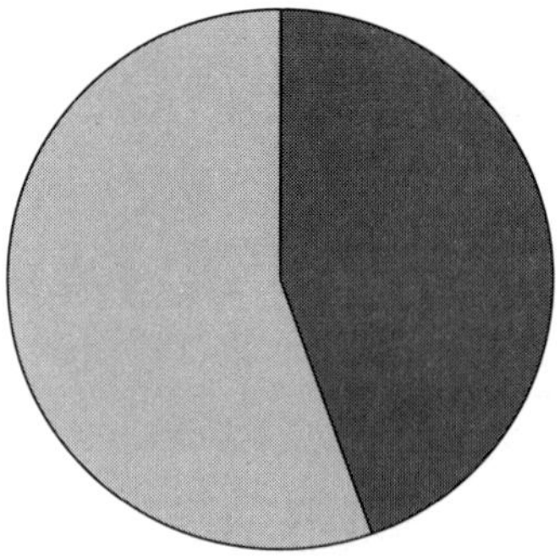

## 三、自首辩护实务技术指引

司法实务中认定自首问题较为复杂,比如是一般自首还是特殊自首?早投案和晚投案量刑有何不同?主动投案后没有如实交代能否适当减轻量刑?检察机关审查起诉认定自首,被告第一次庭审翻供、第二次庭审又认罪如何处理?单位自首如何认定?还有公安机关侦查阶段的到案经过或情况说明认定自首的比率是多少?限于判决书阐述的自首理由都非常简单,往往不超过两行字,难以对上述疑问给出有效的回答。

尽管如此,简单的大数据还是为自首辩护提供了一些值得参考的依据。比如,在970份法院判决认定被告人具有自首情节的裁判文书中,公诉机关在审查起诉阶段即认定犯罪嫌疑人有自首情节的约占一半,也就是说另有部分自首情节是法院直接认定的。还有,法院采纳公诉机关认定自首的比率为100%,认定自首判处缓刑的比率高达44.5%。

刑事辩护中自首之辩护极为重要。首先,要主动设计自首情节,对一些情况不明的被控告人或者被网上通缉的犯罪嫌疑人,要提前设计自首预案,比如怀揣自首信以应付突发情况,到其暂居地公安机关自首,防止在去办案机关自首途中被抓,在紧急情况下立即拨打“110”表达自首意图等。其次,要争取公安机关出具情况说明或者在起诉意见书中明确认定自首,一旦公安机关在侦查阶段认定自首,检、法两院否定自首的可能性极小。再次,充分利用认罪认罚制度,争取让公诉机关在起诉书中认定自首情节,法院一般情况下对此会支持。最后,即使在侦查阶段和审查起诉阶段均未认定自首情节也不能放弃,要认真研究犯罪嫌疑人到案经过及认罪过程,庭审时积极向法院提供认定自首的事实情节和法律依据,争取让法院认定为自首。

# 立功裁判大数据分析及辩护实务技术指引

所谓立功，是指犯罪分子到案后，有揭发他人犯罪行为，查证属实的，或者提供重要线索，从而得以侦破其他案件等表现行为，以及其他有利于国家和社会突出表现的。立功有如下两种情形。

一般立功，犯罪分子到案后有检举、揭发他人犯罪行为，包括：共同犯罪案件中的犯罪分子揭发同案犯共同犯罪以外的其他犯罪，经查证属实；提供侦破其他案件的重要线索，经查证属实；阻止他人犯罪活动；协助司法机关抓捕其他犯罪嫌疑人（包括同案犯）；具有其他有利于国家和社会的突出表现的，应当认定为有立功表现。

重大立功，犯罪分子有检举、揭发他人重大犯罪行为，经查证属实；提供侦破其他重大案件的重要线索，经查证属实；阻止他人重大犯罪活动；协助司法机关抓捕其他重大犯罪嫌疑人（包括同案犯）；对国家和社会有其他重大贡献等表现的，应当认定为有重大立功表现（这里的“重大”一般是指犯罪嫌疑人、被告人可能被判处无期徒刑以上刑罚或者案件在本省、自治区、直辖市或者全国范围内有较大影响等情形）。

立功制度是我国一项重要的刑罚制度，也是宽严相济刑事政策的法律体现，对于从轻、减轻量刑教育改造罪犯，及时获得线索侦破重大案件，均具有十分重要的意义。但立功制度在司法实践的适用中却存在许多问题，比如提供什么样的线索算作重要线索？揭发他人犯罪线索查证属实的标准是立案、抓人还是法院判决？被告人协助公安机关抓捕其他犯罪嫌疑人，但由于其他犯罪嫌疑人拒捕、逃跑，或者公安机关抓捕不力，没有将其抓获，能否认定为立功？还有，法院判决书认定立功的理由及类别有哪些？法院采纳律师立功辩护意见的比率是多少？为此我们通过威科先行法律信息库，检索了截至 2023 年 10 月 22 日广州地区近 3 年刑事案件的裁判文书共计 15，466 份，对包含立功行为的裁判大数据进行了量化分析，以期对立功行为的辩护实务提供一些技术指引。

## 立功裁判大数据分析

1. 刑事案件中,法院认定被告人具有立功情节的概率

笔者通过威科先行法律信息库的数据,检索了广州地区近 3 年刑事案件的裁判文书共计 15,466 份。其中法院认定被告人具有立功情节的裁判文书有 110 份,占比极低,仅为 0.71%;没有认定被告人具有立功情节的裁判文书有 15,356 份,占比为 99.29%,如下图所示。

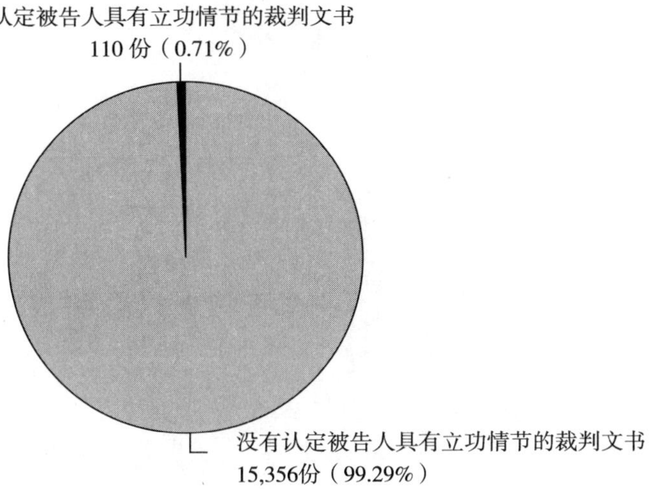


2. 法院采纳辩护律师提出被告人具有立功情节的概率

通过对 15,466 份刑事裁判文书进行分析发现,辩护律师提出被告人具有立功表现的判决书有 195 份,法院采纳律师辩护观点认定被告人具有立功表现的判决书有 110 份。由此可见,辩护律师提出立功表现被法院采纳的概率约 56%,没有被采纳的概率约 44%,如下图所示。

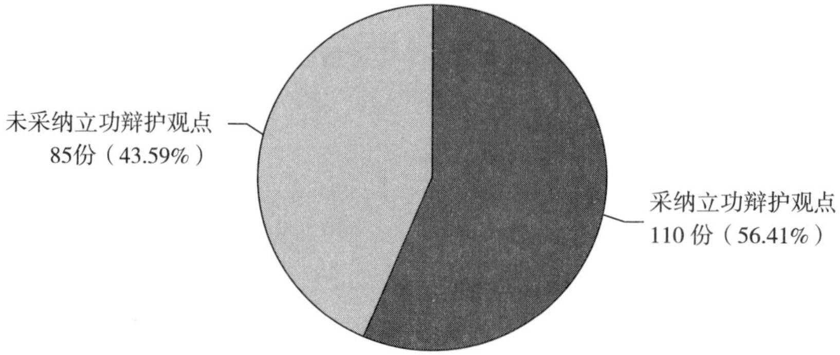


3. 法院认定被告人具有立功表现判决书的案由分布

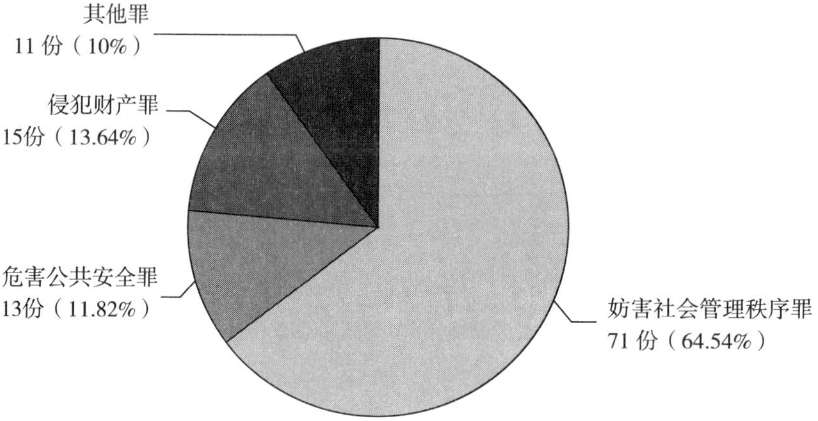


通过上图,我们可以得知在法院认定被告人具有立功表现案例中,妨害社会管理秩序罪占比最大,高达 64.54% ,其中毒品类犯罪裁判文书更是多达 55 份,是该类案件中最多的犯罪。其次是侵犯财产罪,占比为 13.64% ,其中盗窃罪是该类犯罪中占比最多的罪名。接着是危害公共安全罪,占比为11.82% 。而其他案由案例占比最小,占比仅为 10% 。

4. 在判决书认定被告人具有立功表现的案例中不同“立功类型”的占比

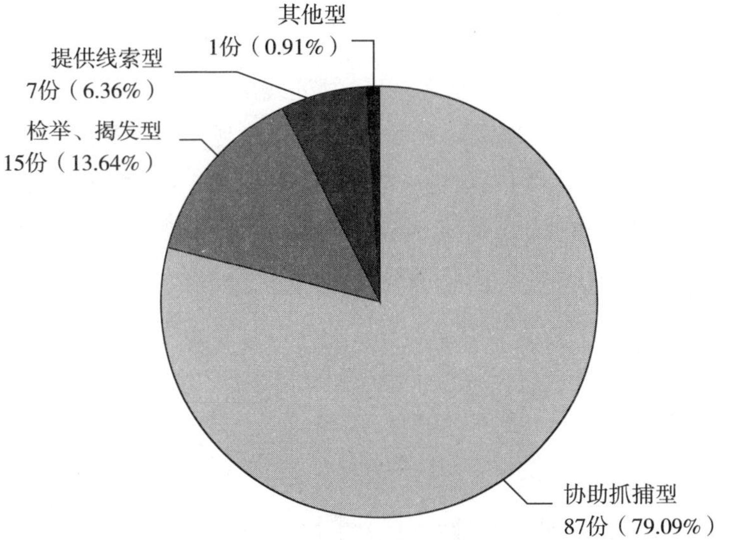


通过对上图进行分析，我们得知在法院认定被告人具有立功表现的类型中，协助公安机关抓捕同案犯的立功情形占比最大，高达79.09%；其次是检举、揭发他人犯罪的立功表现，占比为13.64%；提供线索给公安机关侦破其他案件的立功表现占比为6.36%；而其他类型的立功表现仅占0.91%；阻止犯罪产生或危害的立功暂未发现有相应案例，因此占比为0。

5. 上述判决中法院认定被告人具有立功情节的理由主要有：

（1）被告人樊某有配合公安机关抓获同案人的立功表现，依法可以从轻处罚；

（2）被告人钟某某归案后，有协助某机关抓捕其他被告人的立功表现；

（3）被告人方某向纪委监委提供他人犯罪线索，有立功情况；

（4）被告人莫某某举报他人犯罪，有立功，可从轻或减轻处罚；

（5）被告人黄某某揭发他人犯罪行为，经查证属实，是立功，依法可以从轻处罚；

（6）被告人刘某某提供侦破其他案件的重要线索，查证属实，有立功表现，依法可以从轻处罚；

（7）被告人钟某某向公安机关提供重要线索，从而得以侦破其他案件，是立功，依法予以从轻处罚；

(8)被告人方某某经教育,劝说其丈夫方某俊自首,有立功情节;

(9)被告人黄某某具有其他有利于国家和社会的突出表现,是立功,依法予以减轻处罚。

6. 法院认定被告人具有立功表现后,判处缓刑的概率

通过对 110 份认定被告人具有立功表现的裁判文书进行分析,可知在认定被告人具有立功表现后,判处被告人缓刑的文书有 18 份;而未判处被告人缓刑的则有 92 份。由此可见,在认定被告人具有立功表现后,判处缓刑的概率为 16.36%,未判处缓刑的概率为 83.64%,如下图所示。

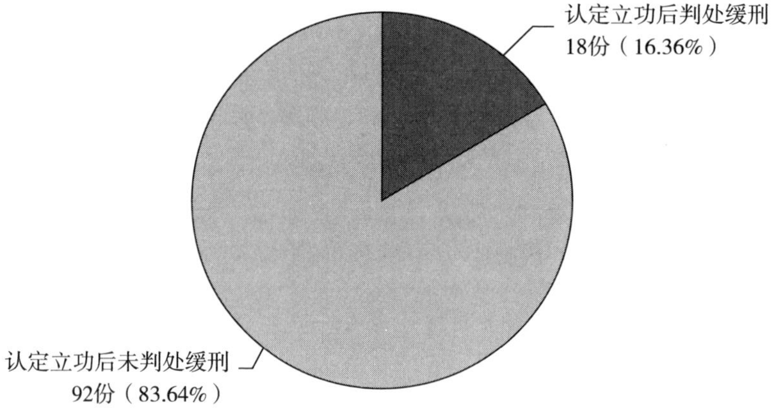


## 实务技术指引

### 一、及时告知立功规定

从大数据分析可以看出,刑事判决书中含有立功情节的比例仅 0.71%,占比非常低。究其原因,绝大多数犯罪都是初犯、偶犯,之前并没有掌握更多的其他人的犯罪线索,单独犯罪的话没有同案犯可以“开发利用”,绝大多数量刑较轻的犯罪嫌疑人也没有立功减刑的欲望和冲动,但也不排除一些犯罪嫌疑人不了解相关立功的法律规定。辩护律师在会见和接待犯罪分子及其亲属时要根据案件情况及时提醒他们是否存在可以立功的情节,毕竟立功或重大立功还是有

很大的减刑空间的，也有一定判处缓刑的概率，有的甚至可以保命。法律法规对此有明确的规定，《刑法》第 68 条规定：犯罪分子有揭发他人犯罪行为，查证属实的，或者提供重要线索，从而得以侦破其他案件等立功表现的，可以从轻或者减轻处罚；有重大立功表现的，可以减轻或者免除处罚。《关于常见犯罪量刑指导意见(试行)》规定，立功表现的量刑标准如下：(1)有一般立功表现的，可以减少基准刑的 20% 以下；(2)有两次或多个立功表现的，可以减少基准刑的 30% 以下；(3)有重大立功表现的，可以减少基准刑的 20% ~50%，犯罪较轻的，可以减少基准刑的 50% 以上或者依法免除处罚。

## 二、想办法利用同案犯立功

共同犯罪在犯罪中占有相当大的比例，在共同犯罪中，利用同案犯立功的机会还是很多的。比如共同犯罪案件中的犯罪分子揭发同案犯共同犯罪以外的其他犯罪，经查证属实的，应当认定为立功表现。依据相关法律规定和司法解释，协助司法机关抓捕同案犯有四种情况都可以认定为立功。犯罪分子具有下列行为之一，使司法机关抓获其他犯罪嫌疑人的，属于最高人民法院《关于处理自首和立功具体应用法律若干问题的解释》(法释〔1998〕8 号)第 5 条规定的“协助司法机关抓捕其他犯罪嫌疑人”：(1)按照司法机关的安排，以打电话、发信息等方式将其他犯罪嫌疑人(包括同案犯)约至指定地点的；(2)按照司法机关的安排，当场指认、辨认其他犯罪嫌疑人(包括同案犯)的；(3)带领侦查人员抓获其他犯罪嫌疑人(包括同案犯)的；(4)提供司法机关尚未掌握的其他案件犯罪嫌疑人的联络方式、藏匿地址的，等等。

前述判决书认定被告人具有立功表现不同“立功类型”的占比显示，协助抓捕类立功的占比高达 79.09%，这也说明在司法实践中“利用同案犯”立功有很大的操作空间。

## 三、依法创设立功情节

从前述立功裁判大数据分析判决书认定立功情节的第 8 点理由中，我们惊讶地发现，劝说同案被告人自首竟然也可以成立立功，这就为我们创设立功情节提供了司法判例的依据。共同犯罪中犯罪分子到案的时间和方式不尽相同,如果同案犯中有尚未到案的,那么就可以抓住这个机会,想方设法劝说同案犯主动到司法机关或相关单位自首。当然这里主要是对未被羁押的犯罪分子而言的,劝说要留下客观证据,如书信、QQ 及微信聊天记录、短信、电话录音等,劝说时不要过多涉及案情,防止串供情形的发生。

## 四、提出立功线索应当越早越好

根据相关法律法规及司法解释对“立功”的规定,可以大致将立功的情形归为以下五类:

(1)检举、揭发型:犯罪分子有检举、揭发未被司法机关所掌握的他人犯罪行为,包括共同犯罪案件中的犯罪分子揭发同案犯共同犯罪以外的其他犯罪,经查证属实的,应当认定为立功表现。

(2)提供线索型:提供侦破其他案件的重要线索,经查证属实的,应当认定为立功表现。线索需要同时满足:依法获取 + 非职权获取 + 本人提供(因病或其他特殊原因委托律师或亲属代为提供,视为本人提供)。

(3)阻止犯罪型:阻止他人犯罪活动的,应当认定为立功表现。

(4)协助抓捕型:四种情形已在上文“利用同案犯立功”部分详述。

(5)其他型:具有其他有利于国家和社会的突出表现的,应当认定为有立功表现。如在生产、科研中进行技术革新,成绩突出的;在抗御自然灾害或者排除重大事故中,表现积极的;对国家和社会有其他较大贡献的。

从裁判大数据分析可以看出,在上述五类立功情形中,阻止犯罪型很少发生,统计数据为零,其他类型仅有 1 例,占比不到 1%,除了协助抓捕型占有近四成的比例外,检举揭发型和提供线索型均占有较大的比例。这两种类型,都是需要犯罪分子向有关部分提供其他犯罪和案件的线索。因法律规定提供的线索需要查证属实才能构成立功,而查证是需要一定的时间的,如果提供线索过晚,这边判决下来了,那边还没有查证是否属实,显然是起不到应有的从轻、减轻处罚作用的。

## 五、在押犯罪分子提供线索应当多管齐下

《看守所条例实施办法(试行)》(公通字〔1991〕87 号)第 46 条规定:人犯在羁押期间有下列表现之一的,看守所应当书面报请办案机关依法从宽处理:

(1)检举揭发监内外犯罪分子,经查证属实的;

(2)劝阻人犯行凶、逃跑和其他违法犯罪活动的;

(3)有其他有利于国家和人民的行为的。

依照上述规定,在押犯罪分子提供线索可以直接通过管教交给看守所。但上述规定并不严谨,比如第 1 项规定,如果检举揭发的是监外的犯罪,看守所显然是没有办法查证属实的,还有,检举揭发不同类别的监外犯罪,管辖的办案机关也不尽相同。由于《刑事诉讼法》对犯罪分子检举揭发他人犯罪如何移交线索缺乏明确规定,司法实践中一些司法机关对犯罪分子提供的犯罪线索的移交和查证存在不负责任和互相扯皮的现象,有的不知将检举揭发材料移交哪个部门处理,有的收到检举揭发材料后不及时移送,还有的负有查证职责的部门长期不予调查核实检举揭发材料,致使检举揭发线索不能及时得到查证。

针对以上情况,笔者认为,在押犯罪分子提供线索应当多管齐下,除了按正常程序通过管教提交线索外,还应当通过其他渠道提交立功线索。公安机关提审时可以直接向办案人员反映线索并要求记录在案,也可以将自己书写的犯罪线索直接提交给办案警察并要求出具回执。要将书面的举报线索多书写几份,检察机关及法院工作人员提审时可一并提交。

最高人民检察院 2021 年 11 月 15 日颁发了《人民检察院办理认罪认罚案件开展量刑建议工作的指导意见》(高检发办字〔2021〕120 号),该意见第 7 条第 2 款规定,对于立功情节,应当重点审查揭发罪行的轻重、提供的线索对侦破案件或者协助抓捕其他犯罪嫌疑人所起的作用、被检举揭发的人可能或者已经被判处的刑罚等情况。犯罪嫌疑人提出检举、揭发犯罪立功线索的,应当审查犯罪嫌疑人掌握线索的来源、有无移送侦查机关、侦查机关是否开展调查核实等。据此,应当将赋有法律监督职能的检察机关,作为提交立功线索的重要部门。

## 六、涉毒案件的犯罪分子不要轻易放弃立功的机会

裁判大数据显示,在毒品类犯罪中被认定具有立功情节的裁判文书多达55份,占比为50%。因毒品类案件量刑很重,主动到案自首的犯罪嫌疑人相对较少,相较于较为稀缺的自首情节而言,立功情节更常见些,其他刑事案件中难得一见的重大立功情节,在毒品类案件中也常常出现。究其原因,一是由于毒品类犯罪自身的特点,涉案人员常常会掌握更多的同案犯及其他人员的犯罪信息,很容易获得立功包括重大立功的线索;二是毒品犯罪往往量刑很重,判决死刑的也很多,犯罪分子归案后,出于减轻刑罚甚至保全性命的动机,会有更强烈的立功欲望,往往会检举揭发更多其他人的犯罪事实,并积极协助公安机关抓获同案犯罪嫌疑人。

律师在办理涉毒案件时,一定要提醒犯罪分子不要轻易放弃立功的机会,法律规定的毒品类犯罪的立功情节更具可操作性,如在最高人民法院《全国部分法院审理毒品犯罪案件工作座谈会纪要》(法〔2008〕324号)规定了四种具体立功情形,分别是:

(1)经被告人现场指认、辨认抓获了同案犯;

(2)被告人带领公安人员抓获了同案犯;

(3)被告人提供了不为有关机关掌握或者有关机关按照正常工作程序无法掌握的同案犯藏匿的线索,有关机关据此抓获了同案犯;

(4)被告人交代了与同案犯的联系方式,又按要求与对方联络,积极协助公安机关抓获了同案犯等。

上述四种认定立功情形为涉毒人员立功或重大立功提供了难得的机会。

## 七、最好能让办案机关出具关于立功的书面的证明材料

裁判大数据显示,法院采信律师提出被告人有立功行为辩护意见的比率为56.41%,换言之,就是有43.59%的立功辩护意见没有被法院采纳。在司法实践中,对错综复杂的立功现象,法院的认识和裁判也不尽一致。比如,犯罪分子从同监仓人员处获得犯罪线索后检举揭发;再如,向司法机关提供同案犯的身份

情况，通讯方式，居住地等情况的，还有前述的犯罪分子带领公安机关抓捕其他犯罪嫌疑人，但由于公安机关抓捕不力，没有将其抓获的。这些情况是否认定为立功行为各地法院的裁判不尽相同。

笔者团队办理的一起人数众多的集资诈骗案件，所辩护的被告人到案后，向公安机关提供了一个包括犯罪嫌疑人体貌特征、微信名、微信聊天记录、通讯方式、入住酒店及行程等犯罪线索，公安机关据此立案并抓获一名涉案金额达2.5亿元的招摇撞骗案件的犯罪嫌疑人。在集资诈骗案件几千册的卷宗中，专门有一册标明为某某某立功材料的卷宗，庭审中公诉机关在质证阶段先是认可被告人的立功情节，只是不同意辩护人“可能判处无期徒刑，应认定为重大立功”的辩护意见，令人不解的是，在辩论阶段公诉机关竟然否认自己前面的观点，连被告人构成一般立功的情节也不予认可，最终法院也没有认定被告人的立功行为，令人十分遗憾。

类似有争议的情况非常多，如果能够与办案机关提前沟通协调，在开庭前出具一份构成立功的书面的证明材料，肯定会减少争议，多数法院只要看到公安机关、检察机关出具被告人检举揭发他人犯罪经查证属实的证明，就会认定其具有立功行为。

## 八、律师不能帮在押犯罪分子及其亲属传递立功线索、非法制造立功情节

在司法实践中，经常发生一些犯罪分子及其亲属非法“制造”立功的现象，特别是部分罪行十分严重的毒品犯罪分子为了“保命”，会不惜一切代价、不择一切手段制造立功情节。曾经有看守所管教帮助犯罪分子贿买立功线索构成徇私枉法罪被判刑的，也有律师帮助在押犯罪分子书写、转递立功线索构成辩护人帮助伪造证据罪被追究刑事责任的，辩护律师必须对此保持高度警惕，严格执业纪律，防止类似教训重复发生。

# “罚金刑”之法律规定及裁判大数据分析

判决书判处罚金并不陌生，陌生的是罚金的判决理由，判决书对自由刑的裁判理由均有详尽的论述，但对罚金判罚的理由却极少提及。同一罪名判同样刑期，并处罚金的数额却千差万别。在司法实务中，罚金给人的感觉如雾里看花，一片茫然。本节试图通过罚金法规的介绍和裁判数据的分析，为您解除疑惑、厘清脉络。

## 一、罚金刑及罚金刑的相关法律规定

1. 所谓罚金刑，是指《刑法》针对贪污犯罪、单位犯罪、轻微刑事犯罪以及其他特定种类犯罪而设置的强制犯罪分子缴纳一定数额财产的刑罚方法。

2. 从犯罪性质上看，我国《刑法》中的罚金主要适用于三种犯罪：

（1）经济犯罪。《刑法》分则第三章规定的“破坏社会主义市场经济秩序罪”共有 90 多个条文，基本上都规定了罚金的独立或附加适用。

（2）财产犯罪。《刑法》分则第五章规定的“侵犯财产罪”共有 15 个条文，其中 11 个法条规定了罚金，占条文总数的 70% 以上。

（3）其他故意犯罪。《刑法》分则第六章规定的“妨害社会管理秩序罪”共有 90 余个法条，其中约 50% 的法条规定了罚金。此外在我国《刑法》中，第四章“侵犯公民人身权利、民主权利罪”中的第 240 条、第 244 条也规定了并处或者单处罚金。

3. 罚金刑的种类：

（1）无限额罚金制，即指《刑法》分则仅规定选处、单处或者并处罚金，未直接规定罚金的限额条文。

（2）限额罚金制，即指《刑法》分则规定了罚金数额的下限和上限，人民法院只需要在规定的数额幅度内裁量罚金。类似规定在《刑法》分则中为数不少，主要集中在“破坏社会主义市场经济秩序罪”一章中。

(3)比例罚金制,即以犯罪金额的百分比决定罚金的数额。

(4)倍数罚金制,即以犯罪金额的倍数决定罚金的数额。根据这一规定,罚金数额取决于犯罪数额,犯罪数额越大,罚金数额也越高;反之,亦然。

(5)倍比罚金制,即同时以犯罪金额的比例和倍数决定罚金的数额。这类罚金数额的条文主要集中在《刑法》第三章第一节所规定的“生产、销售伪劣商品罪”中。

## 二、罚金刑裁判大数据分析

1. 适用罚金刑罪名的数量

根据《刑法》的规定,在刑法条文中,适用罚金刑的罪名有 195 个,占全部罪名四成以上,可见判处罚金也是刑罚的重要手段,如下图所示。

2. 判处罚金刑的案件占刑事案件的 2/3

通过阿尔法大数据,我们检索了 9,198,721 件刑事案例,其中含有罚金刑的案件共 5,798,048 件,接近所有刑事案件的 2/3,如下图所示。

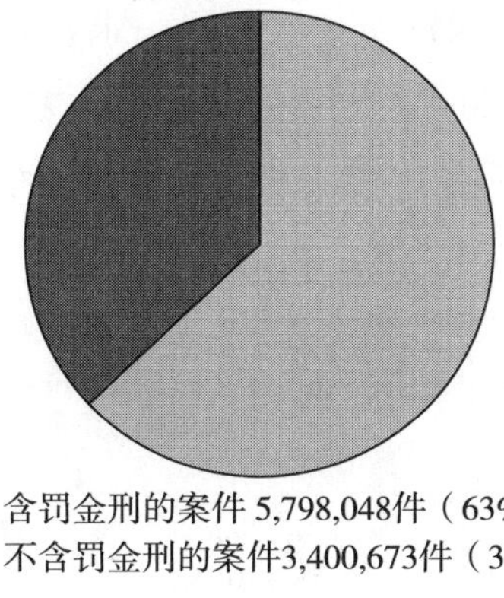


3. 判处罚金刑的案由分布

通过阿尔法大数据,我们检索了 3,687,996 件含有罚金刑的案例,如下图所示。

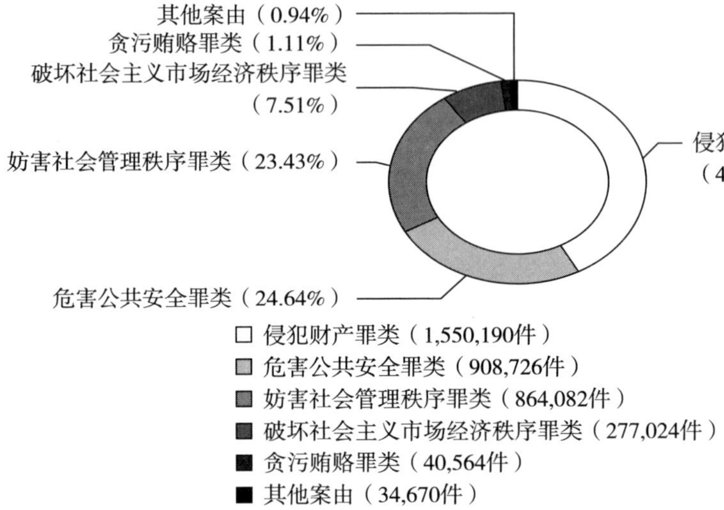


由上图可知，罚金刑案由的分布，主要是侵犯财产罪类，占比为42.03%；危害公共安全罪类，占比为24.64%；妨害社会管理秩序罪类，占比为23.43%；破坏社会主义市场经济秩序罪类和贪污贿赂罪类，占比分别为7.51%和1.11%。

4. 在无限额罚金制下同一罪名的罚金差异

通过大数据检索，在无限额罚金制下同一罪名的罚金判罚是否存在差异？差异究竟有多大？我们以“组织、领导传销活动罪”为例进行大数据分析。

(1)先了解一下组织、领导传销活动罪的法律规定，如下表所示。

| 组织、领导传销活动罪 | 情节 | 刑罚 |
|---|---|---|
| 立案标准 | 传销活动人员在30人以上且层级在三级以上的 | 处5年以下有期徒刑或者拘役，并处罚金 |
| 情节严重 | (1)传销人员累计达120人以上；<br>(2)传销资金数额累计达250万元以上；<br>(3)因组织、领导传销活动受过刑事处罚，或者一年以内因组织、领导传销活动受过行政处罚，又直接或者间接发展参与传销活动人员累计达60人以上；<br>(4)造成参与传销活动人员精神失常、自杀等严重后果的 | 处5年以上有期徒刑，并处罚金 |

(2)通过将广州、深圳两地自2010年以来在网上公开的组织、领导传销活动罪的判决书作为研究对象,得出以下数据图。

①判处有期徒刑1年以下的罚金数额占比如下图所示。

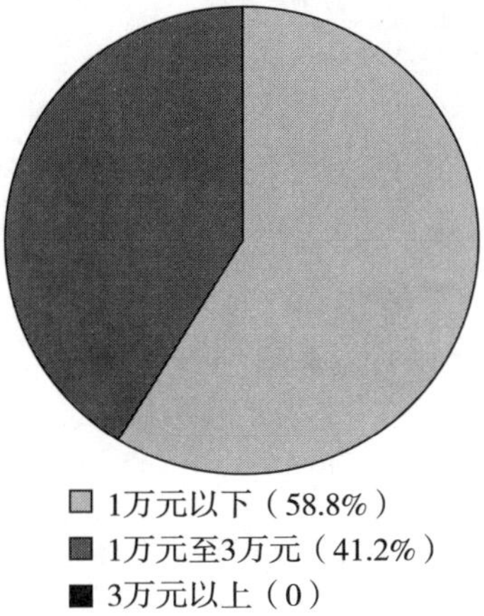


注:罚金最高为2万元,最低为1000元。

②判处有期徒刑1年以上3年以下的罚金数额占比如下图所示。

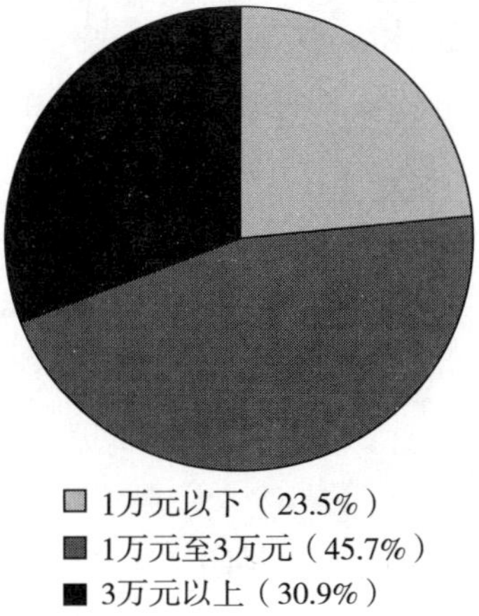


注:罚金最高为20万元,最低为2000元。

③判处有期徒刑3年以上5年以下的罚金数额占比如下图所示。

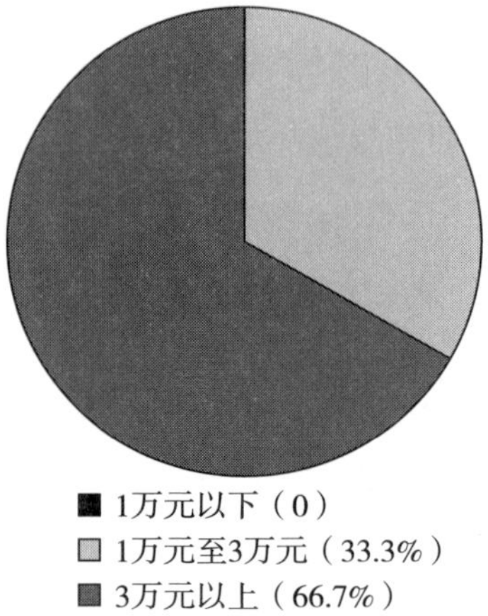


注：罚金最高为 100 万元，最低为 1 万元。

④判处有期徒刑 5 年以上的罚金数额占比如下图所示。

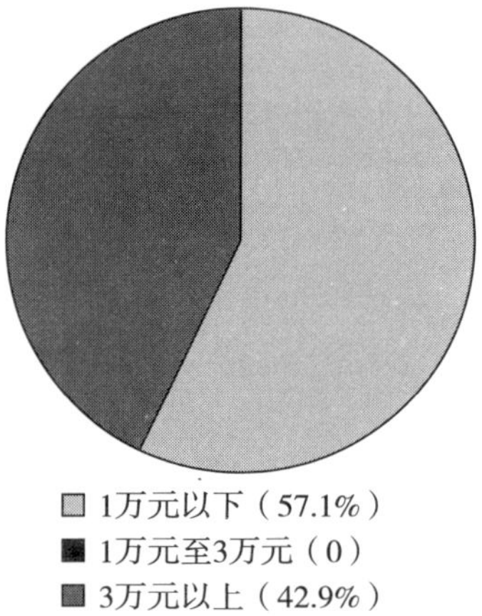


注：罚金最高为 50 万元，最低为 5000 元。

(3)根据上述组织、领导传销活动罪四个不同刑罚区间的罚金图可知，罚金最高被判处人民币 100 万元，最低为 1000 元，判处罚金的最大相差幅度为 1000 倍，可见，法官的自由裁量权相当之大。

上图呈现出有期徒刑 5 年以下的整体规律为：主刑越重，罚金刑的数额也随之增大。但也有 5 年以上有期徒刑的罚金数额不及有期徒刑 3 年以上 5 年以下的罚金数额大的情况，无规律可循。

5. 倍数罚金制确定的罚金数额计算倍数是否被突破

倍数罚金制,即刑法明确规定了以犯罪金额的倍数决定罚金的数额。此类罪名的罚金计算非常明确,即直接根据犯罪金额计算得出,但实际上法院作出的判决,罚金数额是否有突破条文的情形呢?以走私普通货物、物品罪为例,进行检索分析。

(1)先了解一下走私普通货物、物品罪的法律规定,如下表所示。

| 走私普通货物、物品罪 | 情节 | 刑罚 |
|---|---|---|
| 税额较大 | 税额在10万元以上不满50万元;一年内曾因走私被给予二次行政处罚后又走私的 | 处3年以下有期徒刑或者拘役,并处偷逃应缴税额1倍以上5倍以下罚金 |
| 税额巨大 | 税额在50万元以上不满250万元 | 处3年以上10年以下有期徒刑,并处偷逃应缴税额1倍以上5倍以下罚金 |
| 税额特别巨大 | 税额在250万元以上的 | 处10年以上有期徒刑或者无期徒刑,并处偷逃应缴税额1倍以上5倍以下罚金或者没收财产 |

根据上述法律规定,罚金数额取决于犯罪数额,犯罪数额越大,罚金数额也越高;反之,亦然。

(2)对广州地区自2010年以来在网上公开的判决书为研究对象进行检索,得出以下数据图。

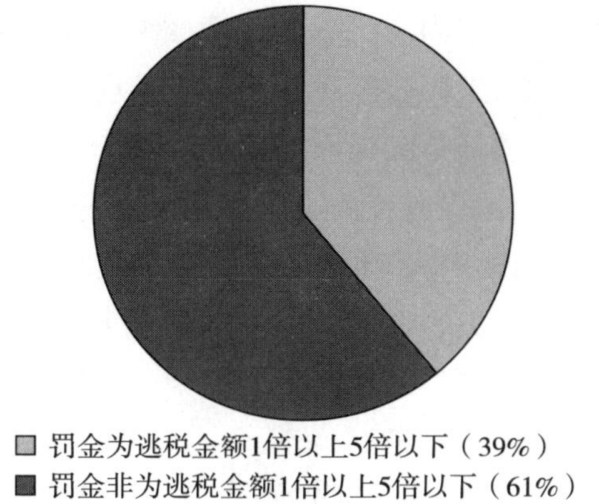


注:罚金非为逃税金额1倍以上5倍以下的数额皆为低于1倍的偷逃应缴税额。

通过上述走私普通货物、物品罪的罚金案例图可知,罚金数额在法律规定的偷逃应缴税额1倍以上5倍以下幅度内作出的判罚占比不到四成,还有六成的罚金数额在偷逃应缴税额1倍以下作出。由此可见,在法律有明确规定罚金数额计算方式的情况下,也是可以突破法条规定的量刑幅度,对罚金的判罚作出从轻处罚。

(3)减轻判处罚金刑判决理由。

通过对广州地区上百份走私普通货物、物品罪判决书的检索,经分析认为,上述罚金在偷逃应缴税额1倍以下作出判罚的主要理由如下:

①被告人或其家属主动向法院退缴全部或大部分非法所得;

②侦查机关查扣被告人的非法所得金额接近或达到偷逃的应缴税额;

③案件属于共同犯罪,各被告人共同承担罚金数额;

④被告人具有认罪认罚、从犯等从轻的量刑情节。

## 三、罚金刑辩护实务技术指引

结合上述的大数据分析,笔者在此提出以下建议。

1. 应当出台更为具体明确的有关罚金刑的法律规定

《刑法》总则第31条规定,单位犯罪的,对单位判处罚金,并对其直接负责的主管人员和其他直接责任人员判处刑罚。该法分则和其他法律另有规定的,依照规定。第52条规定,判处罚金,应当根据犯罪情节决定罚金数额。第53条规定,罚金在判决指定的期限内一次或者分期缴纳。期满不缴纳的,强制缴纳。对于不能全部缴纳罚金的,人民法院在任何时候发现被执行人有可以执行的财产,应当随时追缴。由于遭遇不能抗拒的灾祸等缴纳确实有困难的,经人民法院裁定,可以延期缴纳、酌情减少或者免除。

最高人民法院《关于适用财产刑若干问题的规定》(法释〔2000〕45号)第2条规定:人民法院应当根据犯罪情节,如违法所得数额、造成损失的大小等,并综合考虑犯罪分子缴纳罚金的能力,依法判处罚金。刑法没有明确规定罚金数额标准的,罚金的最低数额不能少于1000元。

对未成年人犯罪应当从轻或者减轻判处罚金,但罚金的最低数额不能少于500元。

以上我国现行法律所规定的罚金数额大多数是粗线条，无限额，在司法实践中这些考量因素太笼统，没有一个统一的量化指标，全靠法官的自由裁量，显然不符合罪刑法定原则，如自由裁量权被滥用，还容易滋生腐败。

2. 判决书应当对判处罚金的理由作出详细论述

法官在判决书中对于罚金的判罚理由也应当加以说明，让被告人及辩护律师明白罚金判罚的法律和事实依据，增强判决书的说理性和权威性。

3. 辩护律师可以开拓罚金刑的辩护业务

首先，罚金刑在刑事案件中被广泛运用，占所有案件的 2/3；法律对罚金的规定又过于笼统，法官对罚金的判罚拥有非常大的自由裁量权（如上述组织、领导传销活动罪在同一地区法院判处的罚金差距可达 1000 倍之多的情形），所以律师的辩护空间也随之变大。

其次，由于无限额类的罚金刑在刑法罪名中大量存在，而无限额类罚金的辩护空间又是罚金刑类罪名中最大的。

最后，即便是法律有规定罚金的计算方式及幅度范围等，但也可以从退赃、共同犯罪、认罪认罚、从犯等方面进行辩护，让法院作出从轻的罚金刑量刑。

# 司法鉴定裁判大数据分析及辩护实务技术指引

鉴定意见作为《刑事诉讼法》规定的证据的一种，对刑事案件的审理及裁判影响巨大，经常起到一锤定音的决定性作用。《刑事诉讼法》修订过程中将“鉴定结论”改为“鉴定意见”，意在减轻鉴定意见在裁判中的分量，让法官减轻对鉴定意见的依赖，但收效甚微。那么刑事判决中含有司法鉴定的比例是多少？含有司法鉴定的案由分布怎样？鉴定意见在裁判文书中采用率如何？辩护律师对鉴定意见提出的异议有哪些？补充鉴定和重新鉴定的比率是多少？鉴定人及专家辅助人出庭比例是多少？我们通过阿尔法大数据检索 2018 年至 2020 年 7 月 14 日共计 2,122,374 份刑事判决书，对司法鉴定的裁判大数据进行如下分析。

## 一、司法鉴定裁判大数据分析

1. 含有司法鉴定的刑事判决比例

笔者通过阿尔法大数据检索 2018 年至 2020 年 7 月 14 日共计 2,122,374 份刑事判决书，其中含有司法鉴定的刑事判决书有 1,359,527 份，占比高达 64.06%，如下图所示。

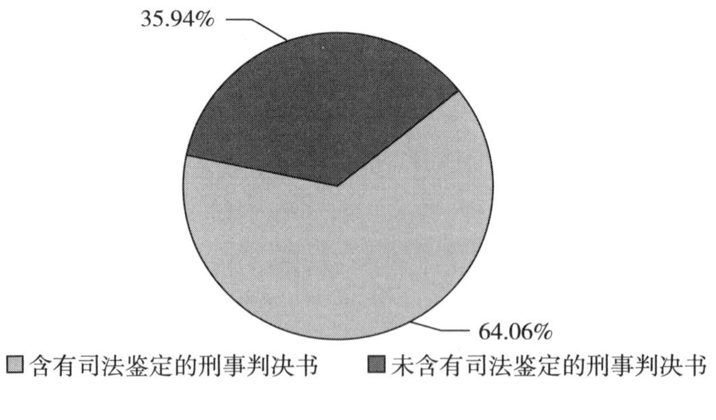

2. 含有司法鉴定案件的案由分布

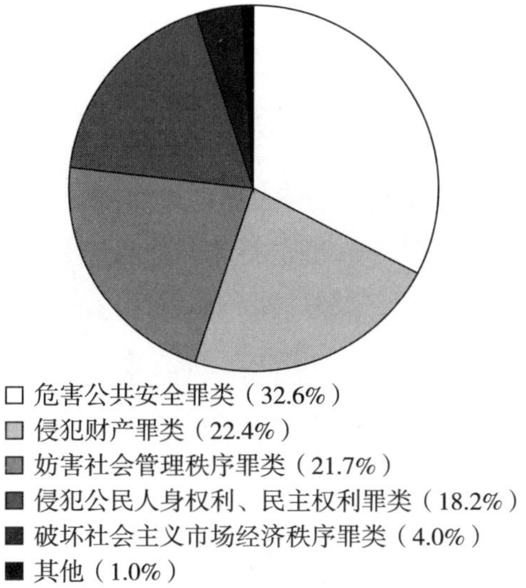


通过阿尔法大数据对含有司法鉴定的 1, 359, 527 份刑事判决书进行检索分析,得出上图。根据该图可知,含有司法鉴定的案件案由分布情况:在危害公共安全罪类(绝大部分是交通肇事和危险驾驶罪)的案件中采用司法鉴定的数量最多,占所有含司法鉴定案件的三成;其次是侵犯财产罪类;妨害社会管理秩序罪类与侵犯公民人身权利、民主权利罪类紧跟其后;破坏社会主义市场经济秩序罪类和剩余的其他案由占比很小,分别为 4.0% 和 1.0% 。

3. 判决书采纳司法鉴定意见的概率

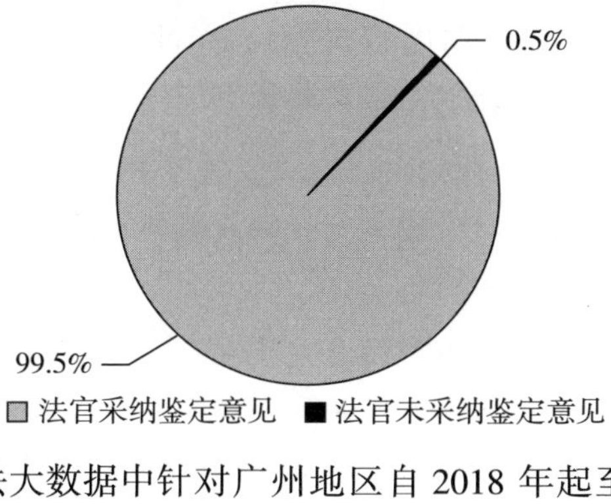


上图系在阿尔法大数据中针对广州地区自 2018 年起至 2020 年 7 月 14 日止,随机筛选的 200 份含有司法鉴定的判决书统计得出。通过上图可知,在含有

司法鉴定的刑事案件中，法院最终采纳司法鉴定意见的概率高达 99.5%，仅有 1 份判决书显示法院是未采纳鉴定意见。

4. 辩护律师对司法鉴定意见提出异议的概率

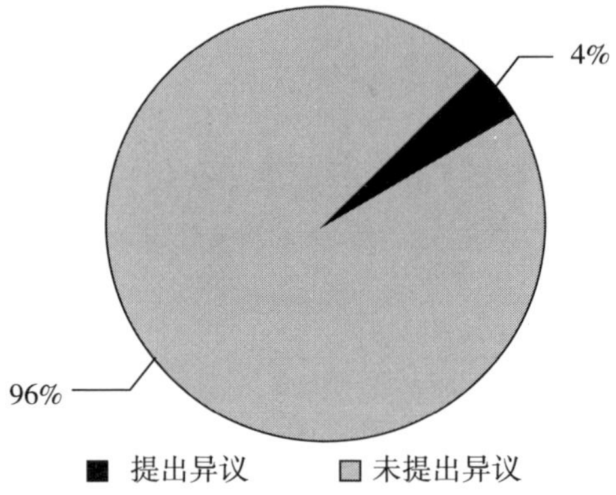


上图系在阿尔法大数据中针对广州地区自 2018 年起至 2020 年 7 月 14 日止，随机筛选的 200 份含有司法鉴定的判决书统计得出。通过上图可知，在含有司法鉴定的刑事案件中，辩护律师针对司法鉴定的鉴定意见提出异议的概率仅为 4%，概率非常低。

辩护律师对鉴定意见的异议主要有下面几种：

（1）鉴定机构不具备法定资质，或者鉴定事项超出该鉴定机构业务范围、技术条件；

（2）鉴定人不具备法定资质，不具有相关专业技术或者职称，或者司法鉴定人执业证过期；

（3）送检材料、样本来源不明，或者因污染不具备鉴定条件；

（4）鉴定对象与送检材料、样本不一致；

（5）没有及时告知鉴定意见；

（6）鉴定过程和方法不符合相关专业的规范要求的；

（7）鉴定文书缺少签名、盖章；

（8）鉴定意见与案件待证事实没有关联性；

（9）鉴定报告不足以排除合理怀疑，不符合刑事证据的唯一性和排他性要求；

（10）鉴定人出庭接受询问，答非所问，语焉不详，回避问题焦点；

(11)鉴定书未附相关材料、无委托手续,鉴定程序不符合司法鉴定程序通则;

(12)经人民法院通知,鉴定人拒不出庭作证的,鉴定意见不得作为定案根据。

5. 补充鉴定及重新鉴定的概率

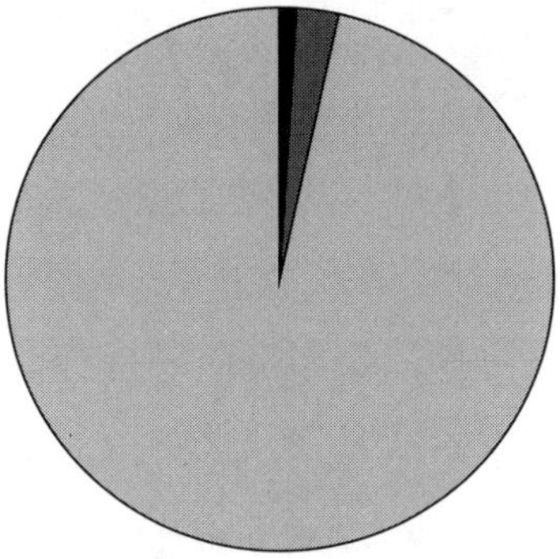


通过阿尔法大数据对含有司法鉴定的 359,527 份刑事判决书进行检索分析,得出上图。根据该图可知,含有补充鉴定的判决书仅有 3613 份,占比仅为1.0%;而重新鉴定的判决书也仅有 8975 份,占比为 2.5%;而未重新鉴定或补充鉴定的判决书占比则为 96.5%。

6. 鉴定人出庭的概率

通过阿尔法大数据对含有司法鉴定的 1,359,527 份刑事判决书进行检索分析,得出下图。根据该图分析可知,含有鉴定人出庭的判决书仅为 513 份。

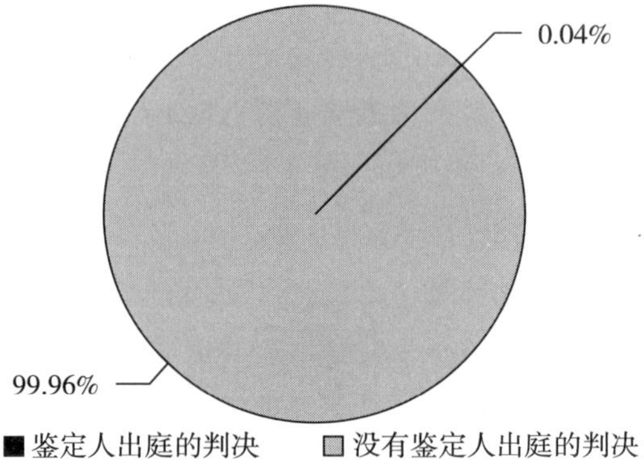


7. 专家辅助人出庭的概率

由于在上述1,359,527份判决书中检索“专家辅助人”关键字眼，得出的数据是仅有49份判决书含有专家辅助人，数量少的无法制作图来呈现。司法实践中，“专家辅助人制度”基本沦为“僵尸条款”。

## 二、辩护实务技术指引

基于上述大数据分析及司法鉴定机构现状，现就完善司法鉴定制度及律师对司法鉴定意见如何辩护提出如下建议。

1. 提高鉴定人准入门槛，完善司法鉴定法律法规。鉴定人准入门槛较低，个别鉴定人素质不高能力有限，严重影响了鉴定意见的规范性和准确性，律师对司法鉴定提出的异议也大多集中于此。目前有两个法律法规规定的鉴定人资格大同小异，门槛均比较低。全国人大常委会《关于司法鉴定管理问题的决定》第4条规定，具备下列条件之一的人员，可以申请登记从事司法鉴定业务：(1)具有与所申请从事的司法鉴定业务相关的高级专业技术职称；(2)具有与所申请从事的司法鉴定业务相关的专业执业资格或者高等院校相关专业本科以上学历，从事相关工作5年以上；(3)具有与所申请从事的司法鉴定业务相关工作10年以上经历，具有较强的专业技能。《司法鉴定人登记管理办法》第12条规定，个人申请从事司法鉴定业务，应当具备下列条件：(1)具有相关的高级专业技术职称；(2)或者具有相关的行业执业资格或者高等院校相关专业本科以上学历，从事相关工作5年以上；(3)申请从事经验鉴定型或者技能鉴定型司法鉴定业务，应当具备相关专业工作10年以上经历和较强的专业技能。尤其是第三个条件，仅规定了从业年限，不要求任何学历和职称，“较强的专业技能”更是很难判断。同时由于地域因素，鉴定人能力参差不齐，发达城市的鉴定人的鉴定水平优于偏远地区的鉴定人。另外，鉴定人取得司法鉴定人执业证后，缺乏对鉴定人的教育培训和监督考核手段，一些司法鉴定人执业证满5年后没有申请延续，原登记机关也没有及时注销，出现个别司法鉴定人“无证上岗”的现象。

上述两个有关司法鉴定的法律法规均是15年前颁布实施的，亟待完善。据了解，目前全国有20多个省、直辖市和自治区制定了关于地方性司法鉴定法规，广东省人大也将制定地方性司法鉴定法规列入规划，期待早日出台。

2. 对司法鉴定意见书辩护的重点应放在降低其证明效力上。在司法实践中，诉讼各方都把目光聚焦在鉴定意见的最后结论上，而不大注重对司法鉴定意见书进行全面的检视。法官更多是依据鉴定意见直接断案，即使律师提出异议也基本不予回应，这正是鉴定意见经常被采纳的原因。在此情况下，辩护律师要把对司法鉴定意见书辩护的重点应放在降低其证明效力上，善于从证据的角度对鉴定意见书全面审视，发表全面的质证意见，对司法鉴定中影响证明效力的瑕疵进行总结，降低司法鉴定意见的证明效力，并建议法官作出留有余地的判决。

3. 辩护律师要大胆申请补充鉴定和重新鉴定，充分利用鉴定人、专家辅助人出庭的制度设计。上述裁判大数据显示，补充鉴定或者重新鉴定的比例很低，鉴定人、专家辅助人出庭的概率更是低的离谱。其实这些程序的主要启动者是辩护律师，律师不提出异议及申请，公诉机关和法院很少会主动启动这些程序。当然，鉴定意见属于专业技术范畴，大多数律师并不具备这方面的专业知识，所以就要充分利用可以申请鉴定人、专家辅助人出庭的法律制度设计，及时申请鉴定人和专家辅助人出庭，对鉴定意见进行询问质证，弥补专业知识方面的不足。

# 单位犯罪裁判大数据分析及实务技术指引

单位犯罪中哪些人容易被追究刑事责任，是董事长还是总经理？抑或法定代表人？股东、副总经理、财务负责人及其他部门负责人被追究刑责的比例是多少？还有单位犯罪的案由分布、判决结果究竟如何？为拉直上述问号，我们对 2019 年"聚法案例"单位犯罪 3533 份判决书中的审判大数据进行统计分析，结果如下。

## 一、单位犯罪裁判大数据分析

1. 法定代表人系最危险的职务，被追究刑事责任的比率高达 80.77%，而财务负责人被追究刑事责任的比率也高于其他部门负责人

在单位犯罪案件中，被追究刑事责任的自然人有单位直接负责的主管人员和其他直接责任人员，具体包括法定代表人、股东、董事长、总经理、财务负责人、其他部门负责人等。据统计，法定代表人被追究刑事责任的比例最高，达 80.77%，排行第一，成为单位犯罪中最危险的自然人。公司股东以及公司其他高管如董事长、总经理，被追究刑事责任的比例也相对较高。相比之下，作为公司中层的部门负责人，被追究刑事责任的比例较低。在部门负责人中，财务负责人被追究刑事责任的比例比其他部门负责人高出 1 倍多，是部门负责人中刑事风险最高的，详见下表。

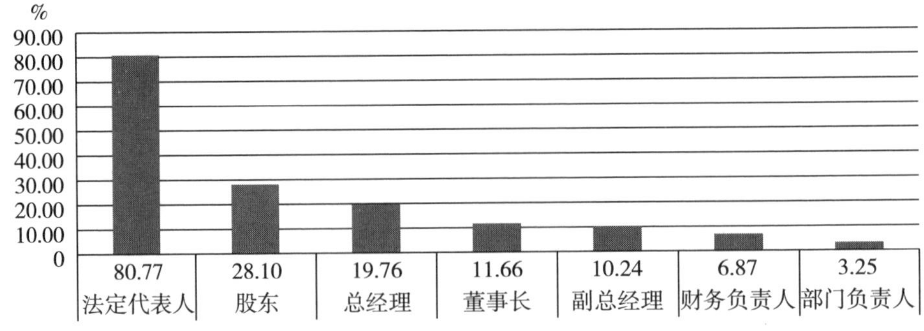

2. 单位犯罪案件主要集中在经济犯罪领域，涉税案件居多

在 2019 年单位犯罪案件的案由分布中，破坏社会主义市场经济秩序罪所占比例最高，占全部案件的 59.7%，主要涉及的罪名有虚开增值税专用发票、用于骗取出口退税、抵扣税款发票罪；非法吸收公众存款罪。排名第二的妨害社会管理秩序罪占比 20.1%，主要涉及的罪名有非法占用农地罪、污染环境罪。排名第三的贪污贿赂罪占比 8.4%，主要涉及的罪名有单位行贿罪。根据单位犯罪的案由分布，可以发现企业的刑事风险主要集中在税务、环保、融资以及政商关系领域。

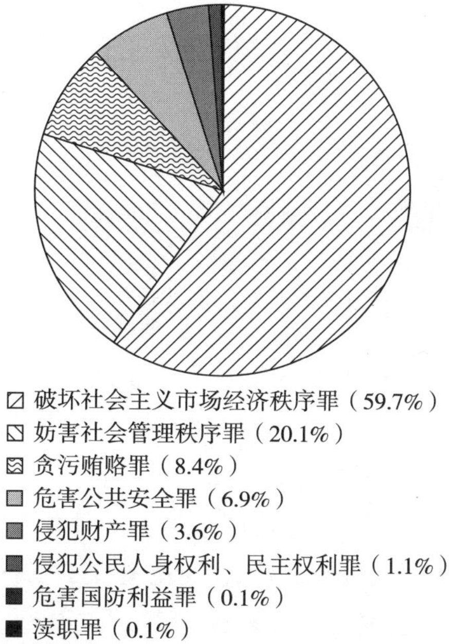


在具体罪名分布中，数量排名第一的罪名是虚开增值税专用发票、用于骗取出口退税、抵扣税款发票罪，占单位犯罪案件总数的 31%。此罪入罪门槛较低，没有真实交易开票、部分真实部分不真实、开大头小尾发票、交易真实但开具发票方与供货方不符等都属虚开。国家对此类案件的打击力度不断增强，监管技术也越来越先进。2019 年 3 月 1 日上线的国家金税三期系统，不仅能更容易识别“阴阳合同”“增大成本减少应纳税额”等会计手法，还实现了税务总局、各级税务机关与其他政府部门的网络互联，使得各政府机关掌握的企业税务信息更加全面。在这一背景下，可以预见涉税刑事案件的数量还会继续攀升。

数量排名第二的罪名是非法占用农地罪，约占单位犯罪案件总数的9%。此罪并非《刑法》中的常见罪名，往往容易被忽略。历史原因，许多企业特别是村镇个体企业在使用农用地时都没办理或者无从办理农用地使用手续，大家对此习以为常，见多不怪。此类案件的发生大多是被人举报，或是侦查机关调查其他罪名时被牵连出来并案侦查，最终法院数罪并罚加重了被告人刑期。

在单位犯罪案件中，案件数量较多的罪名还有单位行贿罪、非法吸收公众存款罪、环境污染罪以及拒不支付劳动报酬罪。这些罪名反映出的企业经营风险，也应引起足够重视。

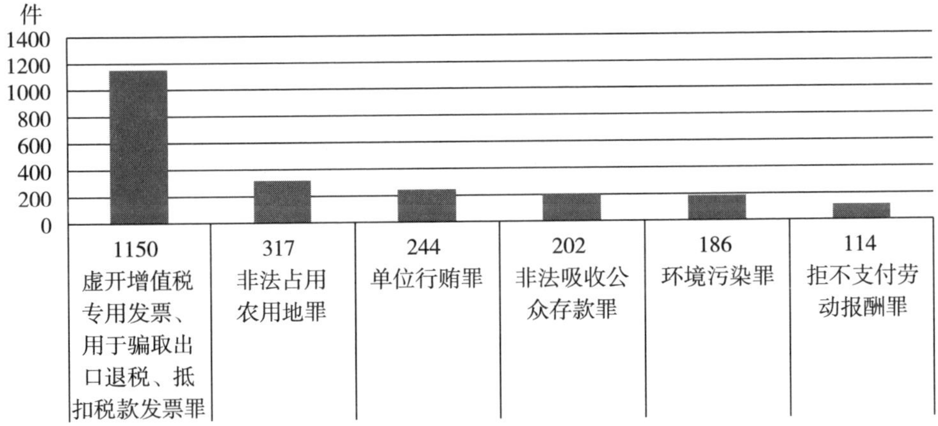


3. P2P平台被刑事立案逐年大幅增加

据不完全统计，2017年，全国电信网络诈骗案件共立案59.6万起，同比下降5.2%，而查处违法犯罪人员5.3万名，同比上升53.09%。2018年全年共有199家P2P平台被立案侦查。

4. 单位犯罪案件自然人取保候审率高，羁押率低

在单位犯罪案件中自然人的羁押率仅为19.1%，这在刑事案件羁押率高居不下的情况下实属难得。之所以出现如此低的羁押率，原因在于在单位犯罪案件中被告人适用缓刑的比例较高，后文将对单位犯罪的判决情况进行介绍。鉴于单位犯罪案件自然人较低的羁押率，在此类案件中要大胆申请取保候审和羁押必要性审查。

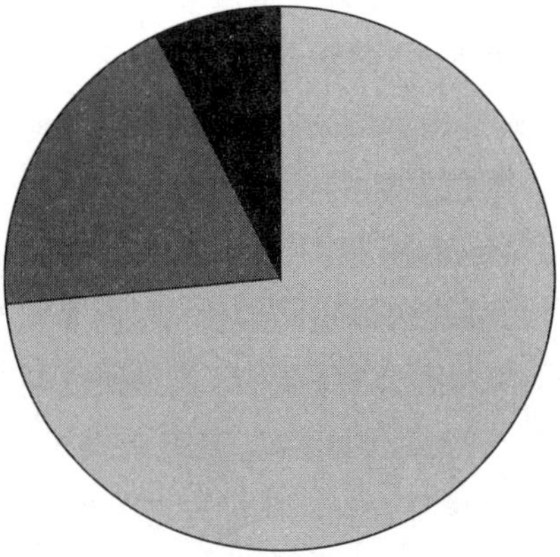

■ 取保候审、部分被告人取保候审（73.5%）
■ 全部被告人羁押（19.1%）
■ 监视居住、部分被告人监视居住（7.4%）

5. 单位犯罪案件自然人缓刑判决比例较高

在同等条件下，单位犯罪中的直接责任人员的量刑明显低于犯相同罪名的自然人，单位犯罪案件的缓刑率高达68.5%，远高于普通刑事案件34.5%的缓刑判决率。在单位犯罪案件中，缓刑辩护的成功率较高，将自然人犯罪辩护向单位犯罪辩护靠拢，是一个重要且有效的罪轻辩护策略。

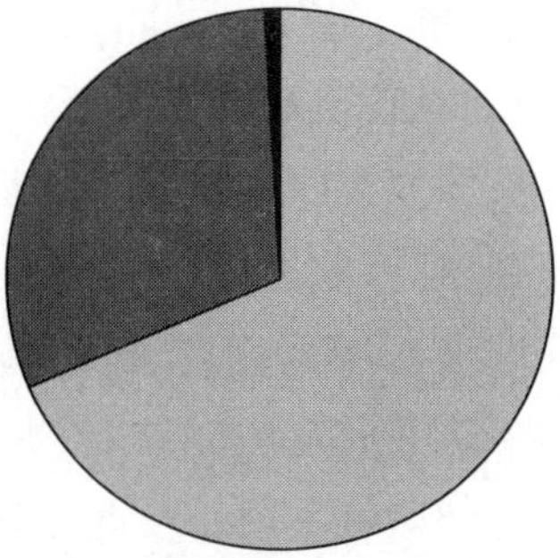

■ 缓刑、部分被告人缓刑（68.5%）
■ 有期徒刑（30.6%）
■ 无罪、部分被告人无罪（0.9%）

## 二、单位犯罪辩护实务技术指引

建立刑事合规体系，争取对民营企业家不起诉。

2020年4月，深圳市龙华区人民检察院印发了《关于对涉民营经济刑事案件实行法益修复考察期的意见(试行)》。其中规定，对移送审查起诉的涉民营经济案件，犯罪嫌疑人有修复受损法益意愿的，由犯罪嫌疑人提出合规整改方案，对被侵害的法益进行修复，并由检察机关在法定审查起诉期间内设置法益修复考察期，在期满之后视情况作出相对不起诉或者提出从轻处罚的建议。2020年9月10日，最高人民检察院在深圳市宝安区主办企业刑事合规与司法环境优化研讨会，该研讨会由最高人民检察院检察理论研究所主办，宝安区委区政府、宝安区人民检察院承办。最高人民检察院党组副书记、常务副检察长童建明出席开幕式并讲话，最高人民检察院检察理论研究所所长谢鹏程主持开幕式，广东省人民检察院检察长林贻影、常务副检察长陈武出席开幕式，深圳市委常委、政法委书记余新国在开幕式上致辞。

2020年9月27日，浙江省岱山县人民检察院印发《涉企案件刑事合规办理规程(试行)》。其中规定，对于认罪认罚的涉罪企业，承诺进行合规整改，在标准化的整改要求完成，并经验收合格后，根据听证会情况，可以在律师见证下由人民检察院与涉罪企业签署认罪认罚具结书，作出不捕、不诉等处理决定。

检察机关在全国试点的刑事合规不起诉制度达到了很好的社会效果，得到社会各界的广泛好评，其巨大的经济、法律和社会效益正在逐步显现。单位犯罪的辩护要紧紧抓住这一契机，分析利害关系：如果法院判处被告人实刑，将被告人收监羁押，会直接导致企业的经营出现危机甚至破产，企业员工将失去工作岗位，极大影响社会的安全稳定，国家税收也将遭受巨额的损失。而如果引入合规不诉及免刑制度，以上一切问题都可迎刃而解，被告单位及被告人乃至被告企业的所有员工将充分感受到人性司法的温度和关怀，涉案单位也会立即进行合规建设，修正错误，弥补漏洞，建章立制，合法经营。

# “拒执罪”裁判大数据及自诉实务技术指引

自2015年最高人民法院《关于审理拒不执行判决、裁定刑事案件适用法律若干问题的解释》(以下简称《审理拒执罪解释》)实施以来,拒不执行判决、裁定罪(以下简称拒执罪)刑事自诉案件的审理数量大幅增加,部分“老赖”被追究刑事责任,有效缓解了执行难的困扰。但刑事自诉仍存在取证难、立案周期长、司法机关互相推诿、有罪判决率低、审判数量区域分布不平衡等问题。

自拒执罪自诉实施以来,法院审理情况如何?具体存在哪些问题?本部分选取了“聚法案例”自2015年1月1日至2019年10月22日有关拒执罪刑事自诉案件的37,113份裁判文书,对案件的审判年份、案件审判数量地域分布、强制措施及撤诉比例、量刑情况进行分析并整理了拒执罪刑事案件的裁判观点,希望能对拒执罪刑事自诉案件的办理有所启发。

## 裁判大数据

### 一、河南省拒执罪裁判文书占全国九成

2015年,全国审理的拒执罪自诉案件的数量仅为79件,到2016年就增长到了3649件。2017年,拒执罪自诉案件的审理数量为29,384件,达到近5年的高峰。2018年拒执罪案件的审理数量为3618件。

进一步观察2017年拒执罪自诉案件的审理数据,可以发现河南省占全国审理数量的97.4%。原因在于,河南省高级人民法院、河南省人民检察院、河南省公安厅于2016年11月5日印发了《关于办理拒不执行判决、裁定刑事案件若干问题的暂行规定》,就法院向公安移送拒不执行判决、裁定情节严重的案件;公安受理拒不执行判决、裁定案件的流程作出了详细规定。该规定发布后,河南省的拒不执行判决、裁定刑事案件审理数量呈现了爆发式增长。

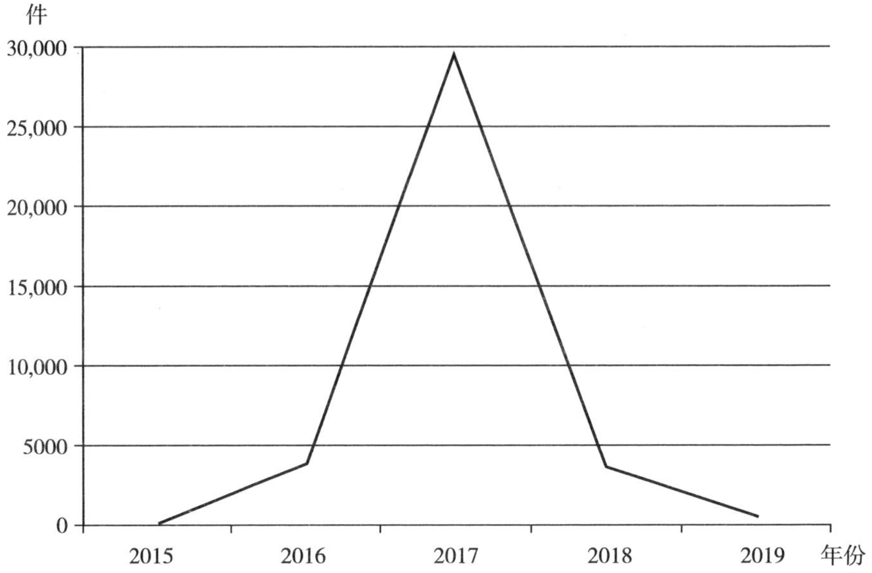
件
30,000
25,000
20,000
15,000
10,000
5000
0
2015
2016
2017
2018
2019
年份

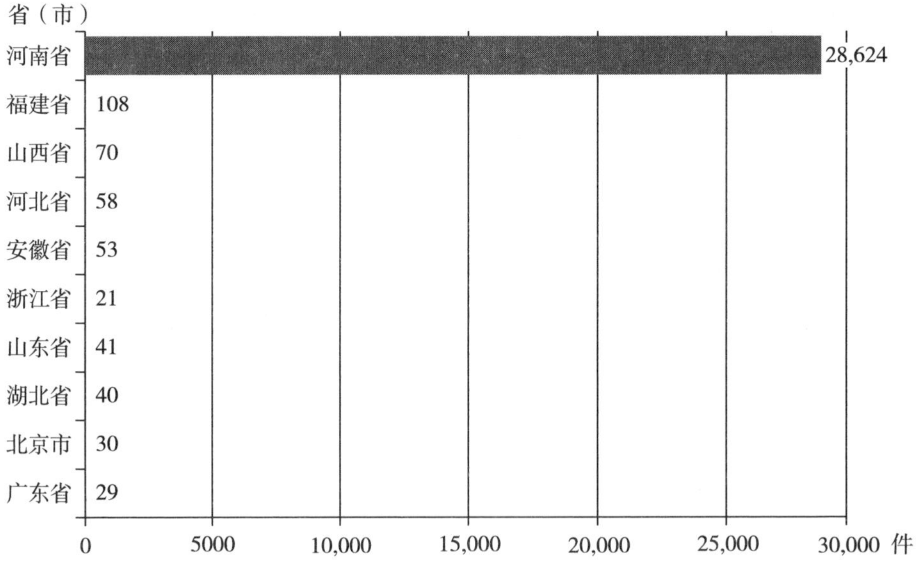
省（市）
河南省
28,624
福建省
108
山西省
70
河北省
58
安徽省
53
浙江省
21
山东省
41
湖北省
40
北京市
30
广东省
29
0
5000
10,000
15,000
20,000
25,000
30,000
件

## 二、自诉案件占比近3/4

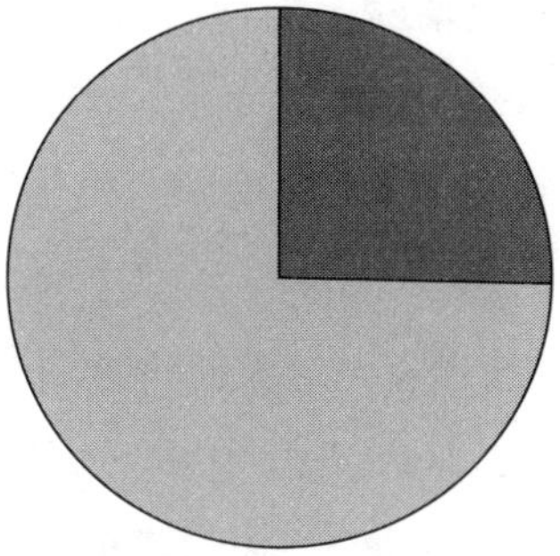

■ 公诉（25.3%）
□ 自诉（74.7%）

如上图所示，自诉已成为启动拒执罪刑事案件的主要方式。以自诉方式启动拒执罪审判程序的优势在于，自诉人能灵活运用《刑事诉讼法》赋予的撤诉权利与被告人协商，促使被告人主动履行判决义务以换取自诉人撤诉，实现多方共赢。因此，在拒执罪刑事自诉的情况下，原判决的履行率非常高。

## 三、裁判文书是否含有“公安机关不予立案的”的比率

通过裁判大数据分析，我们得出了裁判文书中是否标注“公安机关不予立案”理由的占比，详见下图。

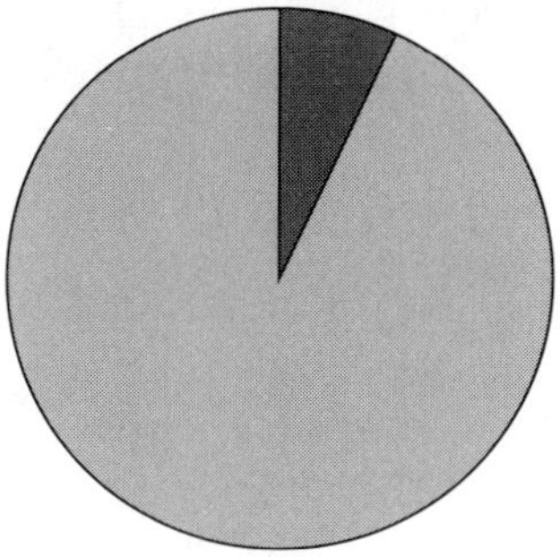

■ 裁判文书注明公安不予立案（7%）
□ 裁判文书中未注明公安不予立案（93%）

如上图所示,裁判文书中未注明公安不予立案的比例超过九成,也反映出法院不再拘泥于要求自诉人必须出示公安不予立案的书面通知才能立案,通常情况下会积极受理符合立案条件的拒执罪自诉案件。相信此后拒执罪自诉案件的数量还会进一步增加,更多申请执行人的权利能得到保障。

## 四、打破高羁押率常态,羁押率仅为 10%

我国刑事案件的羁押率高达 90%,高羁押率已成为常态。与之相反,拒执罪自诉案件的羁押率仅为 10%,与其他案件的高羁押率形成了鲜明对比。拒执罪自诉案件的量刑普遍较低,大多为 3 年以下,能适用缓刑,且在当事人和解后,自诉人撤诉的比例较高。正因为拒执罪刑事自诉案件具有量刑低、撤诉比例高的特点,此类案件才得以出现如此之低的羁押率。

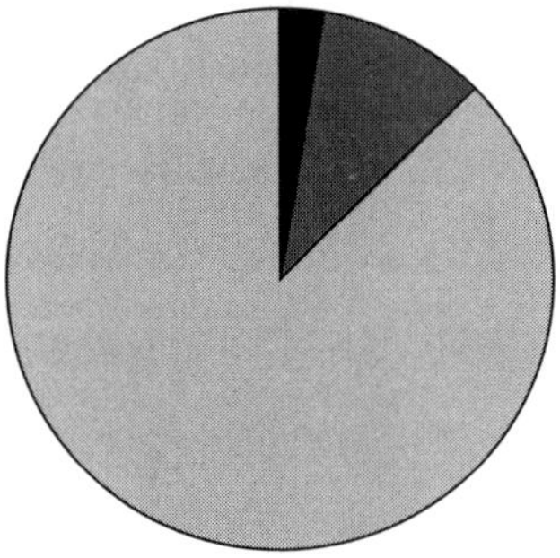

## 五、判决率低，执结率高

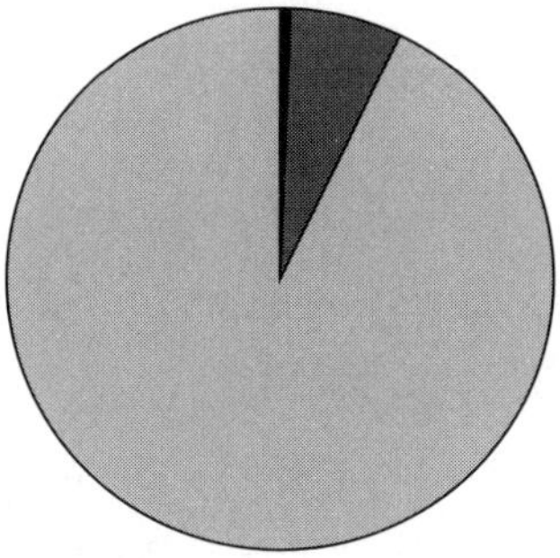


如上图所示，法院裁定准许撤诉、不予受理案件的比例高达92.5%，其中大多为自诉人主动撤回自诉。在拒执罪自诉案件中自诉人撤回自诉的比例较高，说明在承担刑事责任的威慑下，有相当数量的"老赖"愿意主动履行判决义务以换取自诉人撤诉。在自诉人撤诉的情形中，原判决的执行结案率几乎为100%，拒执罪自诉已经成为破解执行难问题的有效手段。

## 六、有罪判决裁判理由

笔者团队检索了数百份拒执罪刑事判决书，据不完全统计，下列行为均可以成为被告构成拒执罪的判决理由：

(1)拒绝报告或者虚假报告财产情况；

(2)未缴纳法院罚款；

(3)违反法院限制高消费令；

(4)名下有车；

(5)名下有房；

(6)在农村建房；

(7)有经营收入；

(8)持有股权;

(9)微信支付宝有高消费记录;

(10)诉讼期间转移财产;

(11)参与赌博并支付赌债;

(12)违反失信被执行人限制措施等。

如果发现被执行人存在上述情形,即可委托律师提起刑事自诉。

## 拒执罪自诉司法困境及突破路径

### 一、法律属性——拒不执行判决、裁定案件属于民行刑交叉复杂疑难案件

首先,案件存在法律事实的竞合。在判决生效前,被告人的行为仅受到民法评价而为民事法律事实;申请执行后,被告人的行为同时受到民法和行政法的评价,既属于民事法律事实又属于行政法律事实;刑事立案后,被告人拒不执行生效裁决的行为又被纳入刑法评价范畴内,继而形成刑事法律事实,从而发生民事法律事实、行政法律事实和刑事法律事实的竞合。

其次,案件存在法律关系的竞合。在判决生效前,只存在原、被告之间的民事法律关系;判决生效申请强制执行后,因法院执行部门的介入,又形成被执行人(被告)与执行主体之间的行政法律关系;刑事立案后,在控罪主体(自诉人)与犯罪主体(被告人)之间又形成刑事法律关系。因此,拒执案件存在民事法律关系、行政法律关系和刑事法律关系的竞合。

最后,案件存在法律责任的竞合。在判决生效前后,被告仅承担民事法律责任;进入执行后,被告除继续向原告承担民事法律责任外,还可能承担被强制执行(查封、扣押)的行政法律责任;刑事立案后,除上述民事法律责任和行政法律责任,被告人还可能承担刑事责任。因此,拒执案件存在民事法律责任、行政法律责任和刑事法律责任的竞合。

综上所述,在拒执案中,被告人仅实施拒不执行判决的行为,但随着法律程序的推进,这一行为被民法、行政法和刑法等不同法律的判断而发生法律事实、法律关系和法律责任的竞合,应当属于复杂疑难的民行刑交叉类案件。

## 二、司法困境——拒执罪自诉的立法缺陷及实践难题

拒执罪自诉在司法实践中的立案率非常低,其原因比较复杂。

第一,《审理拒执罪解释》控告前置程序的立法导致自诉启动困难。《审理拒执罪解释》第3条规定:申请执行人有证据证明同时具有下列情形,人民法院认为符合《刑事诉讼法》第210条第3项规定的,以自诉案件立案审理:

(1)负有执行义务的人拒不执行判决、裁定,侵犯了申请执行人的人身、财产权利,应当依法追究刑事责任的;

(2)申请执行人曾经提出控告,而公安机关或者人民检察院对负有执行义务的人不予追究刑事责任的。

第二,民行刑交叉的法律属性导致司法部门间职责不清。拒执罪自诉在立案时就具有刑行交叉的特点,立案登记备案制目前不适用刑事自诉,自诉时立案庭把握不准,往往会把材料移送刑庭审查。

拒执罪自诉案件涉及民事、行政、刑事等多个法律关系,涉及当事人、法院审判部门、执行部门、公安机关等多个法律主体。法律事实、法律关系和法律责任的竞合,导致不同部门之间职责不清,有时相互推诿。法院立案和执行部门认为无法强制自诉案件被告人到案,公安机关可以上网通缉被告人到案,而公安机关认为执行案件属于法院的工作职责,执行局的权力已经足够大,不愿受理法院的移送或当事人的控告。

## 三、突破路径——拒执罪理论探讨和自诉立案技巧

1.“化公为私”——法院执行局可否直接将拒执案移送法院刑庭,并指引申请人提起刑事自诉。除了对被执行人采取刑事强制措施外,法院执行局和公安机关在查封冻结财产方面的权力并无多大差别,也就是说,拒执罪法院执行局掌握的证据已经足够,并不需要公安动用更多的侦查手段去进行调查取证。拒执罪完全没必要由法院到公安再到检察院再到法院,重新回到原点,兜兜转转浪费宝贵的司法资源。而直接由法院执行局转到法院刑庭更为简洁实用。详见下图。

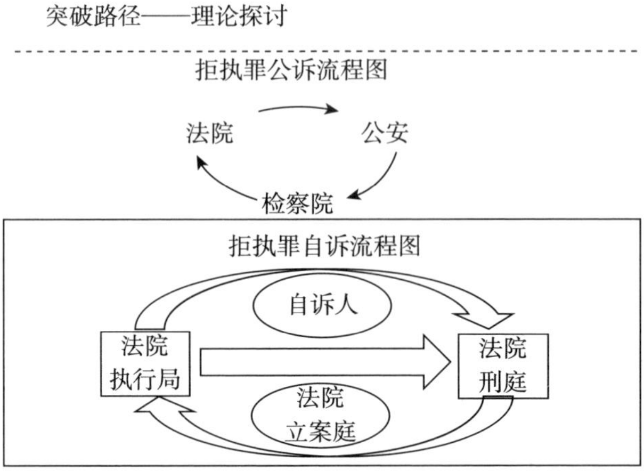


2. 突破“公安机关不予立案”的立法“瓶颈”。一般情况下,申请人去公安机关报案,肯定会提供确实充分的证据,证明被告人有能力却拒不执行,但事实上提供证据越充分,律师就越可能拿不到公安机关不予立案的决定书,道理很简单,证据充分的话公安机关就应当立案追究,他们岂敢渎职而不予立案?这方面可以这么处理,仅提供控告书,暂不提供证据材料,并明确告诉公安,我们是去法院立案,法院要你们提供不予立案证明,仅仅是为了走程序什么的,甚至可以建议公安不予立案的理由为“申请人未提供证据线索”等。

这个问题在立法上已经有了很大的进步。为突破“前置障碍”,2018 年 5 月,最高人民法院下发《关于拒不执行判决、裁定罪自诉案件受理工作有关问题的通知》,明确申请执行人向公安机关控告负有执行义务的人涉嫌拒执罪,公安机关不予接受控告材料或者在接受控告材料后 60 日内不予书面答复,申请执行人有证据证明该拒执罪行为侵犯了其人身、财产权利,应当依法追究刑事责任的,法院可以以自诉案件立案审理。该规定破除了拒执罪的前置障碍,畅通了自诉立案的法律渠道。上述裁判大数据显示,裁判文书中未注明公安机关不予立案的比例高达 93%,也反映出法院拒执罪自诉立案渠道的逐步畅通。

3. 拒执罪自诉具有巨大的法律服务市场,刑事律师可在此领域深耕出很好的经济效益。

第一,执结不了的案件数量庞大。每个律师手头上都会有不少未执结或被“强制”终结的执行案件。

第二,有支付能力的失信被执行人人数众多。在失信被执行人中有支付能力的占相当大的比例，在刑事自诉立案后大多能立即支付执行款就很能说明问题。

第三，自诉具有巨大的法律服务市场。上述裁判大数据分析显示，12 种行为都可以成为被告人构成拒执罪的判决理由，法律服务市场巨大。

第四，刑事律师可在此领域深耕出很好的经济效益。申请执行人对此类案件已经失去信心，打了几年官司拿到手的是一张法律白条，对拿回财产的希望很大程度上已经转变为对“老赖”的愤怒，有的甚至称欠的钱不要都可以，只要能让“老赖”坐牢就行。在这种情况下律师收益的空间非常大，而且自诉成功立案后的收益基本上是可以保障的。

# 刑事二审裁判大数据分析及辩护实务技术指引

本部分选取了威科先行从 2018 年 1 月 1 日到 2022 年 12 月 31 日的 441,149 份公开的刑事二审裁判文书，对刑事二审案件裁判大数据进行分析并结合二审辩护的一些做法总结出二审辩护的几点实务技术，希望能对读者有所启发。

## 一、刑事二审裁判大数据分析

### （一）刑事案件的上诉率较低，仅为 11.98%

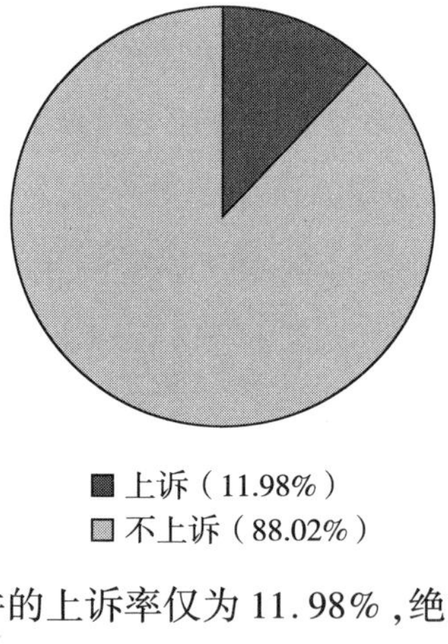


大数据显示，刑事案件的上诉率仅为 11.98%，绝大部分案件的被告人都没有选择上诉。上诉率低的原因主要在于认罪认罚从宽制度的普遍实施，最高人民检察院发布的 2021 年全国检察机关主要办案数据显示，在已办理的审查起诉案件中，适用认罪认罚从宽制度审结人数占同期审结人数的 85% 以上；对检察机关提出的量刑建议，法院采纳数占同期提出量刑建议数的 97% 以上。也就是说，大部分刑事案件的被告人都认罪认罚并且服判息诉。

(二)抗诉案件仅占全部二审案件的6.33%

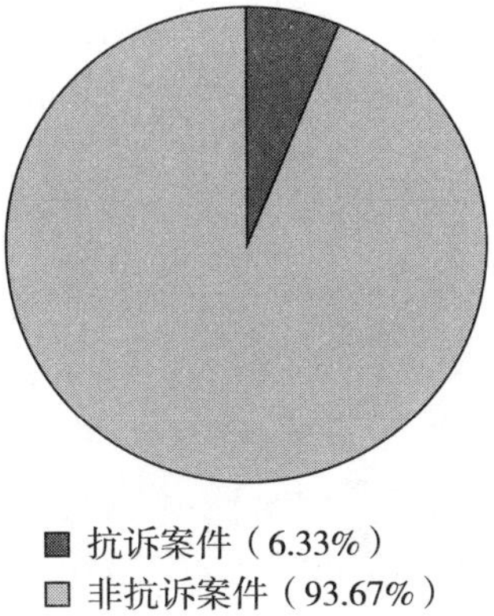


在刑事二审案件中,抗诉案件占比很低,仅为6.33%,这也说明大部分刑事案件的启动方式为被告人上诉。

(三)上诉人撤回上诉的比例高达20%以上

在刑事二审案件中上诉人撤回上诉的比例常年超出20%,在2022年更是高达29.8%,而在二审法院准许撤诉的裁定中,往往都是千篇一律的“本院认为,原判认定事实清楚,适用法律正确,量刑适当。审判程序合法。上诉人撤回上诉的请求,符合法律规定,应予准许”,在裁判文书中无法看出撤诉的具体理由。

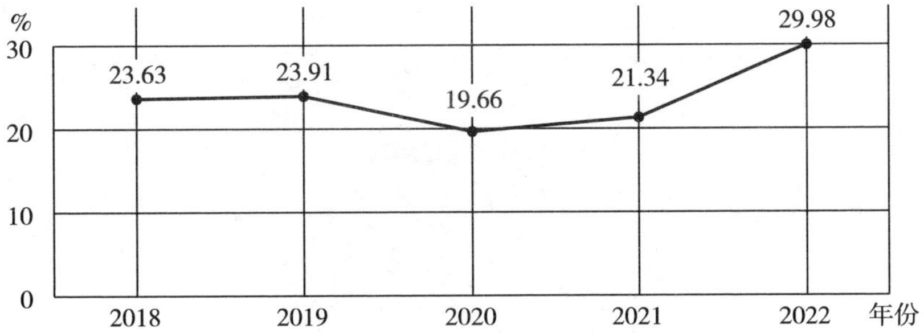

（四）刑事二审案件的审理法院多为中级人民法院

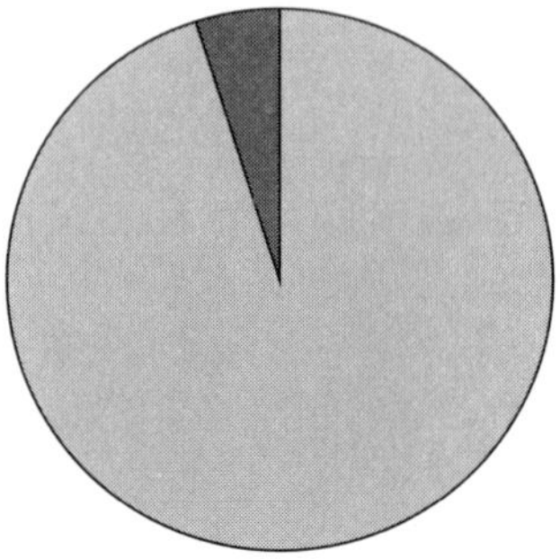


绝大部分一审刑事案件由基层人民法院审理，只有危害国家安全、恐怖活动案件和可能判处无期徒刑、死刑的一审刑事案件才由中级人民法院审理，所以绝大部分刑事二审案件都是由中级人民法院审理。

（五）刑事二审开庭率仅为 37%，开庭审理的案件中诈骗罪、故意伤害罪所占的比例较高

刑事二审开庭审理率低的原因很大程度在于法律规定不明确。《刑事诉讼法》第 234 条规定了 4 种二审应当开庭审理的情形，分别为：(1) 被告人、自诉人及其法定代理人对第一审认定的事实、证据提出异议，可能影响定罪量刑的上诉案件；(2) 被告人被判处死刑的上诉案件；(3) 人民检察院抗诉的案件；(4) 其他应当开庭审理的案件。其中，情形 1 规定的"可能影响定罪量刑"范围并不具体，赋予了经办法官很大的自由裁量权，在司法实践中产生了许多争议。

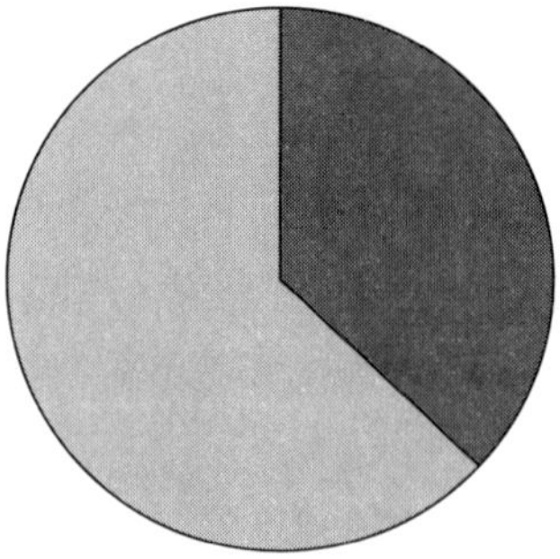

需要说明的是，二审开庭审理的比例各地差异较大，具有明显的地域特征，比如广东开庭审理率比较低，湖南、浙江开庭审理率比较高。

另外，在二审开庭审理的案件中，数量排名前五的罪名分别为诈骗罪，故意伤害罪，盗窃罪，走私、贩卖、运输、制造毒品罪，寻衅滋事罪。排名前4的罪名都是重罪，最高法定刑可以判处无期徒刑甚至死刑，排名第5的寻衅滋事罪则是"口袋罪"，在有些情况下罪与非罪的争议较大，详见下图。

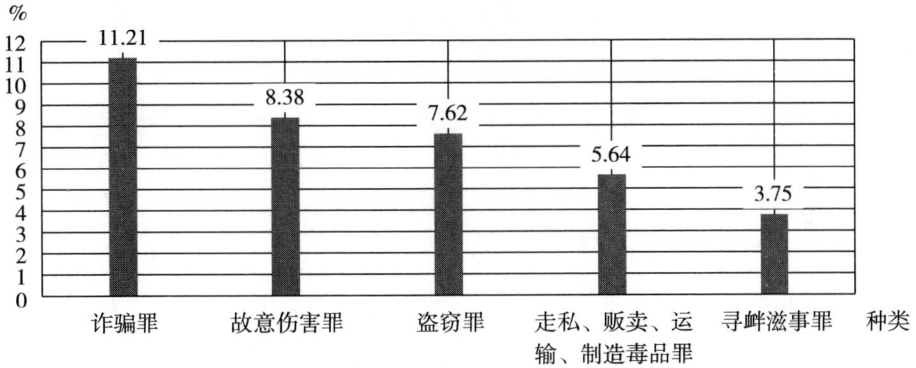


（六）刑事二审发回重审的比例约为10%，事实不清、证据不足和违反法定程序是发回重审的原因，诈骗罪、故意伤害罪发回比例较高

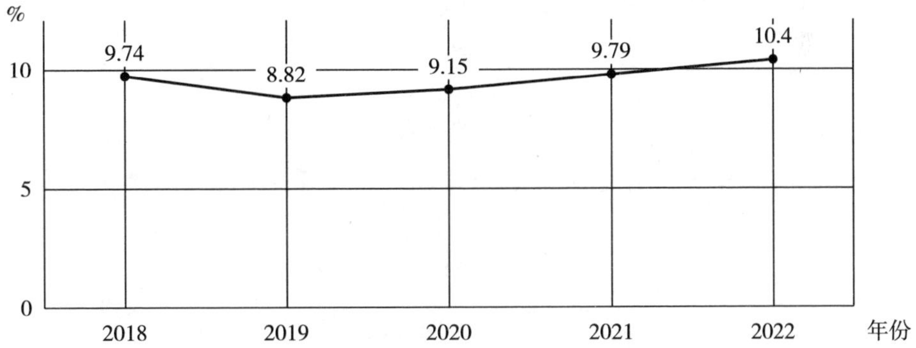


上图显示，2018年至2022年，刑事二审案件的发回重审率在8.82%至10.4%之间徘徊。

在二审发回重审理由中，事实不清、证据不足的占57.43%，违反法定程序的占42.57%，详见下图。

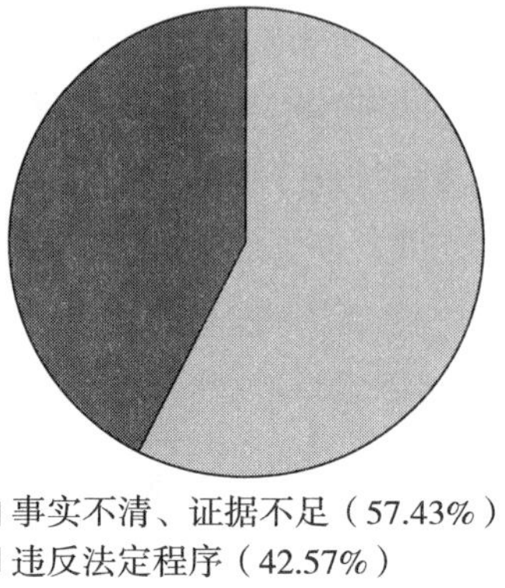


另外，诈骗罪、故意伤害罪发回比例较高。发回重审案件数量最多的罪名依次为诈骗罪、故意伤害罪、交通肇事罪、盗窃罪、危险驾驶罪，其中，诈骗、盗窃案件中的非法占有目的、数额，故意伤害、交通肇事、危险驾驶案件中的鉴定意见是二审法院审查的重点，详见下图。

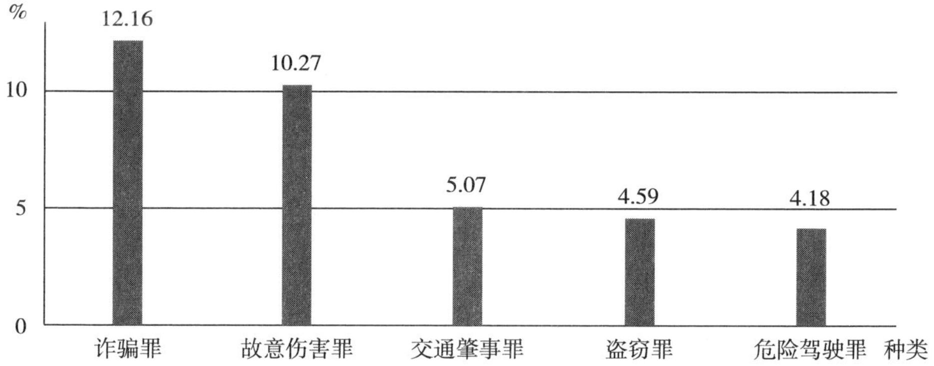


（七）刑事二审改判率约为10%，事实认定错误是最重要的改判理由

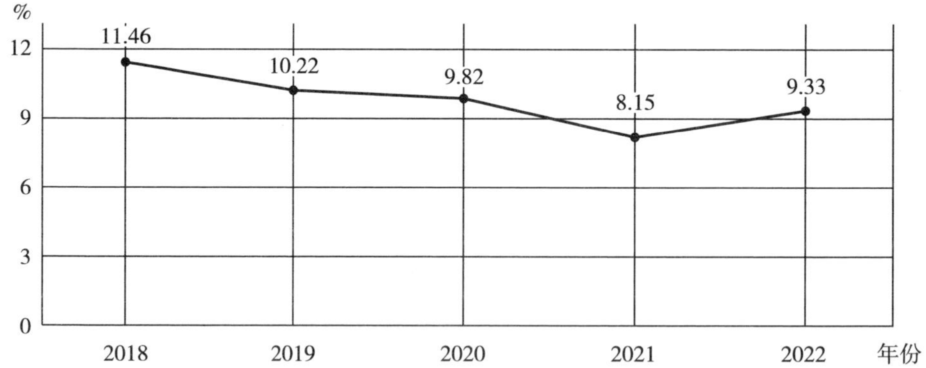

2018 年至 2022 年,刑事二审案件的改判率在 8.15% 至 11.46% 之间徘徊。

二审改判的理由,占比最高的是事实认定错误,事实问题也是二审发回重审的主要理由,详见下图。

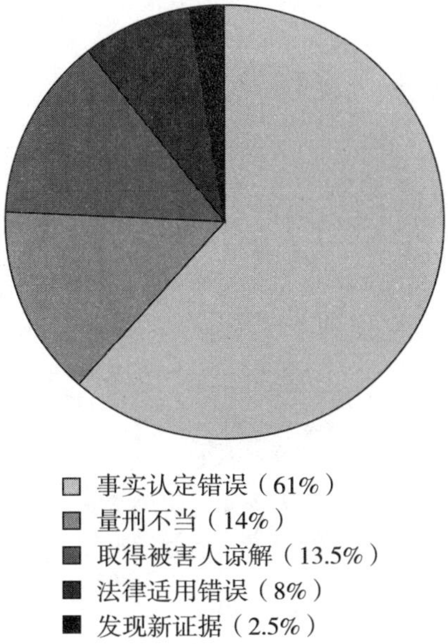


另外,改判案件数量最多的罪名依次为故意伤害罪、诈骗罪、交通肇事罪、盗窃罪、危险驾驶罪,详见下图。

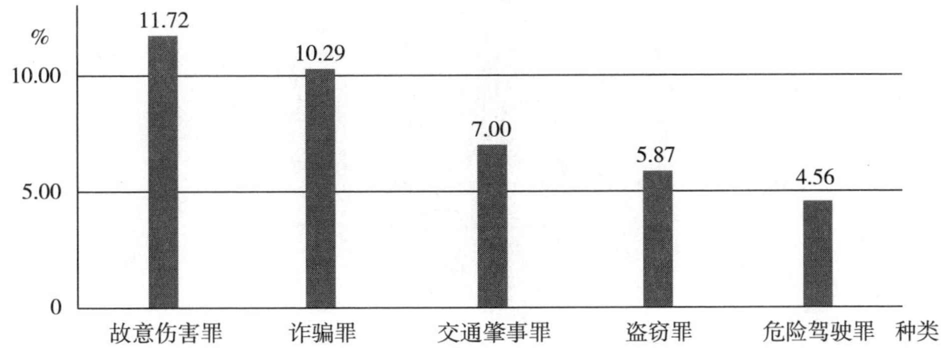

(八)二审采纳抗诉意见的比例仅占24.75%,抗诉案件中检察院撤回抗诉、二审维持原判的比例超过50%

大数据显示,抗诉案件中检察院撤回抗诉的比例为25.57%,法院维持原判的比例为28.73%,二者合计54.3%,详见下图。

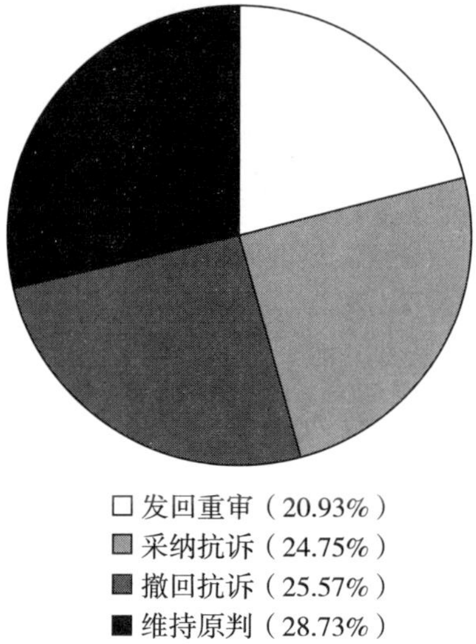


(九)近九成的刑事二审案件在3个月内审理完毕

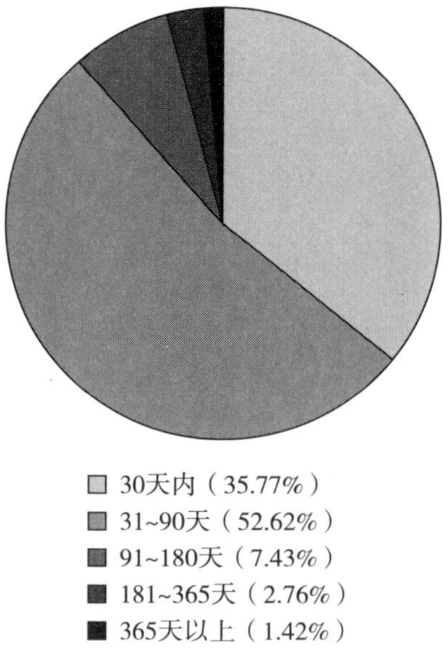

综合《刑事诉讼法》和《人民检察院刑事诉讼规则》的相关规定，刑事二审的一般审限为 2 个月；如果二审检察院需要阅卷，审限最多可以增加 3 个月；符合延长条件的，审限可以再增加 2 个月；如果需要补充侦查，最多可以补充侦查 2 次，补充侦查期和审限最多可以增加 10 个月；在特殊情况下，还可以报最高人民法院延长审限。理论上二审的最长期限可以达到 17 个月甚至更长。大数据显示，88.39% 的二审案件均在 3 个月内审结，仅有少部分案件需要补充侦查、额外延期。

（十）近半数的刑事二审案件没有律师辩护

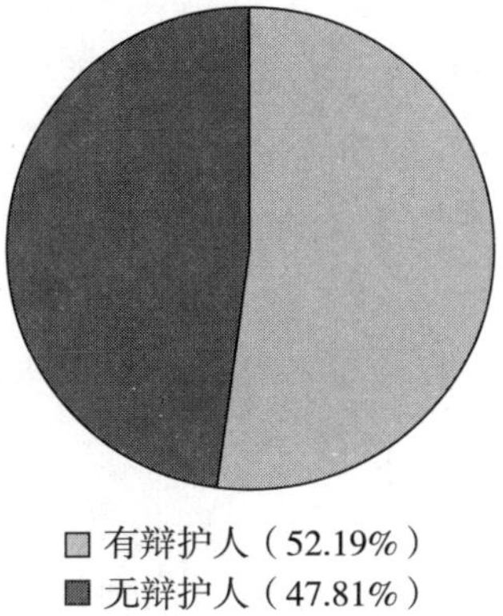


在刑事二审案件中，被告人没有委托辩护人的比例竟然高达 47.81%，在改判难度本就较大的情况下还没有律师辩护，很难有好的结果。

## 二、刑事二审辩护实务技术指引

（一）千方百计促成二审开庭

二审开庭审理对查明事实并正确适用法律至关重要，大数据显示，开庭案件的发改率明显高于不开庭案件，所以要千方百计促成二审开庭。

随着认罪认罚制度的全面落实，上诉和抗诉案件逐年减少，大数据显示上诉率和抗诉率两项相加仅有 18% 左右，减去上诉抗诉叠加案件的话比例会更低，中级人民法院刑事二审案件的数量逐年降低，加之视频技术等科技的进步，二审开庭的条件日臻成熟，是立法改变刑事二审不开庭现状的时候了。其实早在 2018 年，浙江省高级人民法院就率先发布《关于提高刑事二审案件开庭率的规定(试行)》,对《刑事诉讼法》第234条的“可能影响定罪量刑的上诉案件”和“其他应当开庭审理的案件”进行了细化。上述规定第3条规定:被告人、自诉人及其法定代理人对第一审认定的事实、证据提出异议,具有下述情形之一的,属于《刑事诉讼法》第234条规定的“可能影响定罪量刑的上诉案件”,应当开庭审理:(1)被告人提出无罪辩护意见,且原判事实不清、证据不足,通过开庭可以查清事实、补足证据的;(2)原判采纳未经庭审质证的证据,且该证据影响被告人量刑的;(3)二审期间出现新证据,确有必要进行庭审质证查明的。第4条规定:案件具有以下情形之一的,属于《刑事诉讼法》第234条规定的“其他应当开庭审理的案件”,应当开庭审理:(1)在当地或全省范围内具有重大影响且定性疑难的案件;(2)具有典型教育意义的案件。近年来浙江司法改革走在前列,浙江省高级人民法院的做法值得称赞,希望能在全国尽快推广。

(二)不开庭时不要轻易提交二审辩护词,要求当面听取辩护律师的辩护意见

确定不开庭的二审案件,法官助理往往会要求辩护律师提交书面的辩护词,我们的做法是,不要轻易提交二审辩护词,反而可以此为条件,要求法官当面听取辩护律师的辩护意见。

2021年2月5日最高人民检察院发布的律师侯某某申请发表意见权监督案司法案例,为上述做法提供了效力级别为“司法解释性质文件”的法律依据,该案例认为,二审上诉案件决定不开庭审理的,应当依法听取辩护律师意见,这是法定必经程序。针对辩护律师上诉时已提交书面意见,在二审决定不开庭审理后不再听取辩护律师意见等限制或剥夺律师发表意见权的,属于程序违法,人民检察院应当监督纠正。

这里有一个问题,那就是递交辩护词后算不算法官书面听取了辩护律师的意见,在司法实践中二审法院要求律师提交辩护词后极少有面对面再次听取律师意见的,但不递交辩护词,避免“书面听取”和“当面听取”的文字歧义,一般的法官是不敢轻易下判决书的。

(三)不开庭审理要及时会见被告人对其进行提审辅导

《刑事诉讼法》第234条第2款规定,第二审人民法院决定不开庭审理的,应当讯问被告人,听取其他当事人、辩护人、诉讼代理人的意见。

该规定除了要求法官要听取辩护人的辩护意见外还应当讯问被告人,这相

当于开庭时被告人进行的自我辩护，极为重要，辩护律师要赶在法官提审被告人之前及时会见被告人，对其如何接受法官的提审进行技术培训和辅导。

（四）创造、发掘新的改判理由

前述大数据显示改判理由有，事实认定错误，量刑不当，取得被害人谅解，法律适用错误，发现新证据等，其中取得被害人谅解和发现新证据应该是创造和发掘出来的新的从轻情节和改判理由，而且两项相加的比率达16%，这说明取得被害人谅解以及发现新的证据对二审改判有非常重要的作用。一审没有认罪的要坦白认罪，一审没有赔偿的，要动员上诉人及其亲属积极对被害人进行赔偿，取得被害人谅解，增加二审改判的法律基础和事实依据。

（五）用类案检索证明一审量刑过重

为统一法律适用，提升司法公信力，2020年7月，最高人民法院《关于统一法律适用加强类案检索的指导意见（试行）》（法发〔2020〕24号）要求法官在审理复杂疑难的类案时，应当进行类案检索，防止同案不同判现象的发生。在此情况下，认为一审量刑过重时辩护律师应当主动作为，进行类案检索。受理过的一个销售假冒注册商标商品案件，一审量刑过重，二审时我们进行了大量的类案搜索，列表提供了几十个类似的轻判判决，为二审改判提供了类案比较的量化依据。

（六）将程序违法作为发回重审的辩护重点

大数据显示，事实不清、证据不足和程序违法是发回重审的主要理由，论述如何针对事实不清、证据不足进行辩护的文章很多了，这里主要讲讲程序违法的问题。经大数据分析研究，下列情形都可以成为发回重审的理由，二审辩护可予以借鉴：

（1）在对检察机关提供的证据举证、质证时未通知各被告人的辩护人到庭参与庭审；

（2）申请合议庭全体成员回避，原审合议庭评议后，当庭驳回其回避申请；

（3）起诉书指控的罪名与审理认定的罪名不一致，判决前未听取控辩双方的意见，也未重新开庭；

（4）在庭审过程中更换审判人员未参与全案审理；

（5）在法庭调查中没有告知被告人的相关诉讼权利；

（6）有院长参加审判案件的情况下，院长没有担任审判长；

(7)应当适用7人合议庭审理而没适用;

(8)刑事部分与附带民事部分未由同一审判组织审理;

(9)被告单位的诉讼代表人未到庭参加诉讼;

(10)公诉机关仅派不具有公诉人身份的检察官助理出庭并举证;

(11)公诉机关在审查起诉阶段,在律师未在场的情况下与被告人签订认罪认罚具结书。

(七)重视财产刑的二审辩护

财产刑的辩护一直没得到重视,无论是检察机关的审查起诉,还是律师的辩护以及法院的审理都很少涉及,罚金等财产刑的判决基本上是由合议庭径直作出的,导致财产刑的判决出现不少问题。比如,一非法吸收公众存款的被告人被判刑2年,缓刑3年,并处罚金20余万元,责令退赔全部投资人的损失4000余万元。判决书显示,被告人参与非吸按提成比例仅获利几十万元,非吸的绝大部分资金都上交给了其他被告人。被告人认为,自己退赔提成获利的部分理所应当,但不应当单独承担所有的退赔责任,另案处理的被告人应当退赔上交的部分。

再如,一审判决将与案件没有任何关联、被告人另行注册的公司认定为犯罪工具,将其名下账户内的300多万元资金及孳息作为违法所得予以没收(公司被认定为犯罪工具十分罕见,没收资金明显不妥)。一审判决中还存在罚金过高,没收财产不当等问题。

实践中,不少上诉人对财产刑的判罚极为不满,有的认为宁愿多坐几年牢也不愿背负一辈子都还不了的债务,二审辩护应当重视财产刑的辩护,依照法律规定准确界定非法所得、罚金、没收财产及退赔的界限,争取降低判罚金额,维护上诉人的经济权益。

(八)律师参与二审辩护的空间很大

大数据显示的近一半二审案件没有辩护律师是让人没有想到的,这恐怕也是开庭率、发改率低的原因之一,二审案件大多数不开庭,没有辩护律师的话基本上是不会有任何作用的。早在2017年10月11日,最高人民法院、司法部就联合出台了《关于开展刑事案件律师辩护全覆盖试点工作的办法》(司发通〔2017〕106号)。2022年10月12日最高人民法院、最高人民检察院、公安部、司法部再次联合出台《关于进一步深化刑事案件律师辩护全覆盖试点工作的意见》(司发通〔2022〕49 号),该办法和意见均规定有详细的法律援助制度,上诉人没有能力聘请律师可以向当地的法律援助机构申请法律援助,尽可能让专业的律师介入二审辩护,最大限度维护自己的合法权益。

# 刑事申诉、再审裁判大数据分析及实务技术指引

为维护司法权威和生效裁判的稳定性，法院对刑事申诉案件的审查极为慎重，刑事申诉及再审难度非常大。那么刑事申诉及再审究竟有多难？启动刑事再审的理由主要是哪些？刑事再审案件的审级和判决情况如何？为解答上述疑问，我们对“聚法案例”中2015～2019年的47,899份刑事再审法律文书进行统计分析，结果如下。

## 一、刑事申诉、再审裁判大数据分析

1. 申诉案件数量逐年增加，进入再审案件数量逐年下降

刑事申诉是当事人启动再审程序的唯一途径。近年来，随着刑事案件的大量增加和人民群众的刑事法律意识不断增强，刑事申诉案件的数量逐年增加。如下图所示，2015～2019年的刑事申诉案件的数量呈逐年上升趋势，其中2017年比2015年的刑事申诉案件增长3倍多，近3年一直在每年8000～9000件的高位运行，2019年更是达到近万件的历史新高。

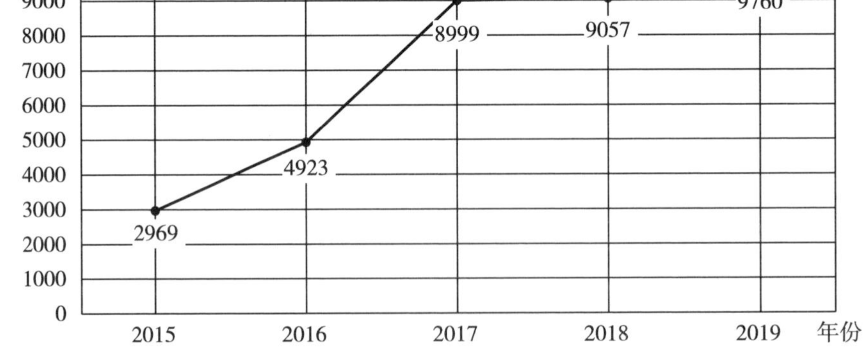

与申诉案件数量逐年上升相反,申诉案件启动再审的成功率却逐年下降。如下图所示,2015 年和 2016 年再审率为 10% 左右,2018 年、2019 年则不到 7% 。

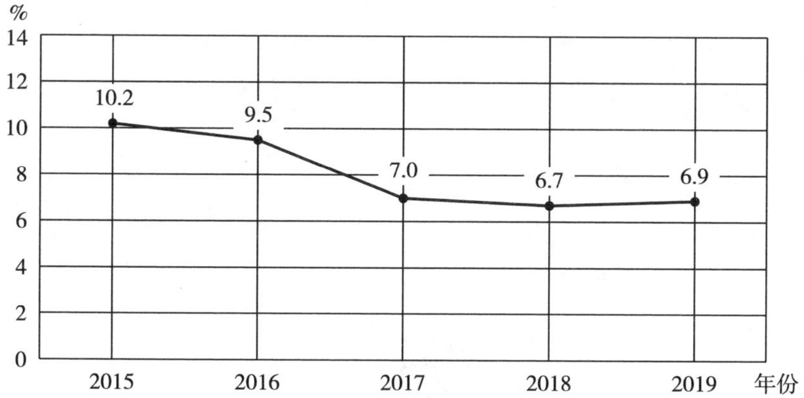


2. 刑事再审案件审理数量呈上升趋势

在申诉案件数量逐年增长的情况下,虽然启动再审的成功率在降低,但启动再审案件的绝对数量却依然在稳步提升,更多申诉人的权益得到了维护。与上图提到刑事申诉案件数量逐年增加的结论相对应,2015 ~ 2019 年刑事再审案件的数量不断增加,具体详见下图。

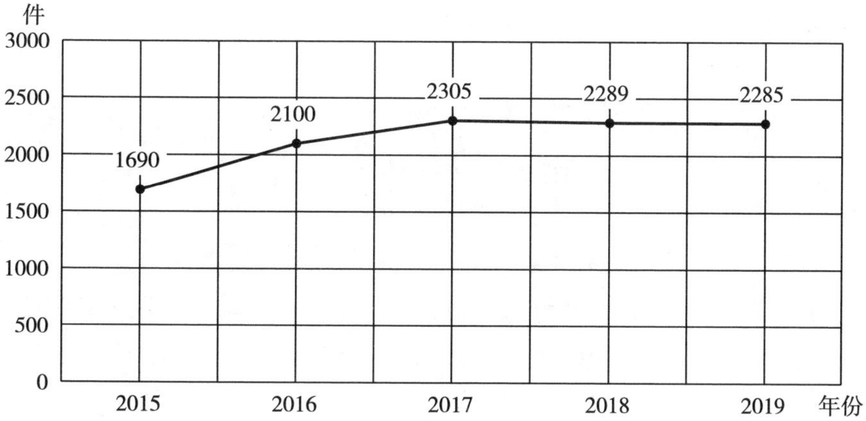


3. 在五种刑事再审情形中,适用法律错误占比最高

《刑事诉讼法》第 253 条规定,应当再审的情形有以下五种:

(1)有新的证据证明原判决、裁定认定的事实确有错误,可能影响定罪量

刑的；

(2)据以定罪量刑的证据不确实、不充分、依法应当予以排除，或者证明案件事实的主要证据之间存在矛盾的；

(3)原判决、裁定适用法律确有错误的；

(4)违反法律规定的诉讼程序，可能影响公正审判的；

(5)审判人员在审理该案件的时候，有贪污受贿，徇私舞弊，枉法裁判行为的。

经大数据分析得知，在应当启动再审的上述五种情形中，适用法律错误的占比最高，占比最高的前四类都属于事实、法律方面的问题，因程序违法而启动再审的比例较低，如下图所示。

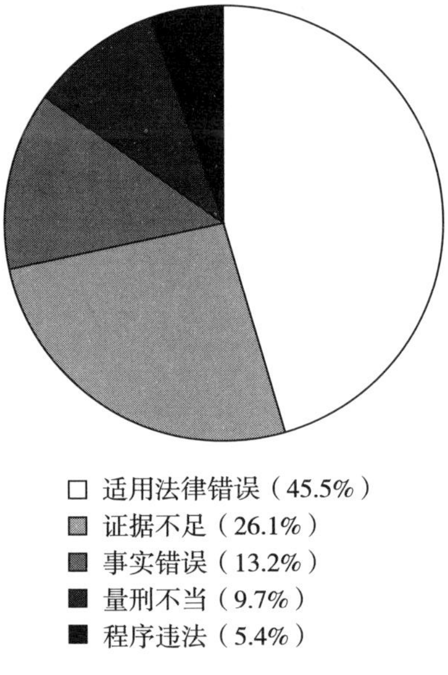


4. 刑事再审案件主要由基层人民法院、中级人民法院审理

刑事再审可由终审法院启动，也可由上级法院启动，上级法院启动再审后可以提审或指令下级法院重审。通过分析可以发现如下图所示的审级比例：刑事再审案件主要由基层人民法院和中级人民法院审理，而再审审查的案件多为中级或以下人民法院终审，刑事再审案件由上级法院提审的比例较低。

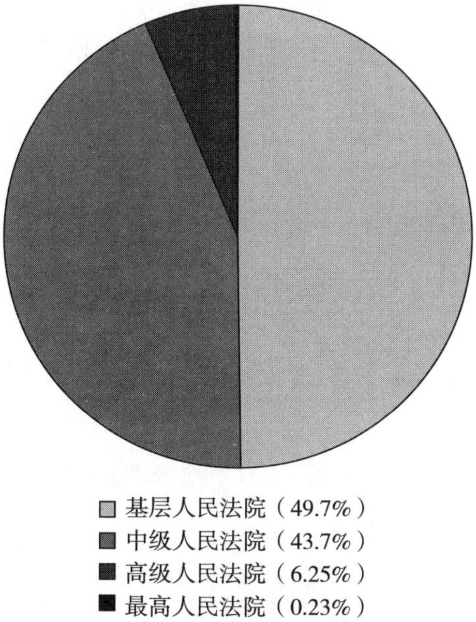


5. 刑事再审案件开庭审理的比例高达 84.7%

最高人民法院《关于刑事再审案件开庭审理程序的具体规定》(法释〔2001〕31 号)对于再审案件是否应开庭作出了如下规定:

第 5 条规定,人民法院审理下列再审案件,应当依法开庭审理:(1)依照第一审程序审理的;(2)依照第二审程序需要对事实或者证据进行审理的;(3)人民检察院按照审判监督程序提出抗诉的;(4)可能对原审被告人(原审上诉人)加重刑罚的;(5)有其他应当开庭审理情形的。

经大数据分析,刑事再审案件开庭审理的比例高达 84.7%,比刑事案件二审开庭率高很多,如下图所示。

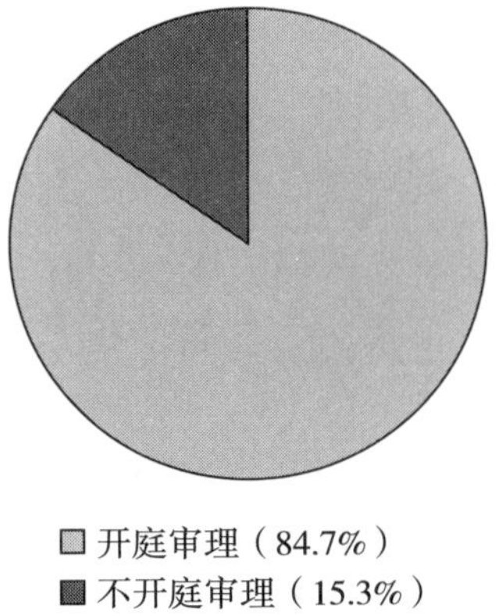


6. 刑事再审案件改判率高,无罪率远高于一、二审案件

如下图所示,在再审程序中案件全部或部分改判的比例为88.3%,维持原判的比例非常低。在再审程序中作出无罪判决的比例为1.6%,远高于一、二审判决约5‰的无罪判决率。

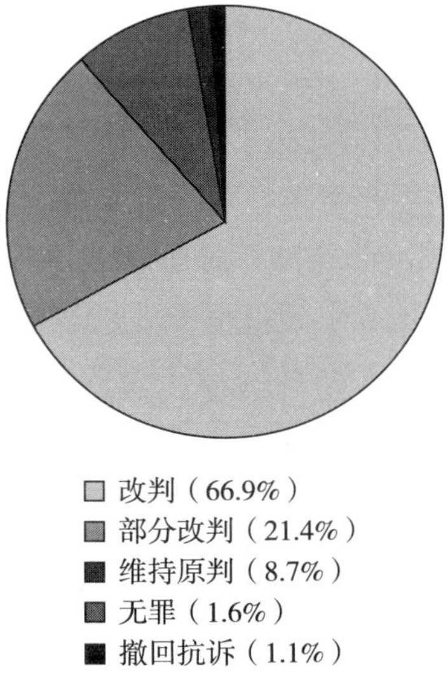


## 二、刑事申诉及再审实务技术指引

1. 再审撤诉、无罪、改判和部分改判率达到91%,要坚定申诉信心

据新华社报道,党的十八大以来,全国法院依法办理各类审判监督案件178

万件、刑罚执行变更案件386万件，再审改判刑事案件1.1万件，依法纠正张氏叔侄案、呼格吉勒图案、聂树斌案等重大刑事冤错案件58件122人。

2020年10月22日，最高人民法院举行全国法院审判监督工作会议，对纠正冤假错案等提出明确要求。要敢于纠错、及时纠错、全面纠错，坚持依法纠错和维护裁判权威有机统一，坚守法治底线。是什么问题就解决什么问题，有什么错就纠什么错，全错全纠，部分错部分纠，错到哪里纠到哪里。要健全及时审查、有效查错机制，规范刑事申诉案件立案审查标准和程序，畅通刑事冤错案件发现渠道。

司法机关依法纠正冤错案件决心之大、力度之强前所未有。在新的历史时期，要相信党和政府、相信司法机关能说到做到，坚定个案申诉再审的信心。

上述再审及改判的大数据更让人感到振奋，每年进入再审程序的案件均有几千件，再审率达到7%～10%，再审撤诉、无罪、改判和部分改判率竟然能达到91%。

2. 刑事申诉是一场持久战，需持续不断发力

媒体披露的冤假错案的沉冤昭雪，无论是真凶现身还是“亡者归来”，抑或个案申诉成功，再或是司法机关依据审判监督程序启动的再审，基本都需要很长的时间，有的几年、十几年甚至几十年。冤假错案在哪个国家都难以避免，怨天尤人没有用，沉冤昭雪需要蒙冤者自己及亲友持续不断地坚持申诉，鸣冤叫屈，毕竟真凶现身、“亡者归来”等偶然因素很少出现。

3. 事实不清、证据不足和适用法律错误占刑事再审启动原因的71.6%，要把握申诉重点

申诉主要是针对一、二审判决存在的事实不清、证据不足、适用法律错误和违反法定程序等问题，从上述再审启动原因的大数据统计分析中可以看到，事实错误、证据不足和适用法律错误占刑事再审启动原因的84.8%，所以要紧紧抓住申诉的重点和中心。

4. 完善刑事申诉法律制度，增设申诉委员会

刑事申诉道路漫长，其中一个重要的原因就是立法的不尽完善。最高人民法院《关于规范人民法院再审立案的若干意见(试行)》(法发〔2002〕13号)第10条规定，人民法院对刑事案件的申诉人在刑罚执行完毕后2年内提出的申诉，应当受理。《刑事诉讼法》第375条规定，对立案审查的申诉案件，应当在3

个月内作出决定,至迟不得超过 6 个月。但是接到申诉后多长时间进入立案审查,现在还是法律空白。《人民检察院复查刑事申诉案件规定》(高检发〔2014〕18 号)(已失效)第 16 条第 1 项规定,刑事申诉由人民检察院控告检察部门统一负责接收。控告检察部门对接收的刑事申诉应当在 7 日内分情况予以处理:属于本院管辖,并符合受理条件的,移送本院相关部门办理。第 24 条规定,审查刑事申诉,应当在受理后 2 个月以内作出审查结案或者立案复查的决定。但决定立案复查后的审查期限并无法律规定,应当尽快修复这些法律漏洞。

# 后　　跋

## 我们与众不同的师父:张文明律师

听说师父要出书,谨以这篇文章致敬我们的师父张文明律师。每一个律界新人,在律途伊始都会有一位带领自己的师傅。每个师傅都有自己的风格和特质,我们的师父张文明律师更是独树一帜,与众不同。具体说来,我们的师父有四大与众不同之处:

**江晓琪律师:招助理无需面试的师父**

相信大多数法学院毕业出来从事律师行业的法学生,都是通过投多份简历、经一次或多次面试的方式进入律师事务所开始实习工作的。然而,我进入师父张文明律师团队的方式却与众不同,当初,我是通过师父的前任徒弟推荐直接进入张文明律师团队的,加入团队的顺利和突然让我感到十分很震惊。我并非名校毕业,是一个身材娇小的潮汕女孩,而师父作为盈科广州刑民交叉法律事务部的名誉主任,按理说招聘助理的条件应该会是很高很严格才对。但事实上却是,师父连面都没见我,简历也没看过就发信息通知我来上班!带着两三年的疑惑,在一次出差过程中,我终于鼓起勇气询问师父不面试的原因。师父回答与众不同:"我相信每个考取司法资格的法科毕业生都是非常优秀的,这个选拔制度已经帮我筛选好了,所以不需要我再去面试考核了。"师父接着说到:"即便有些大学毕业生看起来不是那么的优秀,但也总是要实习,总是要工作,如果没人来培养他们,他们怎么能得到成长进步呢?真正有水平有情怀的师父就是要能够把不优秀的徒弟培养成优秀的人才。"听完师父的回答后,内心窃喜:"我跟对了一个好师父。"潮汕女孩性格温顺,说话低声细语,师父总是开玩笑称,燕语呢喃做不好律师,一定要把我从女低音培养成为女高音!终于,两年多的时间我各个方面都有不小的进步,师父讲我执业一年的业绩超过了执业几年的律师,很欣慰能够对得起师父的悉心栽培。接下来的一件事更是印证了师父招助理无需面试的理念,我推荐吴华飘给师父做助理,第二天小吴就到团队上班啦。

**吴华飘律师:很少批评徒弟的师父**

“成长和进步是夸奖出来的,好徒弟是表扬出来的”,这是师父张文明律师一贯的指导风格。师父虽然曾经长期在军队和公安机关工作,但很少会声色俱厉地批评徒弟们在工作中出现的问题,而总是循循善诱地耐心提醒,处处维护徒弟们的自信心。徒弟们出现失误,师父经常称,没有关系,以后注意就是,还打趣称自己年纪大了也经常粗心忘事。但对于徒弟们的些许进步,师父总是毫不吝啬溢美之词。每每完成工作向师父汇报,微信总能收到师父的回复:辛苦了!写的文章发表了,官司打赢了,部门及律所微信群里总会看到师父的高调表扬,有时候还会给我们发红包以资奖励。当然,师父也有“严厉批评”我们的时候,师父喜欢运动,网球、羽毛球、乒乓球、毽球样样精通,而我们大家则缺乏运动,经常感冒咳嗽,师父严厉地要求大家定期参加运动,加强身体锻炼。

**方诚律师:“放养”徒弟的师父**

师父2016年至2021年连续被评为盈科律师事务所优秀律师,师父带领的原盈科广州经济与职务犯罪刑事法律事务部曾获评2018年盈科律师事务所优秀部门、在2017年至2020年连续获评盈科广州优秀部门,带出的徒弟更是个个优秀。每当别人问到师父培养徒弟和带团队的经验,师父都会回答:“我带团队和徒弟就一个原则,放养。”师父认为,在山坡草地上自然放养的牛羊比圈养的会更肥美、更强壮,更有活力!”作为被“放养”徒弟们对此体会深刻,“放养”能激发我们工作中的主观能动性,能让我们心情舒畅,会让我们更快成长,更具活力。师父的“放养”原则,首先体现在不要求我们严格坐班。体谅我们有时会加班,军人出身的师父并不会以部队的纪律标准要求我们必须早上在特定时间准时出现在办公室;其次,师父在办案中鼓励我们独立思考,鼓励我们敢于突破常规,形成自己的观点。当我们形成了自己的观点后,师父会组织大家一起讨论,集合众人的智慧,即使观点出现分歧,师父也会耐心与我们共同探讨,得出最合适的结论;第三,在日常工作中,师父一直坚持“快乐工作”的理念,为我们营造了宽松的工作氛围。师父一贯风趣幽默,喜欢开玩笑,只要师父出现,办公室里定会充满了欢声笑语。受到师父的感染,原本严肃拘谨的我们也跟着变得幽默起来,办公室里的欢声笑语也越来越响亮。

**刘健律师:勇于创新、思维独特的师父**

法律的生命在于实践,实践的生命在于创新——这是我作为张律师助理办案过程中的最大感悟。律师,是运用法律知识帮助当事人解决实际问题的职业。在实践中,解决问题不仅需要扎实的法律知识,更需要灵活的办案思维。对于年轻律师来说,由于经验的缺乏,往往陷入“本本主义”的窠臼之中,缺乏灵活的办案方法;对于不少老律师来说,丰富的办案经验可能反倒成为束缚其思维的“牢笼”而陷入“经验主义”之中。因此,是否能够超越书本和经验,具备灵活、创新的办案手段,真正能体现出一位律师的能力和水平。师父长期从事刑事侦查工作,拥有丰富的实战经验,但这些经验并未束缚其思维,反而让其在办案过程中频现高招、出奇制胜。给我印象最深的是一起普通民事追偿案件,判决生效后,债务人仍拒绝履行债务,执行阶段也未查到财产,一般情况下,律师可能就此放弃。但在得知债务人有隐匿、转移财产的可能性时,师父大胆设想通过拒执罪自诉这种刑事手段对债务人施加压力。我国《刑法》虽然增设有拒执罪,但基本处于“休眠”状态,师父的大胆举措不仅让我们感到新奇,甚至让司法机关也耳目一新。经过不懈努力,案件成功自诉立案,为追偿债务、打击“老赖”开辟了新的路径。这起拒执罪自诉成功案例获评广州市律协 2018 年业务成果奖和广东省律协 2018 年度律师典型案例。师父的公众号里面有许多非常有特色的经典案例:经侦支队已经做出了不予立案的决定,师父可以换个罪名让该支队重新立案抓人;侵占钢材价值六百余万元,可以突破侵占罪的惯常思维让法院自诉立案;公安违规插手经济纠纷,可以想到要检察院进行立案监督要求公安撤销案件(此案例是我与师父一起办理的经典案例,该案例获评广东省律协 2018 年律师典型案例);为让被告获判缓刑,可以说服法院按照刚试行的社区矫正法发函司法局矫正局对被告进行社会风险评估终获缓刑;甚至可以让被强制戒毒人员在司法人员陪同下出来召开股东大会……师父的办案思维对我影响很大。在律师执业过程中,如何永葆创新意识,灵活解决问题,是值得我们年轻律师学习和思考的问题。

师父的言行举止深深的影响着我们,在与众不同的师父的与众不同的培养下,我们大家迅速成长,办案思路更开阔了,考虑问题更周全了,办事更靠谱了,性格更开朗了……我们也希望自己能不负师父的期望,尽快成为像师父那样优秀的律师!祝愿我们的师父身体健康,快乐永驻,保持特色,与众不同!

**李　华**

盈科律师事务所创始合伙人、盈科全国业务指导委员会主任。

李华律师作为盈科全国业务指导委员会主任，负责盈科体系内的专业化建设，带领盈科律师，构建出完整的专业化法律服务体系，包括研究院、专业委员会及综合性法律中心，推动盈科律师专业化的法律服务，以适应法律服务市场不断细分的需要。在此基础上，通过集成各专业委员会纵深化的法律服务能力为客户提供综合性的法律服务。

曾荣获全国律师行业优秀党员律师、北京市优秀律师、朝阳区优秀律师、朝阳区首届优秀女律师、朝阳区优秀党员的荣誉称号，钱伯斯《大中华区指南2023》TMT：数据保护&隐私领域上榜律师。

**张文明**

盈科广州高级合伙人律师、刑民交叉法律事务部名誉主任，盈科全国刑民交叉法律专业委员会副主任，同时担任广东省法学会犯罪学研究会常务理事、广东省法学会刑法学研究会理事等社会职务。

张文明律师专注于刑事业务。曾荣获盈科律师事务所2016年度“刑事诉讼法律专业领域”优秀律师、刑事法律事务领域2017年度“优秀律师”、2019年度“优秀刑辩律师”称号、2020年度及2021年度“优秀刑事律师”称号，盈科广州2019年度“优秀高级合伙人”、2020年度“十佳专业化律师”；所承办的案件曾获评广东省律师协会2018年度律师典型案例，广州市律师协会2018年度、2020年度“业务成果奖”，2020年度盈科律师事务所刑民交叉十佳典型案例；并曾获得广东省法学会刑法学研究会2021年学术会议优秀论文三等奖、2021年广州律师法律服务产品大赛“三等奖”。